LUDWIG FEUERBACH

Gesammelte Werke

11

LUDWIG FEUERBACH

GESAMMELTE WERKE

HERAUSGEGEBEN VON

WERNER SCHUFFENHAUER

II

AKADEMIE-VERLAG BERLIN

LUDWIG FEUERBACH

Kleinere Schriften IV

(1851–1866)

3., gegenüber der 2. durchgesehene Auflage

AKADEMIE-VERLAG BERLIN

Bearbeiter der 1. Auflage dieses Bandes (1972)
WOLFGANG HARICH

Redaktion dieser Auflage:
WERNER SCHUFFENHAUER

Gesamt-ISBN 3-05-000 251-4
Bd. 11-ISBN 3-05-000 264-6

Erschienen im Akademie-Verlag Berlin, DDR - 1086 Berlin, Leipziger Str. 3–4

Lizenznummer: 202 · 100/009/90
Printed in the German Democratic Republic
Offsetdruck und buchbinderische Weiterverarbeitung:
Druckerei „Thomas Müntzer", 5820 Bad Langensalza
LSV 0116
Bestellnummer: 752 035 3 (4042/11)

Vorbemerkung

Unter dem Titel „Kleinere Schriften I–IV“ bringt unsere Ausgabe der Gesammelten Werke Ludwig Feuerbachs (im folgenden: GW) in den Bänden 8 bis 11 seine kleineren Schriften, Rezensionen und Beiträge für Zeitschriften und Sammelwerke aus den Jahren 1835 bis 1866, chronologisch nach dem Erscheinen geordnet und in bisher erreichbarer Vollständigkeit. Die Grundsätze der Textbearbeitung und der Gestaltung des Variantenapparates sind im Vorwort des Herausgebers zu dieser Ausgabe (vgl. GW 1, S. XLVIIff.) eingehend erläutert.

Die Texte werden jeweils nach dem Erstdruck, in Orthographie und Zeichensetzung bei strenger Wahrung des Lautstandes modernisiert, wiedergegeben; aus etwaigen späteren Fassungen (bis zur Ausgabe letzter Hand) werden textliche Abweichungen von der Erstfassung durch Bearbeiterfußnoten vermittelt. Sind Beiträge ursprünglich in Fortsetzungen veröffentlicht worden, so wird auf die jeweiligen Zäsuren, jedoch ohne Wiederholung von Titelangaben, durch Bearbeiterfußnoten aufmerksam gemacht. Der Erstdruck einer Schrift wird für den Textvergleich immer mit *A*, spätere Fassungen werden nach chronologischer Abfolge mit *B*, *C* . . . bezeichnet. Bearbeiterfußnoten sind durch hochgestellte arabische Bruchziffern und *kursiven* Satz gekennzeichnet, während Sternnoten die Fußnoten des Autors markieren.

Band 11 der Gesammelten Werke – Kleinere Schriften IV – enthält die weniger umfangreichen Publikationen Feuerbachs aus dem Zeitraum von 1851 bis 1866. Enttäuscht und resigniert über die Niederschlagung der Revolution und das Wüten der Konterrevolution kehrte Ludwig Feuerbach Ende April 1849 aus Heidelberg nach Bruckberg zu seiner Familie zurück. Gescheitert waren alle Bemühungen fortschrittlicher Studenten und Freunde, ihm einen Ruf an die Heidelberger Universität zu verschaffen; es blieb ihm auch weiterhin die Lehrtätigkeit an einer Universität versagt. Auf Schloß Bruckberg vollendete er das Verlagsmanuskript seiner in Heidelberg gehaltenen „Vorlesungen über das Wesen der Religion", das er zum Jahreswechsel 1850/51 seinem Leipziger Verleger zustellte – die „Vorlesungen" erschienen zur Ostermesse 1851 (vgl. GW 6) und brachte sodann die nach dem Tod seines Bruders Eduard auf ihn überkommene Aufgabe zum Abschluß: Er erschloß den biographischen Nachlaß seines Vaters und gab ihn 1852 unter dem Titel „Paul Johann Anselm Ritter von Feuerbachs Leben und Wirken ... veröffentlicht von seinem Sohne Ludwig Feuerbach" bei O. Wigand in Leipzig heraus (vgl. GW 12).

Aus den mit der Rezension von J. Moleschotts „Lehre der Nahrungsmittel" (vgl. GW 10, S. 347ff.) entstandenen Beziehungen zum Brockhaus-Verlag ergab sich die Aufgabe der Überarbeitung eines P. J. Anselm von Feuerbach und seine Söhne betreffenden Beitrages für die 10. Auflage des Brockhausschen Konversationslexikons 1852 (siehe unter 1.). Weitere kleinere Abhandlungen Feuerbachs gehören hauptsächlich entweder zum Themenkreis seines dritten und letzten großen religionsphilosophischen Hauptwerks, der „Theogonie nach den Quellen des klassischen, hebräischen und christlichen Altertums", die er 1857 herausgab (vgl. GW 7), oder nehmen die Idealismus-Kritik der vierziger Jahre – unter Bezugnahme auf die Frage der Willensfreiheit des Menschen im Verständnis von Kant, Schopenhauer und vor allem Hegel und unter besonderer Berücksichtigung naturwissenschaftlicher materialistischer Traditionen – wieder auf und sind im wesentlichen erst nach Erscheinen der „Theogonie" entstanden bzw. zum Abschluß gebracht worden.

1860 erzwang der nicht mehr aufzuhaltende Bankrott der Bruckberger Porzellanmanufaktur, deren Mitinhaberin Feuerbachs Gattin war, die Aufgabe des geliebten Bruckberger „Musensitzes", und Feuerbach mußte sich – um alle Habe gebracht – mit seiner Familie in ärmliche Lebensverhältnisse als Einmieter in einem Bauernhaus am Nürnberger Rechenberg schicken. Seine Abhandlung über die Willensfreiheit (siehe unter 6.) läßt erkennen, daß er sich Mitte der sechziger Jahre sehr stark ethischen Problemstellungen zuwandte; seine eudämonistisch-anthropologische Ethik – Hauptstück der nachgelassenen Schriften der sechziger Jahre – blieb freilich Fragment.

Zur Textgeschichte der im vorliegenden Bande enthaltenen Druckschriften Feuerbachs – den letzten, die zu seinen Lebzeiten erschienen – ist folgendes zu bemerken:

1. Zu dem Lexikon-Artikel [*Paul Joh. Anselm Ritter von Feuerbach*]. Erstdruck anonym und ohne Überschrift unter dem Stichwort „Feuerbach (1)" in der „Allgemeinen deutschen Realenzyklopädie für die gebildeten Stände. Konversationslexikon. Zehnte, verbesserte und vermehrte Auflage. In fünfzehn Bänden", Band 6 (Femegerichte bis Godwin), Leipzig, F. A. Brockhaus, 1852, S. 34–36. Der Artikel ist – nach sehr kurzfristig gehaltener Terminstellung – im Juni 1852 F. A. Brockhaus zur Veröffentlichung zugestellt worden, wie aus dem 11. Juni 1852 datierten Schreiben von L. Feuerbach an F. A. Brockhaus hervorgeht. Der Vergleich mit dem analogen Stichwort „Feuerbach" in der vorausgegangenen 9. Auflage des Brockhausschen Konversationslexikons, Band 5 (Entführung bis Gebläse), Leipzig 1844, S. 267–269, ergibt – in voller Übereinstimmung mit dem o. a. handschriftlichen Zeugnis Feuerbachs –, daß Feuerbach lediglich „notdürftigste Verbesserungen und Zusätze" an der zweifellos sehr informierten, wohl aus dem Sohneskreise (Eduard August?) stammenden Fassung vorgenommen hat. Die sich auf L. Feuerbach beziehende Passage wurde ganz gestrichen und durch einen gesonderten Artikel ersetzt (siehe unter Nr. 2). Wir geben im vorliegenden Band S. 3–8 den vom Herausgeber und vom Bearbeiter dieser Ausgabe erschlossenen Lexikon-Artikel über den Vater und die Brüder Ludwig Feuerbachs nach der Fassung der 10. Auflage des Brockhausschen Konversationslexikons wieder und vermerken alle textlichen Abweichungen, die die Fassung der 9. Auflage aufweist und woraus Feuerbachs Überarbeitung erschließbar ist.

2. Zu dem Lexikon-Artikel [*Ludwig Feuerbach*]. Erstdruck anonym und ohne Überschrift unter dem Stichwort „Feuerbach (2)" in dem unter Nr. 1 bereits genannten Band 6 der 10. Auflage des Brockhausschen Konversationslexikons, S. 36. Der Artikel ist, gemeinsam mit dem vorhergehenden Beitrag, im Juni zur Veröffentlichung an F. A. Brockhaus eingereicht worden. Zugunsten dieser, wie Feuerbach an F. A. Brockhaus schreibt (s. o.), „nur auf ein ganz allgemeines Urteil und die bloße Angabe der Schriften" beschränkten Neufassung, die dem auch sonst bezeugten Selbstverständnis des Philosophen zur Zeit der Abfassung entspricht, ist der analoge, ihn u. a. schlechthin als Hegelianer bezeichnende Passus aus dem Stichwort „Feuerbach" des Bandes 5 (Entführung bis Gebläse) der vorangegangenen 9. Auflage desselben Lexikons, Leipzig 1844, S. 269, eliminiert worden. Wir drucken im vorliegenden Band S. 9f. den vom Herausgeber und vom Bearbeiter dieser Ausgabe erschlossenen, für Ludwig Feuerbachs Selbsteinschätzung aufschlußreichen Artikel zum ersten Mal nach.

3. Zu der Rezension *Spiritualismus und Sensualismus. „System der Rechtsphilosophie". Von Ludwig Knapp, Erlangen 1857*. Diese zugleich eine Stellungnahme in der Augsburger „Allgemeinen Zeitung", 1857, S. 3065f. und 3082f., zurückweisende Abhandlung erschien anonym in der Zeitschrift „Das Jahrhundert. Zeitschrift für Politik und Literatur", Verlag O. Meißner, 3. Jahrgang, Nr. 26, Hamburg 1858, S. 410–412. Nach einem Brief des Verlegers vom 3. Juli 1858 an L. Feuerbach (GW 20, Nr. 846) wurde die Hauptüberschrift von O. Meißner beigefügt. Die Arbeit wurde von Feuerbach nicht in seine „Sämtlichen Werke" aufgenommen und erst nach seinem Tode von Karl Grün wiederentdeckt („Ludwig Feuerbach in seinem Briefwechsel und Nachlaß sowie in seiner philosophischen Charakterentwicklung dargestellt", Band II, Leipzig und Heidelberg 1876, S. 96–101). Wir drucken die einzige Fassung im vorliegenden Band S. 11–16 nach.

4. Zu dem Nekrolog *Dr. Friedrich Wilhelm Heidenreich, praktischer Arzt, geboren 1789, gestorben 6. Dezember 1857 zu Ansbach*. Der Nachruf auf den langjährigen Freund,

Hausarzt und Verwandten – Ludwig Feuerbachs ältester Bruder Johann Anselm war mit Heidenreichs Schwester Henriette seit 1833 in Zweitehe verbunden – erschien anonym in „Das Jahrhundert. Zeitschrift für Politik und Literatur", 3. Jahrgang, Nr. 27, Hamburg 1858, S. 421–425. Er wurde von Feuerbach nicht in die „Sämtlichen Werke" aufgenommen und erst nach seinem Tode von Karl Grün (siehe unter Nr. 3, a. a. O., Band II, S. 101–108) erneut veröffentlicht. Wir drucken die einzige Fassung im vorliegenden Band S. 17–25 nach.

5. Zu *Das Geheimnis des Opfers oder Der Mensch ist, was er ißt.* Der berühmte Ausspruch Feuerbachs: „Der Mensch ist, was er ißt", taucht andeutungsweise zuerst in seiner Abhandlung „Die Unsterblichkeitsfrage vom Standpunkt der Anthropologie", Leipzig 1847 (GW 10, S. 192–234; siehe besonders S. 230), auf. Anstoß erregte der Satz jedoch erst, nachdem der Philosoph ihn in seiner Rezension von Moleschotts „Lehre der Nahrungsmittel. Für das Volk" wiederholt hatte („Die Naturwissenschaft und die Revolution", 1850; vgl. GW 10, S. 347–368; siehe besonders S. 367). Zwölf Jahre später versetzte der Eindruck, er sei allein noch als Urheber dieses „nicht zu meiner Ehre lebenden, famosen Satzes oder vielmehr Wortspiels" „in frischem Andenken der deutschen Literatur", Feuerbach „in einen solchen Humor", daß er sich nicht enthalten konnte, in einer selbständigen Abhandlung „aus diesem Wortspiel tiefen Ernst zu machen" (Brief an W. Bolin vom 5. November 1862). Die einzige Fassung der so entstandenen Arbeit erschien im Band X der „Sämtlichen Werke" bei O. Wigand, Leipzig 1866, S. 1–35. Wir drucken sie hier S. 26–52 nach.

6. Zu der Abhandlung ***Über Spiritualismus und Materialismus, besonders in Beziehung auf die Willensfreiheit.*** Dies ist die letzte große Abhandlung, die Feuerbach bereits Ende der fünfziger Jahre (vermutlich unmittelbar nach Erscheinen der „Theogonie", jedenfalls aber noch in Bruckberg) in Angriff nahm, aber erst Mitte der sechziger Jahre zu vollenden vermochte. Wir geben sie an dieser Stelle wieder, weil, nach vielen störenden Unterbrechungen der Arbeit,

wesentliche Teile daraus mit Sicherheit erst nach der Abhandlung „Das Geheimnis des Opfers" von 1862 (siehe unter Nr. 5) entstanden sind. Der Erstdruck der einzigen Fassung erfolgte in Band X der „Sämtlichen Werke", Leipzig 1866, S. 37–204. Im vorliegenden Band bringen wir das umfangreiche Fragment auf den S. 53–186.

7. Zu der Abhandlung *Zur Unsterblichkeitsfrage vom Standpunkte der Anthropologie. Oder Kritik der gewöhnlichen Erklärungen von den, insbesondere volks- und altertümlichen, Unsterblichkeitsvorstellungen*. Entstanden zwischen 1860 und 1866. Erstdruck der einzigen Fassung: „Sämtliche Werke", Band X, Leipzig 1866, S. 205–244. Wiedergabe im vorliegenden Band S. 187–218.

8. Zu der Abhandlung *Zur Theogonie. Oder Beweise, daß der Götter Ursprung, Wesen und Schicksal der Menschen Wünsche und Bedürfnisse sind. Nach den lateinischen Schriftstellern*. Entstanden zwischen 1860 und 1866. Erstdruck der einzigen Fassung: „Sämtliche Werke", Band X, Leipzig 1866, S. 245–274. Wiedergabe im vorliegenden Band S. 219–243.

9. Zu dem *Epilog* zum X. Band der „Sämtlichen Werke". Entstanden kurz vor dessen Drucklegung, Erstdruck der einzigen Fassung daselbst, Leipzig 1866, S. 275–293. Wiedergabe im vorliegenden Band S. 244–257.

Die Stücke 5 bis 9 machen im Original in dieser Reihenfolge den Inhalt des „Gottheit, Freiheit und Unsterblichkeit vom Standpunkte der Anthropologie" betitelten Bandes X der Ausgabe der „Sämtlichen Werke" bei O. Wigand, Leipzig 1866, aus. Die weitgehende Zusammengehörigkeit dieser Beiträge, besonders der Stücke 5, 7, 8 und 9, mit dem Themenkreis der „Theogonie" war wohl der Anlaß dafür, daß ein Teil der zweiten, sonst unveränderten Auflage der „Theogonie" (gleichfalls 1866, unter dem neuen Titel „Der Ursprung der Götter nach den Quellen des klassischen, hebräischen und christlichen Altertums", erschienen) von Wigand mit einem Teil der ersten Auflage des Bandes X der „Sämtlichen Werke" als ergänzendem

Anhang zusammengebunden herausgebracht wurde. Gegenüber den gesonderten Ausgaben seiner beiden Bestandteile weist dieses Buch keinerlei Varianten auf.

Bei der Redaktion der dritten, durchgesehenen Auflage des vorliegenden Bandes konnten unsere Aussagen zur Textgeschichte und -konstitution im Ergebnis des Fortschreitens der Forschung und insbesondere der Erschließung des Briefwechsels von und an L. Feuerbach im Rahmen unserer Ausgabe präzisiert und erweitert werden. Geringfügige Druckfehlerberichtigungen gegenüber der ersten und der zweiten, durchgesehenen Auflage (1972 bzw. 1982) erfolgen stillschweigend.

Herrn Wolfgang Harich, Berlin, gilt unser Dank für die intensive Mitwirkung bei der Ermittlung der Textgrundlagen und die Erarbeitung der Textgeschichte (Überlieferung), für die Bearbeitung der Texte (einschließlich der Variantenvergleiche) in der Gestalt der ersten Auflage 1972. Die in eckigen Klammern in den Text eingefügten Verdeutschungen fremdsprachiger Stellen besorgten Irene Selle, geb. Schottlaender, Berlin, Rudolf Schottlaender (†) und der Herausgeber. Alle Veränderungen gegenüber der ersten Auflage gehen auf den Herausgeber zurück.

Der Herausgeber

Kleinere Schriften IV

(1851–1866)

[Paul Joh. Anselm Ritter von Feuerbach][1]

Feuerbach (Paul Joh. Anselm, Ritter[2] von), einer der berühmtesten deutschen Kriminalisten, geb.[3] 14. Nov. 1775 in Jena, erzogen in[4] Frankfurt a. M., wo sein Vater in jüngeren Jahren[5] als Advokat, später aber als Privatmann[6] lebte, besuchte das Gymnasium seiner Vaterstadt[7] und studierte seit 1792 zu Jena. Durch philosophische Studien geistig erstarkt, wendete sich sein Eifer dem positiven Rechte zu. Nachdem er seinen „Anti-Hobbes oder über die Grenzen der bürgerlichen Gewalt und das Zwangsrecht der Untertanen gegen ihre Oberherren" (Erfurt[8] 1798) geschrieben und durch die „Untersuchung über das Verbrechen des Hochverrats" (Erf. 1798) in die Reihe der Kriminalisten eingetreten, begann er 1799 akademische Vorlesungen in Jena zu halten. Durch die „Revision der Grundsätze und Grundbegriffe des peinlichen Rechts" (2 Bde, Erf. 1799)

1 *Um über den Anteil an eigenen Tatsachenfeststellungen und Gedanken, mit denen Ludwig Feuerbach zu dem folgenden Artikel der 10. Auflage des Brockhausschen Konversationslexikons, Band 6, von 1852, beigetragen hat, Klarheit zu schaffen, vermerken wir in den Bearbeiterfußnoten alle Varianten des noch nicht von ihm stammenden analogen Artikels* Feuerbach *in der vorausgegangenen 9. Auflage desselben Lexikons, Band 5, von 1844. Diese kürzen wir dabei stets als „9. Aufl." ab.*

2 Ritter *Fehlt in der 9. Aufl.*

3 *In der 9. Aufl. folgt noch*: am

4 Jena . . . in *Fehlt in der 9. Aufl.*

5 in . . . Jahren *Fehlt in der 9. Aufl.*

6 , später . . . Privatmann *Fehlt in der 9. Aufl.*

7 Gymnasium . . . Vaterstadt: dortige Gymnasium *9. Aufl.*

8 Erf. *9. Aufl.*

und durch die von ihm, Grolman und von Almendingen herausgegebene „Bibliothek für die peinliche Rechtswissenschaft" leitete er eine neue Bearbeitung der Strafrechtswissenschaft ein, die er in seinem „Lehrbuch des gemeinen in Deutschland geltenden peinlichen Rechts" (Gieß. 1801; 14.[1] Aufl., von Mittermaier, 1847[2]) systematisch ausführte. Er stellte sich dadurch an die Spitze der neuen Schule der Kriminalisten, der sogenannten Rigoristen, die[3] das richterliche Urteil ganz dem Ausspruche des Strafgesetzes unterwerfen. Hierauf erhielt er 1801 in Jena eine ordentliche Professur, folgte aber 1802 einem Rufe nach Kiel, wo er die „Kritik des Kleinschrodschen Entwurfs zu einem peinlichen Gesetzbuche für die Bayer[ischen] Staaten" (3 Bde, Gießen[4] 1804) arbeitete. Im J[ahre] 1804 ging er an die Universität nach Landshut, wo er den Auftrag erhielt, den Entwurf zu einem bayer. Strafgesetzbuch auszuarbeiten, weshalb er 1805 als Geh[eimer] Referendar in das Ministerial-, Justiz- und Polizei-Departement nach München versetzt und 1808 zum Geh. Rat ernannt wurde. Das von ihm entworfene neue „Strafgesetzbuch für das Königreich Bayern" (Münch. 1813) erhielt[5] nach vorläufiger Prüfung und einigen Änderungen[5] am 16. Mai 1813 die königliche Genehmigung, wurde in Sachsen-Weimar, Württemberg und andern Ländern bei der Bearbeitung neuer Landes-Gesetzbücher zugrunde gelegt, in Oldenburg als Gesetzbuch angenommen und auch ins Schwedische übersetzt. Gleichzeitig arbeitete F[euerbach] seit 1807 auf königlichen Befehl den „Code Napoléon" in ein allgemeines bürgerliches Gesetzbuch für das Königreich Bayern um, das aber nicht in Wirksamkeit getreten ist. Unter seinen Schriften aus dieser Periode sind noch zu erwähnen:[6] „Merkwürdige Kriminalrechtsfälle" (2 Bde, Gießen[7] 1808–11[8]),

[1] 13. *9. Aufl.*

[2] *1840 9. Aufl.*

[3] *In der 9. Aufl. folgt noch:* bloß auf die Rechtsverfassung Rücksicht nehmen und

[4] Erf. *9. Aufl.*

[5] *In der 9. Aufl. folgt ein Komma.*

[6] *Doppelpunkt fehlt in der 9. Aufl.*

[7] Erf. *9. Aufl.*

[8] *In der 9. Aufl. folgt, innerhalb der Klammer, noch:* 3. Aufl. 1839

womit zuerst einer tiefern, psychologischen Behandlung solcher Fälle Bahn gebrochen wurde, „Themis oder Beiträge zur Gesetzgebung" (Landshut[1] 1812) und „Betrachtungen über das Geschworenengericht" (Landsh. 1812). Da er in der letztern die franz[ösische] Jury verwarf, so veranlaßte dies viele Schriften für und wider ihn, weshalb er 1819 eine „Erklärung über meine[2] angeblich geänderte Überzeugung in Ansehung der Geschworenengerichte" abgab, worin er sich uneingeschränkt weder für noch gegen dieselben aussprach. Unbedingt war dagegen F. für die Öffentlichkeit und Mündlichkeit der Gerechtigkeitspflege, wie seine hierüber (Gießen 1821) erschienenen „Betrachtungen" beweisen[3]. Bei der Wiederherstellung der deutschen Unabhängigkeit bezeugte F. seinen Nationalsinn und Gemeingeist durch mehre[re] Schriften, unter andern durch die „Über deutsche Freiheit und Vertretung deutscher Völker durch Landstände" (Lpz. 1814). Im J. 1814 wurde er Zweiter Präsident des Appellationsgerichts in Bamberg und 1817 Erster Präsident des Appellationsgerichts für den Rezat-Kreis zu Ansbach. Nach einer 1821 unternommenen Reise nach Paris ließ er die Schrift „Über die Gerichtsverfassung und das gerichtliche Verfahren Frankreichs" (Gieß. 1825), zugleich als zweiten Band der oben angeführten „Betrachtungen", erscheinen. Später lieferte er die „Aktenmäßige Darstellung merkwürdiger Verbrechen" (2 Bde, Gieß. 1828–29). Ist auch seine Auffassung und Darstellung von Einseitigkeiten nicht ganz freizusprechen, so bleibt doch der Geist der erstern und die Klassizität der letztern für alle Zeiten bewundernswert. Da er allem, was das öffentliche Leben betraf, seine Aufmerksamkeit widmete, überdem auch auf dem religiösen und kirchlichen Gebiete dem Prinzipe der Freiheit und Gerechtigkeit huldigte, so war er auch in einem beständigen Kampfe gegen die hierarchischen Tendenzen und Übergriffe seiner Zeit, mochten sie nun von kath[olischer] oder protest[antischer] Seite ausgehen. So

[1] Erf. 9. *Aufl.* [2] seine 9. *Aufl.*

[3] , worin er sich ... „Betrachtungen" beweisen: und später manche seiner Ansichten in der Schrift „Betrachtungen über die Öffentlichkeit und Mündlichkeit der Gerechtigkeitspflege" (Gieß. 1821) weiterentwickelte 9. *Aufl.*

war er es hauptsächlich, der 1822 die Protestation gegen die Einführung der Presbyterien einleitete[1]. In den letzten Jahren seines Lebens interessierte ihn besonders[2] des unglücklichen Kaspar Hauser[s] (s[iehe] d[ort]) Schicksal. Er nahm sich desselben in Nürnberg und[3] Ansbach eifrigst[2] an und schrieb die erste kritische Darstellung[4] der von ihm geprüften Tatsachen unter dem Titel „K[aspar] Hauser, ein Beispiel eines Verbrechens am Seelenleben" (Ansb. 1832). Auf einer Reise nach dem Schwalbacher Bade starb er in Frankfurt a. M.[5] 29. Mai 1833, nachdem er noch kurz vorher eine Sammlung seiner „Kleinen Schriften vermischten Inhalts" (Nürnb. 1833) herausgegeben hatte[6]. Von hohem Interesse ist das von seinem Sohne Ludw[ig] F. nach ungedruckten Briefen und Tagebüchern bearbeitete „Leben und Wirken Ans. von F.s" (2 Bde, Lpz. 1852).[7] F. hinterließ drei Töchter und[8] fünf Söhne, die sich sämtlich nach verschiedenen Richtungen hin durch Studium und schriftstellerische Tätigkeit ausgezeichnet haben[9]. – Feuerbach (Anselm),[10] der älteste Sohn des Vorigen, geb. 9. Sept. 1798, gest. 8. Sept. 1851 als Professor der Philologie zu Frei-

[1] überdem auch auf dem religiösen ... Presbyterien einleitete: so kam es auch, daß er 1822 in Ansbach mit gegen die Einführung der Presbyterien protestierte. Fast möchte man sagen: sonderbarerweise beschäftigte er sich in seinen Mußestunden mit einer metrischen Übersetzung und einem Kommentar des ind[ischen] Gedichts „Gita Gowinda" *9. Aufl.*

[2] *Fehlt in der 9. Aufl.*

[3] Nürnberg und *Fehlt in der 9. Aufl.*

[4] Zusammenstellung *9. Aufl.*

[5] Frankfurt a. M.: seiner Vaterstadt am *9. Aufl.*

[6] 1833, nachdem ... herausgegeben hatte: 1833. Nach seinem Tode erschien eine Sammlung seiner „Kleinen Schriften vermischten Inhalts" (2 Abt., Nürnberg 1833) *9. Aufl.*

[7] Von hohem Interesse ... (2 Bde., Lpz. 1852). *Fehlt in der 9. Aufl.*

[8] drei ... und *Fehlt in der 9. Aufl.*

[9] sich sämtlich ... ausgezeichnet haben: rühmlich in des Vaters Fußtapfen traten und jeder in besonderer Richtung durch Studium und schriftstellerische Tätigkeit sich hervortaten *9. Aufl.*

[10] Feuerbach (Anselm): Anselm F. *9. Aufl.*

burg,[1] machte sich als Archäolog und Ästhetiker besonders[2] durch sein Werk „Der Vatikanische Apollo" (Nürnb[erg] 1833) bekannt[3], das[4] eine Reihe archäologisch-ästhetischer Betrachtungen enthält und[5] von vielem Studium und tiefer Kunstanschauung zeugt[6]. – Feuerbach (Karl Wilhelm)[7], der zweitälteste Sohn, geb. 30. Mai 1800[8], gest. 12. März 1834 als Professor der Mathematik am Gymnasium zu Erlangen[9], hat sich in der Schrift „Eigenschaften einiger merkwürdiger Punkte des geradlinigen Dreiecks" (Nürnb. 1822) und den[10] „Grundriß zu analytischen Untersuchungen der dreieckigen Pyramide" (Nürnb. 1827[11]) als[12] tüchtiger Mathematiker bewährt. – Feuerbach (Eduard Aug[ust]), der dritte Sohn, geb. 1. Jan. 1803[13], gest. als Ordentlicher Professor der Rechte an der Universität zu Erlangen[14] 25. April 1843, erwarb sich als Schriftsteller im Gebiete des germanischen[15] Rechts einen Namen durch seine Schrift „Die Lex Salica und ihre verschiedenen Rezensionen" (Erl[angen] 1831)[16]. – Feuerbach (Friedr[ich] Heinr[ich]), der fünfte Sohn, geb. 29. Sept. 1806, widmete sich längere Zeit in Paris dem Studium der orientalischen, dann aber der

[1] des Vorigen . . . zu Freiburg *Fehlt in der 9. Aufl.*
[2] *Fehlt in der 9. Aufl.*
[3] berühmt *9. Aufl.*
[4] *In der 9. Aufl. folgt Komma.*
[5] enthält und: enthaltend, *9. Aufl.*
[6] *In der 9. Aufl., wohl Druckfehler:* zeigt
[7] Feuerbach (Karl Wilhelm): Karl Wilh. F. *9. Aufl.*
[8] 30. Mai 1800: 1797 *9. Aufl.*
[9] 12. März . . . Erlangen: als Professor der Mathematik am Gymnasium zu Erlangen am 12. März 1834 nach mehrjährigen Leiden *9. Aufl.*
[10] in der . . . und den: durch seinen *9. Aufl.*
[11] *In der 9. Aufl. folgt noch:* , 4°.
[12] *In der 9. Aufl. folgt:* einen tüchtigen
[13] Feuerbach . . . 1803: Eduard Aug. F. *9. Aufl.*
[14] *In der 9. Aufl. folgt noch:* am
[15] germ. *9. Aufl.*
[16] *Hier folgt in der 9. Aufl., vor den Ausführungen über Friedr. Heinr. Feuerbach, noch eine Passage über Ludwig Feuerbach, die dieser in der 10. Aufl. gestrichen und durch den hier S. 9 stehenden gesonderten Artikel über sich ersetzt hat. Sie lautet:* Ludw. Andr. F., der in Heidelberg und Berlin studierte,

neuern Sprachen, trat aber nie als Lehrer auf. Außer trefflichen metrischen Übersetzungen aus dem Sanskrit, Italienischen und Spanischen in verschiedenen Zeitschriften veröffentlichte er später die geschätzten populär-religionsphilosophischen Schriften „Theantropos" (Zürich 1838) und „Religion der Zukunft" (Nürnb. und Bern 1843–47).[1]

1828 in Erlangen als Privatdozent sich habilitierte, später aber, von seinem Lehramte zurückgezogen, ganz der schriftstellerischen Tätigkeit sich widmete, hat sich als ein eifriger Hegelianer in den Parteikämpfen der neuern Zeit als einen geistvollen und geschickten Streiter und sehr fruchtbaren Schriftsteller bewährt. Unter seinen Schriften sind besonders zu erwähnen: „Gedanken über Tod und Unsterblichkeit, aus den Papieren eines Denkers" (Nürnb. 1830), „Geschichte der neuern Philosophie von Bacon von Verulam bis Spinoza" (Ansb. 1833), „Abälard und Heloïse oder der Schriftsteller und der Mensch" (Ansb. 1834), „Kritiken auf dem Gebiete der Philosophie" (Ansb. 1835), „Geschichte der neuern Philosophie. Darstellung, Entwickelung und Kritik der Leibnizischen Philosophie" (Ansb. 1837), „Pierre Bayle nach seinen für die Geschichte der Philosophie und Menschheit interessantesten Momenten (Ansb. 1838), „Über Philosophie und Christentum in Beziehung auf den der Hegelschen Philosophie gemachten Vorwurf der Unchristlichkeit" (Mannh. 1839) und „Das Wesen des Christentums" (Lpz. 1841; 2. Aufl. 1843).

[1] Feuerbach (Friedrich Heinr.) . . . (Nürnb. und Bern 1843–47).: Friedr. Heinr. F., der sich längere Zeit in Paris dem Studium der oriental. Sprachen widmete, ist durch mehre[re] metrische Übersetzungen aus dem Sanskrit bekannt. *9. Aufl., wo dann der nachstehende gesonderte Artikel über Ludwig Feuerbach fehlt.*

[Ludwig Feuerbach][1]

Feuerbach (Ludw[ig] Andr[eas]), ein bedeutender Philosoph der Neuzeit, der vierte Sohn des Vorigen[2], geb. 28. Juli 1804 zu Landshut[3], kam, auf den Schulen seiner Vaterstadt vorgebildet, 1822 nach Heidelberg, um sich unter Paulus und Daub der Theologie zu widmen. Durch Daub für Hegel eingenommen, ging er 1824, um diesen selbst zu hören, nach Berlin, wo er 1825 der Theologie entsagte und sich ganz der Philosophie zuwandte. Im J. 1828 habilitierte sich F. in Erlangen mit der Schrift „De ratione, una, universali, infinita" (Erl. 1828) als Privatdozent, zog sich jedoch nach einigen Jahren von dem Katheder zurück. Seitdem widmete er sich ganz der schriftstellerischen Tätigkeit. Obgleich ein Schüler Hegels, trat F. doch schon in einer kleinen, [zu] ihrer Zeit weniger beachteten anonymen Schrift, „Gedanken über Tod und Unsterblichkeit" (Nürnb. 1830), als selbständiger Denker mit Energie gegen Ansichten auf, die niemand bezweifelte, indem er sich durch die Bekämpfung des Unsterblichkeitsglaubens von der ganzen bisherigen philosophischen und theologischen Tradition loszureißen suchte. Seine nächstfolgenden Schriften, wie die „Geschichte der neuern Philosophie von Bacon von Verulam bis Spinoza" (Ansb. 1833), „Darstellung, Entwickelung und Kritik der Leibnizischen Philosophie" (Ansb. 1837), „Pierre Bayle

[1] *Der Artikel fehlt noch in der vorausgegangenen 9. Aufl. des Brockhausschen Konversationslexikons von 1852, wo sich stattdessen im Rahmen des Artikels über* Paul Joh. Anselm Ritter von Feuerbach *die im vorliegenden Band S. 7f., Fußnote 16, wiedergegebene Passage über* Ludwig Feuerbach *findet.*

[2] *Gemeint ist P. J. A. v. Feuerbach.*

[3] *Im Original irrtümlich:* Ansbach

nach seinen für die Geschichte der Philosophie und Menschheit interessantesten Momenten" (Ansb. 1838), gehören zwar der Geschichtsdarstellung an; doch läßt schon dies zweite genannte Werk bemerken, daß die Geschichte der Philosophie für F. die Brücke zur kritischen Untersuchung über das Wesen der Religion und ihr Verhältnis zur Philosophie geworden war. Den Vorläufer dazu bildete zunächst die Abhandlung „Über Philosophie und Christentum in Beziehung auf den der Hegelschen Philosophie gemachten Vorwurf der Unchristlichkeit" (Mannh[eim] 1839), deren Umrisse er in seinen Hauptwerken: „Das Wesen des Christentums" (Lpz. 1841; 2. Aufl. 1843), „Grundsätze der Philosophie der Zukunft" (Zürich 1843), „Das Wesen der Religion" (Lpz. 1846[1]), weiterentwickelte und begründete. Mehrere Aufsätze in den „Deutschen Jahrbüchern", in „Wigands Vierteljahresschrift" sowie das Schriftchen „Das Wesen des Glaubens im Sinne Luthers" (Lpz. 1844) dienten zu Erläuterung der in den Hauptwerken ausgesprochenen Ideen. Neu aufgelegt, mit bedeutenden Zusätzen versehen und nach F.s späterm Standpunkt reformiert, erschienen diese Schriften nebst einigen frühern, wie den „Kritiken auf dem Gebiet der Philosophie" (Ansb. 1835) und „Abälard und Heloise oder der Schriftsteller und der Mensch" (Ansb. 1834), und nebst seinen 1848/49 in Heidelberg gehaltenen „Vorlesungen über das Wesen der Religion" in F.s „Sämtlichen Werken" (8 Bde, Lpz. 1846–51). Da F. die Theologie in die Anthropologie, die Religionsphilosophie in die Psychologie, den absoluten Geist in den endlichen subjektiven auflöst, so war es natürlich, daß er einerseits von der Theologie des Atheismus beschuldigt [werden], andererseits von den übrigen philosophischen Richtungen vielfache Anfeindungen erfahren mußte.

[1] *Im Original das Entstehungsjahr:* 1845

Spiritualismus und Sensualismus

„System der Rechtsphilosophie", von Ludwig Knapp, Erlangen 1857

Der gegenwärtige Streit zwischen dem Spiritualismus und Materialismus wird aus einem falschen Gesichtspunkt betrachtet, wenn man sie sich als absolute Gegensätze vorstellt. Der Materialismus ist so alt und weitverbreitet als die Menschheit, so einleuchtend wie das Licht, so notwendig wie Wasser und Brot, so unentbehrlich, so zudringlich und unabweisbar wie die Luft. Der Spiritualismus ist nichts andres als der spiritualistische Materialismus. „Nicht ist alles Fleisch einerlei Fleisch, sondern ein anderes Fleisch ist der Menschen, ein anderes des Viehes. Und es sind himmlische Körper und irdische Körper." Aber gleichwohl ist alles Fleisch, wenn auch nicht einerlei Fleisch, doch immerhin Fleisch und aller Körper, auch der himmlische, der Gattung nach ebensogut Körper als der irdische. Nicht ist also aller Materialismus einerlei Materialismus, sondern ein anderer der, welcher den Geist oder die Seele als ein von dem Körper – versteht sich: dem Körper, wie er auf diesem Standpunkte bekannt ist und vorgestellt wird – unterschiedenes, ein anderer der, welcher die Seele als ein mit dem Körper identisches Wesen betrachtet; aber gleichwohl ist die Seele, welche sich im Leben logisch vom Leibe unterscheidet, um sich im Tode förmlich, d. i. leiblich, von ihm zu trennen und in himmlische Regionen emporzuschwingen, auch ein materialistisches, nur phantastisch-materialistisches Wesen. Selbst der philosophische Geist der Modernen, wie der Geist des Cartesius, welcher sein Wesen nur ins Denken setzt, ist ein solches phantastisch und versteckt materielles Wesen, da er, obzwar ein dem Gedanken nach vom Leibe unterschiedenes und unabhängiges, doch zugleich der Erfahrung nach ein „mit dem Leibe innig verbundenes, ja, gleichsam vermischtes" Wesen ist; denn wer kann mit dem Leibe verbinden, was nicht leiblichen oder doch „gleichsam" leiblichen Wesens ist, wer in Zusammenhang bringen, was nicht an und für sich seiner Natur nach zusammengehört, wer Ungereimtes zusammenreimen, wenn nicht anders die Verbindung von Leib und Seele, Körper und Geist ein Ausdruck der reinsten Verrücktheit, ja, Tollheit sein soll? Der gegenwärtige Kampf zwischen Spiritualismus und Materialismus ist daher nur der Kampf zwischen dem alten und dem neuen, d. h. dem himmlischen und dem irdischen, dem phantastischen und dem realistischen, dem gemütlichen und dem gesetzlichen, dem willkürlichen und dem konsequenten, dem versteckten und dem offenen, dem unwissenden und dem bewußten, wissenschaftlichen Materialismus. Es ist hier nicht der Ort, diese paradoxe Behauptung allseitig durchzuführen; es werde daher nur ein flüchtiger Blick in das Gebiet geworfen, dem die vorstehende Schrift angehört.

Der Verfasser derselben gründet das Recht, und zwar in allem Ernste und mit schonungsloser Strenge, auf *„den naturwissenschaftlichen Materialismus"*.

Das Recht, das heilige, hochgeborene, allerdurchlauchtigste Recht auf den pöbelhaften Materialismus gründen – welche Verrücktheit und zugleich welche Frivolität! Oh, ihr Herren und Damen von Gottes Gnaden, ihr geistliche[n] und weltliche[n] Herren samt und sonders, ja, selbst auch ihr Handels-, Bürger- und Bauersleute – denn auch ihr habt ja einige, wenn auch nicht wohlgeborene, doch wohlerworbene, Rechte –, seht, wie hier eure Rechte in den Kot getreten werden; aber seht: Das ist das saubere Resultat, das die reinste, aber, gottlob, auch letzte Frucht des modernen Materialismus, denn jetzt hat er den äußersten Grad des Frevels und Unsinns erreicht. Daß er uns Gott und unsere unsterbliche Seele nimmt, das kann man sich wohl gefallen lassen; ohne Gott und Seele kann man in diesem zeitlichen Leben auskommen; wir brauchen sie ja so nur als Bürgschaft für ein zukünftiges Leben. Überdies sind beide ungewiß, wenigstens bestreitbar; aber wer uns unser einzig Gewisses und Unbestreitbares, unser Jus certum, nimmt, unser allerteuerstes, herzallerliebstes Recht an die profane Materie entäußert, der nimmt uns unsere Existenz selbst. Fort also mit dem Frevler an den Galgen oder doch wenigstens an den Pranger!

Mit solchem Zetermordio-Geschrei verkündete ein Artikel der löblichen Augsburger „Allgemeinen Zeitung“ die Erscheinung dieser Schrift und zeigte zugleich als corpus delicti zur Rechtfertigung dieses Geschreis ein paar aus der Mitte herausgerissene kraß klingende Stellen dem entsetzten Publikum vor. Die Hauptstelle war diese: „Die sittlich zwingenden Affekte bilden das *Gewissen*, die sittlich zwingenden Handlungen bilden den Rechtszwang, der, gattungsmäßig gegliedert, als Staatsgewalt erscheint. Anstatt also das Gewissen als unsichtbares Klopfgespenst und den Staat unter irgendeinem Ideale anzuschauen – wie sie sich von dem Bienenkorb bis zu dem Gottesreich stufen – oder, anmaßlich nichtssagend, ihn mit der naturwissenschaftlich als Erklärungsgrund längst abgelegten Redensart des Organismus abzutun, fassen wir beide Begriffe an den wirkenden leiblichen Gebilden ihrer konkreten Träger und Produzenten an und suchen das Gewissen unter den Leistungen der unbewußten und den Staat unter denen der bewußten Muskelerregungen auf. Ja, da es erlaubt sein muß, einen spiritualistisch-phantastisch so viel beleckten Gegenstand mit den schroffsten Ausdrücken der sinnlichen Erkenntnis zu überstacheln, so dürfen wir sagen, daß die glatten, blassen, weichen, aus strukturlosen Fasern zusammengesetzten und die das Herz bildenden Muskeln des vegetativen Systems, indem sie vorherrschend den Affekten dienen (§[1] 42), vorherrschend die Moral, und daß die quergestreiften, roten, in Primitivbündel gefaserten Muskeln des animalen Systems, indem nur sie die Handlungen vermitteln und auch, im Gegensatz der ersten, allein zu Gerichtsfolge, Landsturm u. dgl. verknüpfbar sind, das Recht vollziehen“ (S. 156). Welch ein querköpfiger roter Materialismus! Wer hat je so was gehört oder gelesen? Was bedarf es mehr als diese eine Stelle, um den Schuft ohne weiteres dem Henker zu übergeben?

Gleichwohl hat schon im siebzehnten Jahrhundert – habt Respekt! – ein Comes palat. caes. und Professor primarius et ordinarius, Herr S. Strykius, eine lateinische Schrift von dem *Rechte der Sinne*, „De jure sensuum“, geschrieben, worin er alles, was sich im Kriminal- und Zivil-

[1] *Im Original irrtümlich:* S.

recht über die Sinne zerstreut und gelegentlich vorfindet, zusammenstellt und erläutert, zuerst die juristische Bedeutung der Sinne im allgemeinen bespricht, hier die Notwendigkeit der *sinnlichen Erkenntnis*, die necessitatem scientiae sensualis, besonders für den Richter hervorhebt, dann die Rechte der einzelnen Sinne, des Auges, des Gehörs, des Getastes, des Geschmacks, des Geruchs, abhandelt. Was bedeutet aber das „Recht der Sinne", der „leiblichen Sinne", wie es in einer Notariats-Verordnung des Kaisers Maximilian heißt, anders als die Sinnlichkeit und Leiblichkeit des Rechts? Wenn z. B. der Geschmack und Geruch vor Gericht die Echtheit oder Unechtheit, die Identität oder Verschiedenheit eines Weines, eines Balsams oder sonst eines kostbaren Stoffes bezeugen und so den Streit zwischen mein und dein entscheiden, was sagen sie anders aus, als daß es nicht nur überhaupt dringliche, sondern selbst auch schmeck- und riechbare Rechte gibt? Ist aber nicht damit zugleich ausgesprochen und juristisch bewiesen, daß das Subjekt des Rechts, das berechtigte Wesen, zwar allerdings ein wollendes und wissendes, aber wesentlich zugleich auch fühlendes, sehendes, schmeckendes, kurz, sinnliches, leibliches, materielles Wesen ist?

„Ich will, also habe ich", volo ergo habeo (Gundling, „Von Erlang. des Eigent. ohne Berührung und körp. Bewahr."); aber ich habe nur, weil dieser mein Wille schon das antizipierte Haben ist, weil ich mit dem Willen, in Gedanken schon voraus in Händen habe, was ich nachher wirklich, leiblich in Händen habe oder haben kann. Wo kein körperliches Haben-Können, ist auch kein rechtliches Haben-Wollen, sonst könnte ich auch das Eigentumsrecht von Sonne, Mond und Sternen beanspruchen. „Was an körperlichem[1] Besitz abgeht, ergänzt der Wille, die Absicht, der Geist", aber nur, weil, umgekehrt, was dem gewollten oder geistigen Besitz mangelt, der körperliche ergänzt. So ergänzt auch der Galgen in der Vorstellung, was demselben in der Wirklichkeit fehlt – nämlich das Dasein an jedem Orte; aber dennoch vertritt dieser ideale Galgen nur die Stelle des materiellen; außerdem wäre es widersinnig und widerrechtlich, den Dieb anders als in der bloßen Furcht

[1] *Im Original:* körperlichen

und Idee des Galgens zu erhängen. Kurz, das bloße Wollen und Denken reicht nicht zur Begründung des Rechts, auch nicht des Eigentumsrechtes oder Besitzes. „Animo et *corpore* possessio acquiritur[1] [mit Seele und Leib wird der Besitz erworben]", heißt es nach dem Römischen Recht im Rechte der Sinne (De effectu tactus in civil.). Und im Naturrecht heißt es schon seit Christ. Thomasius, dem jüngeren Zeitgenossen und Geistesverwandten vom Verfasser des Sinnenrechts, wenn auch nicht mit derselben Bestimmtheit ausgesprochen, wie bei Kant: „Das Recht ist mit der Befugnis zu zwingen verbunden." Dieser Satz sagt aber nichts anderes aus als: Das Recht ist nicht nur mit dem Wollen und der Intelligenz, sondern auch mit dem corpus, mit dem Leibe, in notwendiger und wesentlicher Verbindung zu denken; das Recht ist das Recht, nicht durch Worte und Gründe, durch Beweise von Intelligenz und gutem Willen, sondern durch physische Gewalt sich geltend zu machen, d. h., das Zwangsrecht ist der handgreifliche Beweis von der groben Materialität und Körperlichkeit des Rechts; *Zwangsrecht ist Faustrecht* – nur mit dem Unterschied von dem gewöhnlich sogenannten geschichtlichen Faustrecht, daß hier die Faust das Recht, dort aber das Recht die Faust macht. Was ist aber die Faust, womit der Mensch seine Zwangsrechte geltend macht, selbst das jus gladii, das Recht über Leben und Tod, handhabt, ohne Muskeln? Worin besteht also das Verbrechen unsers Verfassers? Nur darin, daß er an die Stelle der populären Faust den anatomischen Muskel, d. h. an die Stelle des populären und empirischen Materialismus des positiven Rechts den unpopulären, naturwissenschaftlichen, an die Stelle des im Begriffe des Zwangsrechts versteckten, heimtückischen Materialismus des Naturrechts den bewußten, freimütigen Materialismus gesetzt hat. Wenn man freilich die angeführte Stelle so für sich liest, wie sie die löbliche Augsburgerin perfiderweise hingestellt, losgerissen von den vorausgegangenen höchst beachtungswerten physiologisch-psychologischen Erörterungen des Verfassers, wo es z. B. von der Muskeltätigkeit heißt: „Jede geistige Mitteilung und Betätigung ist, in der bewußten, wie unbewußten

[1] *Im Original:* acquisitur

Form, an die *Muskelfaser* geknüpft, ohne deren Zusammenziehung es keinen Blick der Liebe, kein Bruderwort der Freundschaft, kein Werk der Kunst und der Wissenschaft gibt" (S. 63), so erscheint diese unmittelbare Verbindung des Gewissens und des Rechts mit dem Muskel als der Ausdruck krassen, ja, fast verrückten Materialismus. So erschien sie auch mir, dem Schreiber dieses, und da der Mensch immer gleich vom Einzelnen auf das Allgemeine, vom Teil auf das Ganze schließt, so verurteilte ich kurzweg auf den Eindruck dieser Stelle hin die Schrift, ohne sie noch zu Gesichte bekommen zu haben. Als ich aber zufälligerweise gerade einige Tage nach jenem Zetermordio-Geschrei die Schrift von meinem Buchhändler zugeschickt erhalten hatte und nun nicht nur die einzelne losgerissene Stelle, sondern das Ganze von Anfang an durchlas, wie bat ich noch während des Lesens den Verfasser um Verzeihung wegen des Unrechts, das ich in meinem Geiste ihm angetan hatte! Wie war ich erstaunt über die Besonnenheit, die Gründlichkeit, die Schärfe, die Originalität, den leider nur in einer zu abstrakten und schwerverständlichen Sprache niedergelegten Gedanken- und Bilderreichtum des Verfassers, aber auch wie erstaunt über das Elend des deutschen Spiritualismus, welcher bedeutungsvolle Worte dadurch zu widerlegen glaubt, daß er sie entweder ignoriert oder bei dem allgemeinen Publikum verschreit.[1]

[1] *Im Original folgen, statt einer Unterschrift, auf neuer Zeile drei Kreuze.*

Dr. Friedrich Wilhelm Heidenreich, praktischer Arzt, geboren 1798, gestorben 6. Dezember 1857 zu Ansbach

Obwohl die Heilige Schrift mit klaren Worten sagt: „Der Arbeiter ist seines Lohnes wert", so steht doch die Praxis unsrer der Theorie nach so exakt-christlichen Staaten oft genug im schreiendsten Widerspruch mit diesem Bibelspruch – freilich wohl nur aus dem orthodoxen Grunde, weil dieser Ausspruch, wie die inspirationsgläubigen Theologen selbst ausdrücklich bemerken, nicht dem Heiligen Geiste, sondern nur dem gesunden, d. h. gemeinen, Menschenverstand seinen Ursprung verdankt, der christliche Staat aber dem kommunen Rechtsbewußtsein widersprechen, das credo quia absurdum [Ich glaube daran, weil es absurd ist] in ein volo quia absurdum [Ich will es, weil es absurd ist] verwandeln muß. Was aber der Staat dem Menschen versagt, das gewähre ihm die Wissenschaft, die freie, selbständige Wissenschaft, und kann sie auch nicht mehr dem Lebenden den Lohn geben, dessen er wert, so gebe sie wenigstens dem Toten die ihm gebührende Ehre. Möge es daher „Das Jahrhundert" einem seiner Leser verstatten, in seinen Räumen den Manen eines solchen unbelohnten, obgleich rastlosen Arbeiters im Dienste der leidenden Menschheit und Wissenschaft ein kleines Denkmal zu setzen – ein Denkmal, das zwar der Ausdruck inniger Freundschaft ist, aber einer Freundschaft, die weiß, daß sie den Freund nur ehrt, wenn sie ihn in seinem Geiste und Sinne ehrt, und daher von allem bloß Persönlichen absieht, nur hervorhebt, was vom Freunde nicht dem Freunde allein, sondern der Menschheit überhaupt angehört. Zwar bedarf derselbe keines Denkmals von fremder Hand, er hat sich selbst genug Denkmale in seinen Schriften gesetzt. Aber da die Aufgabe seines Lebens, die Heilkunst, auch die wesentliche Aufgabe seiner schriftstellerischen Tätigkeit war, da er bei aller Vielseitigkeit seines Wesens und Wissens alles, was er schrieb und trieb, auf die Medizin als seinen Endzweck bezog, so ist sein Name nur dem ärztlichen Publikum ehrenvoll bekannt. Und doch verdient Heidenreich, jedem Freunde der Naturwissenschaft bekannt zu werden; denn sosehr er nur für seinen ärztlichen Beruf lebte und dachte, sosehr er Arzt mit Leib und Seele war, geborner, nicht nur gemachter Arzt, Arzt nicht nur von Kopfe, sondern auch von Herzen, aus und mit inniger Teilnahme an der leidenden Menschheit, so war doch seine medizinische Richtung selbst eine universelle, und zwar nicht insofern, als sich sein Wissen, wenn auch nicht, was sich von selbst versteht, seine technische Fertigkeit, über alle Zweige der Medizin erstreckte, sondern deswegen, weil die Vereinigung der Physik und Medizin, die Beziehung und Anwendung der allgemeinen Naturlehre auf die Heilkunst, mit *einem* Worte: die *medizinische oder therapeutische Physik* – eine neue, noch im Werden begriffene Wissenschaft –, der wesentliche und charakteristische Gegenstand seines Geistes war.

„Längst", sagt Heidenreich („Elem. d. therap. Phys.", S. 6), „kennt man den Druck der Luft, die Temperatur und Feuchtigkeitssättigung der Atmosphäre, man berechnet die Erzeugung und Konsumtion von Sauerstoffgas in einer gegebenen Gegend, man kennt die geognostische Formation, Elevation usw., lauter Dinge, die überall und zu jeder Zeit uns umgeben – und wie wenig sind solche Verhältnisse, die Elemente unsers Lebens, unser pabulum vitae [Futter des Lebens] zur und für die Therapie benutzt! Wieviel ließe sich durch Regulierung der Temperatur der uns zunächst umgebenden Atmosphäre, durch Vermehrung, Verminderung des Luftdrucks, durch Herstellung oder Ableitung der Elektrizität, durch künstliches Klima für unsere Kranken leisten, und wie wenig ist geleistet und geschehen, so daß wir kaum Rudimente, Versuche, Andeutungen kennen! Dennoch scheint die Zeit gekommen, daß die physikalischen Momente, welche die erste Hälfte des Jahrhunderts gefunden und entwickelt hat, um dessen Mitte und in der zweiten Hälfte nach und nach zu therapeutischer Bedeutung und Wirksamkeit gelangen. Es wird die Zeit nicht mehr ferne liegen, in welcher eine sich selbst bewußte physikalische Therapie eine große Rolle in der Heilkunst übernehmen wird . . . Dazu beizutragen, dieses Bewußtsein zu erwecken, *die Notwendigkeit einer physikalischen Therapie darzutun und ihre Möglichkeit aus den vorhandenen Rudimenten zu beweisen* ist die Aufgabe" seines Lebens und Denkens, die Aufgabe seiner interessantesten und bedeutungsvollsten Schriften gewesen. Diese sind seine „*Elemente einer medizinischen Physik*", Erstes Heft: ‚Das Leben der unorganischen Natur', Leipzig, O. Wigand, 1843, ferner: „*Die physiologische Induktion.* Ein Beitrag zur medizinischen und Nerven-Physik", Ansbach, Gummi, 1846, endlich die soeben angeführten „*Elemente der therapeutischen Physik*", Leipzig, O. Wigand, 1854" – die Krone seiner Schriften, ebenso lehrreich dem Inhalt nach als geistreich der Form nach.

Einheit des Menschen mit der Natur, Einheit der Natur mit sich selbst bei aller Verschiedenheit ihrer Wirkungen und Erscheinungen – diese Idee, „*die Idee von der Einheit alles Lebens*", ist es, die Heidenreich beseelte, in seinen medizinischen und naturwissenschaftlichen Anschauungen und Bestebungen leitete und bestimmte. Erfüllt von diesem Gedanken, konnte er die bisherige oder vielmehr damalige, die Natur in eine Menge besonderer, noch dazu großenteils erdichteter Stoffe und Kräfte zersplitternde Physik nicht ohne weiteres zum Besten der Theraphie verwenden; er mußte selbst erst in ein therapeutisches, ein kritisches Verhältnis zu ihr treten. Dies geschieht in seinen „Elementen der medizinischen Physik"; sie enthalten eine „positive Kritik der bisherigen Naturwissenschaft" – eine positive, weil er die Physik nicht nur „von der sie noch belastenden Menge selbstgeschaffener, hypothetischer Stoffe und Kräfte zu befreien", sondern zugleich auch, vollständig mächtig des reichen tatsächlichen Stoffes, eine wirkliche Anschauung „von der Natur der Dinge in ihrer Einheit und Wahrheit" zu geben sucht. Und er findet die Einheit der verschiedcnen Naturerscheinungen oder Naturkräfte, namentlich der Elektrizität, des Magnetismus, der chemischen Verwandtschaft, der Kristallisation, der Schwere selbst, in *Licht* und *Wärme*. „Fort mit der Attraktion und Repulsion als eigenen, für sich bestehenden Kräften! Der Physiker nimmt nur besondere Kräfte an, wo er sich nicht anders zu helfen weiß" (S. 167). Wärme, als das alles Ausdehnende, Auflösende, Schmelzende, Verflüchtigende, ist das „generalisierende Prinzip der Natur", ist Repulsion; sie hält die Atome wie die Körper auseinander; Licht ist die Ursache ihres Zusammentretens, Licht ist Attraktion; Licht ist „kosmisches Individualisierungsprinzip". Aber Licht und Wärme, jenes die Ursache des Magnetismus, diese die Ursache der Elektrizität, sind voneinander unabsonderlich, wenn sie gleich nicht immer zugleich erscheinen; sie verhalten sich zueinander, rufen sich gegenseitig hervor, wie Aktion und Reaktion – „Licht ist Reaktion gegen die Wärme, Wärme gegen das Licht" –, aber beide reduzieren sich auf Schwingungen des Äthers und bestätigen so auf eine ebenso den Kopf erleuchtende als das Herz erwärmende Weise die „Idee von der Einheit im Leben der Natur".

Mit demselben Lichte und derselben Wärme, womit der Verfasser der „Elemente einer medizinischen Physik" die Einheit der unorganischen Natur hervorhebt, erfaßt und beleuchtet er auch die erhabenste Idee und Errungenschaft der neuesten Zeit, die Idee von der Einheit der organischen und unorganischen Natur. „Lange plagte man sich", sagt er z. B. in einem kurzen Vortrag über „Die Bedeutung der medizinischen Physik", Ansb. 1846, „und quält sich zum Teil immerfort, die Verhältnisse der Lebenskraft zu verschiedenen dynamischen, chemischen, mechanischen Prozessen des Organismus aufzusuchen und festzustellen, und sonst verdienstliche und geistreiche Werke scheitern im eitlen Kampfe des Vitalismus (d. h. der Lehre von einer besondern Lebenskraft) mit dem Chemismus und Mechanismus. Wollte man sich aber zu der Ansicht erheben, daß alles Leben eben nur ein einziges, nur eines sei, nur auf den verschiedenen Stufen seines Erscheinens einmal chemisch, ein andermal mechanisch und noch ein andermal dynamisch sich offenbare, so würde es anders und hoffentlich besser stehen um unsere Physiologie; man würde erkennen, daß die Digestion ein Akt des organischen Chemismus, die Bewegung unserer Gelenke, unser Kauen und Beißen ein Mechanismus, die Perzeption durch die Sinnesorgane eine dynamische Erscheinung sei, man würde einsehen, daß hier eben gerade und nicht anders das Leben sich offenbare, und sich nicht ferner mit vitalischen Theorien und Vermittlungen plagen." Doch „bald wird die Zeit kommen", sagt er („Therap. Phys.", S. 12), „in welcher fast die ganze Physiologie in einer Physik und Chemie des organischen Lebens aufgehen und für das bisher sog. Spezifische oder Vitale nur sehr wenig mehr übrig bleiben wird und Pathologie und Therapie nachfolgen müssen, so daß eine therapeutische Physik und Chemie so ziemlich den gesamten Heilapparat ausmachen wird". Infolge dieser Ansicht und Überzeugung bestand denn auch die theoretische oder rein naturwissenschaftliche Tätigkeit Heidenreichs hauptsächlich darin, zu beweisen, daß es kein besonderes Lebens- oder Nervenprinzip gebe, das Wesen der Nerventätigkeit, wie das der sogenannten Imponderabilien, auf Oszillationen, Schwingungen, Wellenbewegungen beruhe, daß überhaupt in der organischen Natur dieselben Gesetze wie in der unorganischen gelten und wirken. „Das Schwingen einer Glocke erscheint dem Ohr alsTon, dem Auge als Bewegung, dem Gefühl als Erzittern, und geradeso können Oszillationen überhaupt einmal als Licht, Wärme, Magnetismus, Elektrizität erscheinen, ein anderes Mal das Wesen der Nervenaktion ausmachen" („Die physiol. Indukt.", S. 20). Er bleibt aber nicht bei dieser Identität der Nerventätigkeit mit den Schwingungen der Imponderabilien im allgemeinen stehen; er sucht zu beweisen, daß es ebensogut eine Nerveninterferenz gibt als eine Interferenz der Lichtstrahlen, der Schallwellen; er findet wenigstens für die physiologische Tatsache, daß durch heftige mechanische Bewegung oder durch den bloßen Willen ein Schmerz unterdrückt oder doch gemildert, umgekehrt durch Schmerz krankhafte Bewegung, also Empfindung durch Bewegung, Bewegung durch Empfindung aufgehoben wird, eine genügende Erklärung nur in einer „wahren *neurologischen Interferenz*". Ja, er glaubt selbst die von der Elektrizität und dem Magnetismus geltenden Gesetze der Verteilung und Induktion – welches Wort jedoch H[eidenreich] in einem engeren Sinne nimmt, als es gewöhnlich genommen wird – auf die Nervenphysik „übertragen" und folglich behaupten zu dürfen, es verhalte sich „die Wirkung der Nerven auf Nerven wie Verteilung (d. h. wie Erregung der Elektrizität durch Elektrizität, der Magnetismus durch Magnetismus), die Wirkung der Nerven auf andere Gebilde (vorerst die Muskeln) und die Rückwirkung anderer Gebilde (namentlich des Bluts) auf die Nerven wie Induktion", d. h. wie Erregung des Magnetismus durch Elektrizität oder die Elektrizität durch Magnetismus. Damit will er aber keineswegs behaupten, daß die physiologische Induktion genau auf dieselbe Art und Weise wie die physikalische geschehe, denn „die Identität der *Gesetze* der organischen und unorganischen Natur ist noch keineswegs eine Identität der *Erscheinungen*" (S. 82), wohl aber, daß sie auf analoge Weise nach dem Gesetze der physikalischen Induktion geschehe. Und von der Induktion in diesem, den Unterschied der Erscheinungs- oder Wirkungsweise nicht ausschließenden, Sinn nimmt er mit Recht keinen Anstand zu behaupten, daß sie selbst auch „für die physische Sphäre des Lebens gelte" (S. 98) – ein Satz, der den Verfasser am Schlusse seiner Schrift über die physiologische Induktion auf das peinliche Kapitel von der menschlichen Freiheit bringt und zu dem ebenso wichtigen als richtigen Ausspruch veranlaßt, daß sich zwischen dem Spontanen, Willkürlichen und [dem] Unwillkürlichen im Menschen ebensowenig eine Grenze angeben lasse als zwischen dem Hirn (dem Organ der spontanen, willkürlichen) und dem Rückenmark (dem Organ der exzitierten, d. h. nur auf Reiz erfolgenden, Bewegungen). „Die Rückenmarksstränge verlaufen im Gehirn, das Gehirn setzt sich in das Rückenmark fort, *eine definitive Grenze setzt hier nur die Guillotine oder das Henkerbeil.*"

Heidenreich hat aber diese seine Ansichten und Beweise von der Einheit des organischen und unorganischen Lebens nicht etwa nur auf die bereits vorhandenen, von anderen gemachten Entdeckungen und Erfahrungen, sondern auch auf eigene, selbständige Versuche und Beobachtungen gegründet – so denn auch seine eben erwähnten Ansichten von der physiologischen Induktion. Wir sehen jedoch hier von diesen und anderen Versuchen ab, beschränken uns nur auf *ein*, aber ihn besonders charakterisierendes, von ihm selbst oft angelegentlichst besprochenes und wiederholtes Experiment. Es bestand dieses darin, daß er, zuerst um zu erfahren, ob, dann, um zu beweisen, daß, wie die tierische oder organische und unorganische Elektrizität die nämliche, so auch der Magnetismus, d. h. der mineralische, nicht der sog. tierische Magnetismus, derselbe im Organischen und Unorganischen sei, daß er also zu diesem Zwecke mit Drahtspiralen, die mit Seide umsponnen und zu Leitern des elektrischen Stroms gemacht waren, seine Finger, Hände und Arme magnetisch machte, so daß sie die Pole eines frei hängenden Magnetstabes je nach der eigenen erhaltenen Polarität anzogen oder abstießen, ja, durch Vervielfältigung diese Spiralen seine beiden Arme mit Händen und Fingern „in einen *lebendigen, organischen Hufeisenmagnet*[*en*] verwandelte[n], so daß die eine Hand den Nord-, die andere den Südpol anzog". Man hat nun zwar die Richtigkeit dieses Versuchs und des daraus gezogenen Schlusses bezweifelt, man hat die Einwirkung auf den Magnetstab oder die Magnetnadel nur auf Rechnung der Induktionsspirale setzen wollen; aber Heidenreich war ein viel zu umsichtiger und vielseitiger Beobachter und Experimentator, als daß er die Einwürfe seiner Gegner nicht selbst schon während seiner Versuche sich gemacht hätte. Er hat nicht nur den Einfluß der Spirale auf den Magnet[en] in Anschlag gebracht, sondern auch den genauesten Messungen unterworfen, aber gerade dadurch gefunden, daß dieser Einfluß fast um das Doppelte geringer war, wenn die Spirale allein für sich dem Magneten genähert wurde, als wenn der Finger oder die Hand in ihr stak, diese Glieder also notwendig selbst magnetisch sein mußten. Man sehe hier aber seine „Physiol. Indukt.", S. 12, und „Therap. Phys.", S. 120. Solange man daher keine neuen, stichhaltigeren Einwendungen vorzubringen weiß, solange wollen wir uns nicht durch gelehrten Dünkel und Neid abhalten lassen, Heidenreich die Ehre der Entdeckung des Induktionsmagnetismus am menschlichen Körper zuzuschreiben. Er hat um so mehr Ansprüche auf diese Entdeckung, je mehr er von Natur und Charakter zu derselben berufen und befähigt war; denn wer sollte mehr berufen sein, den Magnetismus dem Menschen zu induzieren, als wer selbst durch eine besondere Inklination zum Magnetismus sich hingezogen fühlt? Wer befähigter sein, die physische Identität des unorganischen und organischen, also auch menschlichen Magnetismus zu erkennen, als wer im Magnetismus selbst das Urbild seines moralischen Wesens erblickt? „Der Magnetismus", sagt Heidenreich, „wird jedesmal kurz abgetan, nicht aus Mangel innerer, tiefer Bedeutung"; „da er aber in seiner Ruhe und Beharrlichkeit, in seiner stillen Wirkung, z. B. der Erdmagnetismus, nicht mit Blitz und Donner dreinschlägt wie die Elektrizität, höchstens in stillen Nächten mit strahlendem Licht erglänzt, so mag es ihm leicht ergehen wie manchem ausgezeichneten Manne, der, seiner inneren Bedeutung sich bewußt, nicht viel Wesens von sich machen mag – daß er übersehen wird" („Therap. Phys.", S. 94). In diesem Schicksal und Wesen des Magnetismus hat er sein eigenes Schicksal und Wesen gezeichnet. Er machte so wenig Wesens von sich, trug so wenig seinen inneren Wert und Gehalt zur Schau, war stets so sehr versunken in die Gegenstände seiner Beschäftigung, daß es kein Wunder ist, wenn ein solcher Mann, der überdies auch darin dem Magneten glich, daß er nicht den Mantel nach dem Winde hing, sondern stets in derselben Richtung beharrte, koerzitiv, stahlfest in seiner Gesinnung, freidenkend in Religion und Politik, rücksichtslos im Ausdruck seiner Überzeugung war, wie sein Schriftchen über das „Prinzip der Medizinal-Reform", 1850, beweist, trotz seiner vielen Verdienste, trotz seiner interessanten Versuche und Erfindungen, so z. B. seines elektromagnetischen Apparates mit gleichlaufenden Induktionsströmen zweiter Ordnung, trotz seinen medizinischen Leistungen im Leben und in der Literatur, trotz seiner zuerst unternommenen und wohlgelungenen chirurgischen Operationen, wie z. B. der subkutanen Blepharotomie, trotz selbst seiner persönlichen Opfer für das öffentliche Wohl – beim ersten und zweiten Ausbruch der Cholera in Bayern – ebensowohl vom Staate als von unsern Akademien und Universitäten übersehen worden ist. Schmerzlich war ihm dieses Schicksal, aber nicht aus gekränktem Ehrgeiz, sondern nur aus dem naturwissenschaftlichen Grunde, weil es ihn in der Befriedigung seines rastlosen Erfindungstriebs hemmte, bei seinen Versuchen und Experimenten lediglich auf seine eigenen Mittel und Kräfte beschränkte. Beklagte er doch auf seinem Sterbebette selbst seinen frühzeitigen Tod hauptsächlich nur deswegen, weil er ihm nicht verstatte, seine Beschreibung eines neuen, von ihm ausgedachten elektromagnetischen Wasserzersetzungsapparates zu vollenden. So vollkommen eins war in der Person dieses Mannes der Mensch und der medizinische

Physiker, daß er noch mit seinem letzten Schmerze und Hauche die Idee von der Einheit des unorganischen und organischen Lebens bestätigte![1]

[1] *Im Original folgen, statt einer Unterschrift, auf neuer Zeile drei Kreuze.*

Das Geheimnis des Opfers oder Der Mensch ist, was er ißt[1]

Vorwort

Der Satz: „Der Mensch ist, was er ißt", von mir in der Anzeige von Moleschotts „Lehre der Nahrungsmittel für das Volk", 1850 ausgesprochen[2], ist der einzige Satz, der von meinen bekanntlich längst „verschollenen" Schriften noch heute gewissen Leuten in den Ohren klingt, aber nur als ein die Ehre der deutschen Philosophie und Kultur verletzender Mißklang. Gerade dieser Übelklang hat mich aber in so guten Humor versetzt, daß ich es nicht unterlassen konnte, dieses famose Wortspiel zum Thema einer eigenen Abhandlung zu machen. Da aber der Hauptvorwurf meiner Schriften die Lösung des Rätsels der Religion ist, da ich alle anderen Rätsel des menschlichen Geistes nur in der Beziehung auf die Religion, nur auf Grund oder Veranlassung derselben betrachte, zugleich aber bekanntlich ein ganz schrecklicher Materialist bin, so sehr in den Stoff in seiner rohesten Form versenkt, daß ich nicht einmal mehr weiß, daß der Mensch nicht nur ißt, sondern auch trinkt, was sich nicht auf „ist" reimt, so habe ich auch sogleich einen Gegenstand der Gastrologie (Lehre vom Magen, vom Gaumen) zu einem Gegenstand der Theologie, freilich damit auch umgekehrt einen Gegenstand der Theologie zu einem Gegenstand der Gastrologie gemacht, schmeichle mir aber ebendeswegen mit der Hoffnung, zu der noch immer streitigen Frage: Was ist denn der wahre Sinn des Speise- und Trankopfers?, einen zwar kurzen, aber entscheidenden Beitrag geliefert zu haben.

[1] *Im Original steht diese Überschrift auf einem besonderen Titelblatt vor dem Text.*

[2] *Vgl. GW 10, S. 367.*

[Das Geheimnis des Opfers]

Der Mensch ist, was er ißt. „Welch ein skurriler Ausspruch der modernen sensualistischen Afterweisheit!" Gleichwohl hat diesen skurrilen Gedanken schon das ehrwürdige Altertum, selbst schon „der Vater der griechischen Dichtkunst" ausgesprochen, wenn er Völker nur nach ihrer sie von andern Völkern unterscheidenden Nahrung benennt. So nennt Homer in der „Ilias" einen skytischen Nomadenstamm, die Hippomologen, Glaktophagen, d. h. Milchesser, obgleich schon der Name „Hippomolog" selbst einen Roßmelker, Roßmilchtrinker bedeutet; so nennt er in der „Odyssee" ein Volk, zu dem Odysseus auf seinen Irrfahrten gekommen, Lotosesser. Ebendaselbst spricht er von Menschen, welche „nichts vom Meere wissen und keine mit Salz vermischte Speise genießen", und bezeichnet die un- oder übermenschliche Roheit des Kyklopen Polyphem damit, daß er ihn als einen Menschenfresser schildert und ausdrücklich auch Menschenfresser, Androphag, nennt.

Wie Homer, so bezeichnen auch die griechischen Geographen und Geschichtsschreiber Völker nur nach ihren vorzüglichsten oder auffallenden Nahrungsmitteln und reden demgemäß von Ichthyophagen, Fischessern, Chelonophagen, Schildkrötenessern, Akridophagen, Heuschreckenessern, Struthophagen, Straußessern, Rhizophagen, Wurzelessern, Hylo- und Spermatophagen, Holz- und Samenessern, d. h. Menschen, welche von den Früchten und zarten Zweigen wilder Bäume leben, Agriophagen, Wildessern, d. h. solchen, die hauptsächlich, nach Plinius, vom Fleische der Panther und Löwen sich nähren, Pamphagen, Allesessern, Ophiophagen, Schlangenessern, wie nach P. Mela die Panchäer, Artophagen, Brotessern, wie nach Athenäus die Aegypter wegen ihrer Mäßigkeit hießen, Anthropophagen, Menschenfressern.

Homer benennt aber nicht nur Völker nach ihrer Speise, er macht selbst die Nahrung zu einem charakteristischen Beiwort und Merkmal des Menschen im allgemeinen; er nennt den Menschen den Getreide oder Brot Essenden, entweder in *ein* Wort zusammengefaßt: Sitophag, oder getrennt: „die auf der Erde Brot essenden Menschen", „die die Frucht der Erde" oder „das Korn der Demeter essenden

Sterblichen". Ja, Homer setzt selbst in den Unterschied der Speisen den Unterschied der Götter und Menschen. Dem Odysseus wird bei der Göttin Kalypse vorgesetzt „allerlei Nahrung, daß er äß' und tränke, was sterbliche Männer genießen", ihr selbst aber „reichten die Mägd' Ambrosia dar und Nektar". In der „Ilias" heißt es ausdrücklich: „Nicht essen die Götter Brot, noch trinken sie funkelnden Wein, deswegen haben sie kein Blut und heißen Unsterbliche." Sie essen Ambrosia; Ambrosia aber bedeutet nach den Alten unsterbliche Speise, nach den Neuern ist es ein Substantiv und bedeutet schlechtweg Unsterblichkeit. Gott ist, was er ißt; er ißt Ambrosia, d. h. also Unsterblichkeit oder unsterbliche Speise, also ist er ein Unsterblicher, ein Gott; der Mensch dagegen ißt Brot, ißt Früchte der Erde, also Irdisches, Nicht-Ambrosisches, Sterbliches, also ist er ein Mensch, ein Sterblicher.(1)

Wie die Speise, so das Wesen, wie das Wesen, so die Speise. Jeder ißt nur, was seiner Individualität oder Natur, seinem Alter, seinem Geschlecht, seinem Stande und Berufe, seiner Würde gemäß ist. Das ist keine „Kost für Menschen, sondern bloß für die Säu", keine „Kost für Herren, sondern bloß für Bauernknechte". Ihr seid „Eselfresser oder Katzenfresser" – diese Vorwürfe, welche sich die Bürger benachbarter Städte in Deutschland machten, galten für so beleidigend, daß es darüber zu blutigen Händeln kam, wie Michaelis in seinem „Mosaischen Recht" bei Gelegenheit der jüdischen Speisegesetze bemerkt. „Schweinefleischfresser" nannten nach Eisenmenger die Juden die Christen, um damit ihre Verachtung gegen diese auszudrücken. Schweine nennt Philostrat im „Leben des Apollonios" die Arkader, weil sie Schweinekost, nämlich Eicheln, aßen. Balanephagen, Eichelesser, hießen sie daher bei den Griechen zur Bezeichnung ihrer Wildheit und Roheit, denn in die Vertauschung der Eichel mit dem Korn setzten die Alten die Vertauschung des rohen Lebens mit dem gebildeten und verehrten deshalb die Urheber dieser wohltätigen Veränderung als göttliche Wesen. Selbst die trockenen Chinesen „spendeten sonst", nach den Bemerkungen eines Scholiasten zu Konfuzius' Werken, „von allem, was sie genaßen, einen kleinen Teil zur Ehre dessen der die Menschen zuerst an edlere Nahrung gewöhnte".

Von der Gerste, woraus einst ihre hauptsächliche Nahrung bestand, hießen bei den Römern nach Plinius die Gladiatoren die Gerstigen oder Gerstegefütterten; von der Saturei oder dem Wurstkraut, welches die armen Bürger und Bauern zu ihrer Mahlzeit genossen[1], hießen diese bei den Griechen die Wurstkrautesser, Thymbrophagen; von dem Lorbeer, dessen Genuß das Altertum begeisternde Wirkungen zuschrieb, die Seher und Dichter Lorbeeresser, Daphnephagen. „Du riechst oder vielmehr du stinkst nach Knoblauch" – dieses von der Zukost der römischen Bauern, Soldaten und Schiffer stammende Kompliment bedeutet in der Komödie des gemeinen Lebens dasselbe, was in der höheren Poesie das Horazische „Ich hasse den Pöbel und halte ihn fern". Die Inder unterscheiden in den Bhagavadgita nach den drei Qualitäten der Wahrheit oder Wesentlichkeit, der Leidenschaft und der Finsternis drei Klassen von Menschen und ebenso drei diesen verschiedenen Klassen entsprechende Sorten von Speisen. Die schmackhaften, milden, Gesundheit, Stärke, Heiterkeit fördernden Speisen sind den wahren Menschen angenehm, die scharfen, sauern, salzigen, hitzigen den leidenschaftlichen, die geschmackwidrigen, ekelhaften, übelriechenden Speisen den finstern. Kurz, jede Klasse ist, was sie ihrer wesentlichen Eigenschaft nach ißt, und umgekehrt.

Doch was sind menschliche Zeugnisse, noch dazu so wenige, wenngleich leicht zu vervielfältigende, gegen die Autorität[2] der Götter? Die Götter sind, was sie sind, weil sie Ambrosia und Nektar – die flüssige Ambrosia oder Ambrosia als Getränke gedacht – genießen. Nektar und Ambrosia sind aber gleichwohl nur die Speise der Götter, wo sie unter sich, nicht, wo sie unter Menschen sind, nur im Olymp oder Himmel der Phantasie, der Dichtkunst, nicht auf dem irdischen Boden der Religion, wo sie ihre Tempel, ihre wahre Wohnung und Heimat haben, nur im trügerischen Nebel der Theologie, aber nicht da, wo sie sich im Lichte des wirklichen Lebens zeigen und als unverkennbare Erscheinungen der Anthropologie erweisen.

„Wer durchwanderte gern", sagt Hermes zur Kalypso

[1] *Im Original:* genaßen
[2] *Im Original:* Auctorität

nach seiner Luft- und Seefahrt, „der unermeßlichen Salzflut Wüste, so fern von Städten der Sterblichen, welche den Göttern heilige Opfer weihen und erlesene Festhekatomben?" Und der Phäakenkönig Alkinoos sagt: „Immer von alters her erscheinen ja sichtbare – oder: sichtbar, offenbar, leibhaftig – Götter uns, wenn wir sie ehren mit heiligen Festhekatomben" – eine Äußerung, die allerdings zunächst nur einen „Vorzug der Phäaken als eines den Göttern nahe verwandten Volks" ausdrückt, aber doch allgemeine Bedeutung hat, indem fast jedes Volk seinen Gott zu seinem Stammvater macht, die Religion überhaupt sich auf die Verwandtschaft der Menschen mit den Göttern gründet. Der Vorzug der Phäaken ist daher ein Vorzug, dessen jedes Volk, jeder Mensch teilhaft werden kann, wenn er nur seine Gottesverwandtschaft durch entsprechende Gesinnung und Handlung bekräftigt, denn die Götter beehren natürlich nur den mit ihrer persönlichen oder leiblichen Gegenwart, dem sie stets geistig gegenwärtig sind. Weil aber zu allen Zeiten die Gegenwart, die Wirklichkeit gottlos und ungläubig ist, gleichwohl dem Menschen nur für wahr gilt, was wirklich ist, so verlegt er in der Poesie, in der Phantasie überhaupt die wahre Religion, folglich auch den wahren Sinn und Erfolg der Opfer, in entfernte Zeiten oder Räume. So sind bei Homer die untadeligen Äthioper, an deren Opfermahlen die Götter sich persönlich beteiligen, die äußersten, d. i. entferntesten, Menschen, der eine Teil wohnhaft, wo die Sonne auf-, der andere, wo sie untergeht, also die „östlichsten und westlichsten aller Menschen". Aber gerade in dieser räumlichen Entfernung treten die Götter in unmittelbare, in nächste Nähe mit dem Menschen, um uns zu zeigen, wie weit diejenigen von der wahren Bedeutung des Opfers sich entfernen, welche, statt mit Speisen und Getränken, mit Symbolen und mystischen Deutungen Götter und Menschen bedienen.

Nektar und Ambrosia drücken nur das Fürsichsein, nur den Unterschied der Götter von den Menschen aus. Die Götter sind aber ebenso wesentlich vom Menschen – nämlich von seinen verwünschten Schranken, Mängeln und Übeln – unterschiedene als nicht unterschiedene, wesensgleiche, innige, d. h. mit ihm einige, mit seinen geheimsten Wünschen einverstandene, Wesen. Die Offenbarung dieser Wesensgleichheit oder Wesenseinheit ist das *Opfer*. Die Götter sind, was der Mensch, darum essen sie, was der Mensch, „sitzen an unserem Mahl und essen mit uns, wie wir andern". Gleiches Wesen, gleiche Speise, und umgekehrt. Das Bedürfnis der Speisen hat der Mensch für sich selbst, aber den Genuß derselben teilt er mit den Göttern. Hunger und Durst leiden ist menschlich, aber Hunger und Durst stillen ist göttlich. Die Götter sind die Seligen; sie besitzen nur die Güter, nicht die damit verknüpften Übel des Menschen; sie verselbständigen[1] und vergegenständlichen nur die Zustände und Gefühle, die den Menschen zu Dank und Lob stimmen, die den Mitteilungstrieb in ihm erwecken, denn „das Gute teilt sich mit"; also haben sie auch vom Essen und Trinken nur das Gute, nur den seligen Genuß, nicht die traurigen Vorbedingungen, nicht die beschwerlichen und selbst ekelhaften Folgen desselben.

Nirgends spricht Homer vom Durst und Hunger der Götter, so oft und ausführlich er auch von dem Durst und Hunger der Menschen redet. Nur vom Schmausen und Trinken der Götter ist bei ihm die Rede. Nur den Akt der Sättigung, der Befriedigung, der Wunscherfüllung hebt er hervor und bezeichnet ihn bei den Göttern mit den nämlichen Worten wie bei den Menschen. So heißt es im ersten Gesang der „Ilias" zuerst von den Menschen, darauf von den Göttern: „Sie schmausten, und nichts vermißte das Herz an dem köstlichen Mahle."

Als Demeter aus Schmerz und Zorn über den Verlust ihrer Tochter dem Getreideanbau ihren Segen entzog, da wären, heißt es in der sogenannten Homerischen Hymne an diese Göttin, die Menschen vor Hunger um ihr Leben, die Götter aber um die Ehre ihrer Ehrengeschenke und Opfer gekommen, wenn nicht Zeus Vorsorge getroffen hätte. So ist es. Die Ehre des Genusses von Speisen und Getränken gebührt und gehört den Göttern, aber die damit verbundene Mühe – mühselig heißt der Hunger in der angeführten Hymne –, Not und Schmach bleibt in den Menschen zurück. Die Gesetze, nach denen die Götter gebildet und vorgestellt werden, sind überall dieselben, nur der Stoff ist verschieden. Bei den Alten schmausen die Götter, aber ohne die materiellen Konsequenzen, welche die Kirchenväter in

[1] *Im Original:* verselbständlichen

ihrem Kampfe gegen die heidnischen Religionen daraus gezogen haben. Bei den Modernen denkt Gott, aber ohne die materiellen Anstrengungen und Vermittelungen des menschlichen Denkens, liebt Gott, aber ohne die Gemütsbewegungen, ohne die Leiden und Qualen, die im Menschen mit der Liebe verbunden sind.

Die rationalistischen Religionsforscher haben richtig erkannt und behauptet, daß die Opfer von genießbaren Dingen die Speisen der Götter seien, aber dadurch, daß sie die prosaische Folgerung, daß die Götter, weil sie essen und trinken, Hunger und Durst wie die Menschen haben, an die Spitze stellten, die Sache in ein falsches, dem Wesen der Götter, dem Wesen des religiösen Glaubens und Vorstellens widersprechendes Licht gesetzt. Dieses schiefe Licht hat die modernen Symboliker verleitet, dem Opfer diese Bedeutung abzusprechen, den deutlichsten Aussprüchen des Altertums zum Trotz.

So geht Zeus gleich im ersten Gesang der „Ilias" zum Mahl der unsträflichen Äthiopen, und ebenso „ergötzt sich" gleich im ersten Gesang der „Odyssee" Poseidon, „sitzend am Mahl der Äthiopen". In der „Ilias" sagt Homer, daß Oeneus der Artemis allein keine Opfer brachte, während „die übrigen Götter Hekatomben *schmausten*", und in der „Odyssee" heißt das Opfermahl „das *Mahl oder Gastmahl der Götter*"; in der Homerischen Hymne an Hermes der Honig „der Götter süße Speise". Ebenso heißen im dritten und vierten Buch Moses die Opfer Jehovas *„die Speise Gottes"*. Bei den Griechen werden Götter, wie Menschen, nach ihren eigentümlichen Opfern, d. h. Speisen, benannt. So hieß nach Pausanias Hera bei den Spartanern, weil sie ihr allein unter den Griechen Ziegen opferten, Aligophagos, Ziegenesserin, Artemis nach Hesychius in Samos die Eberesserin, Kaprophagos, Apollo nach Athenäus bei den Eleern Fischesser, Opsophag [Gemüsefresser, Leckermaul], wahrscheinlich auch von Fischopfern, Bacchos nach Plutarch Omestes, auch Omophagos, d. h. der rohes Fleisch Essende, von einem Feste, an dem wahrscheinlich zum Andenken der ursprünglichen religiösen Roheit der Menschheit rohes Fleisch, vielleicht selbst Menschenfleisch, genossen und geopfert wurde, Zeus schlechtweg Eilapinastes, Schmauser, von den Fest- oder Opferschmäusen. Bei den

Römern hießen die Laren von den Schalen oder Schüsselchen, worin ihnen ihre Opferspeisen, ihre Nahrungsmittel (2) hingesetzt wurden, Dii Patellarii, Schüsseln-Götter, und selbst Jupiter von dem Mahle oder der Speise, daps, die ihm zur Zeit der Aussaat dargebracht wurde, Jupiter Dapalis. Wie Götter nach Speisen, so wurden umgekehrt Speisen nach Göttern benannt. So hieß eine nur dem Janus dargebrachte Art von Kuchen Janual; Amphiphon, Umleuchtend, ein gewisser der Licht- und Mondgöttin Artemis unter Fackelschein geopferter Kuchen.

Bei den Indern, wenigstens „den arischen und den ihnen am nächsten verwandten östlichen Iranern", war nach Lassens „Indischer Altertumskunde" „das Sôma-Opfer das älteste und in der Vedischen Zeit bei den ersten das wirksamste und heiligste, weil es dem höchsten Gotte Indra besonders gewidmet war. Soma bedeutet den Saft der Soma-Pflanze, welcher, nachdem er mit Molken, Gerstenmehl und einer wildwachsenden Kornart gemischt und gärend gemacht worden ist, eine starke, berauschende Aufregung bewirkt. Dem Trinken dieses Saftes werden viele Wirkungen zugeschrieben: er gibt Nahrung Gesundheit, Schutz und Unsterblichkeit und führt zum Himmel. Auch die Götter werden durch ihn erfreut und berauscht, Indra verrichtet durch ihn begeistert seine Taten." Nach Bohlens „Indien" steht daher der Name „Somapa", Somatrinker, geradezu für einen Religiösen. Wie aber der Somasaft bei den Indern Götter und Menschen erfreut und berauscht, so heißt es im Alten Testament im Buche der Richter: „Das Öl ehren Götter und Menschen", „der Wein erfreut Götter und Menschen". Ein höchst erfreulicher Beweis, daß der Wein, das Öl und folglich auch die übrigen Opferstoffe dieselbe Bedeutung für die Götter als die Menschen haben, daß sie also ihre gottesdienstliche, ihre religiöse oder theologische Würde und Bedeutung ursprünglich nur ihrer wirklichen, physio- oder anthropologischen Wirkung und Bedeutung verdanken.

„Die Götter der ältesten Nationen waren nicht Fetische, sondern personifizierte Naturelemente, wie Feuer und Wasser, oder Weltkörper, wie Sonne, Mond und Planeten; wie kann man also bei den ihnen dargebrachten Opfern an die unwürdige Vorstellung des Essens und Trinkens denken?“ Wenn aber selbst bei den griechischen Philosophen noch Sonne, Mond und Sterne sich von den Dünsten des Meeres und der Erde nähren, warum sollen denn die Götter, die doch auch als Naturmächte wesentlich menschliche oder menschenähnliche Wesen sind, nicht von den Dünsten der menschlichen Speisen oder diesen selbst sich nähren? Und wie nahe liegt namentlich der Gottheit des Feuers die Vorstellung des Essens! Ist Essen oder Fressen nicht ein heute noch überall vorkommender, für uns freilich nur noch bildlicher, für den die Natur aber verpersönlichenden und vergötternden Menschen im eigentlichen Sinne geltender Ausdruck vom Feuer? Heißt und ist nicht Jehova selbst ein verzehrendes, wörtlich: essendes oder fressendes, Feuer? Hat aber hier dieses Wort etwa dieselbe Bedeutung, wie wenn es vom Schwerte, von Pest und Hunger heißt, daß sie fressen? Nein, denn es steht auch geschrieben: „Es fiel ein Feuer vom Himmel“ oder: „Das Feuer kam aus von dem Herrn und verzehrte, wörtlich: aß, auf dem Altar das Brandopfer und das Fett“; es steht also dieses Verzehren oder Essen des Feuers in innigem Zusammenhange mit den Speiseopfern. In Menus Gesetzbuch wird ausdrücklich „den heiligen Feuern Begierde nach Reis und Fleisch“ zugeschrieben, ebenso ausdrücklich bei den Parsen das Opfer an das Feuer als Nahrung bezeichnet, wenngleich hier unter „Nahrung“ hauptsächlich Brennholz verstanden wird. So heißt es z. B. im Yaçna nach Spiegel: „Opfer und Preis, gute Nahrung, glückliche Nahrung, hülfreiche Nahrung gelobe ich dir, oh, Feuer, Sohn des Ahura-Mazda.“ Wie reimt es sich aber mit der Vorstellung des Essens, wenn dem Wasser lebendige Geschöpfe geopfert wurden, indem man sie in dasselbe versenkte? Es reimt sich; denn das Wasser verschlingt, verzehrt sie ja auch so. So wurden ja auch der Artemis Laphria in Paträ lebendige Tiere auf den Altar geworfen und verbrannt. Feuer und Wasser haben die Wahrzeichen des lebendigen Gottes an sich, sie geben Leben und Tod, aber Tod, indem sie ihre Opfer verzehren. Bei den Indern gilt daher der freiwillige Tod im Feuer und Wasser nicht als Selbstmord. sondern für ein heiliges Opfer.

Ob aber freiwillig oder unfreiwillig, ob lebendig oder tot, ob im ganzen oder zerstückt, ob, wenn zerstückt, am Spieße gebraten oder im Topfe gesotten, ob gesotten oder roh, ob ins Feuer oder ins Wasser die Opfer den Göttern zu Ehren geworfen werden, es bleibt dabei: *Opfern heißt die Götter speisen.* „Perkune, halt ein und sende kein Unglück auf meinen Acker! Ich will dir diese Speckseite geben." So betete der Bauer in Litauen zu dem Donnergott Perkune. „Nimm, oh Ziemienik, mit Wohlgefallen dieses Opfer und iß es fröhlich." So sprach der Bauer in Preußen zu seinem Gott und opferte ihm Stückchen von Schweinen, Gänsen, Hühnern und Kälbern. (3) Aber die Stimme des Volks, nicht die Stimme des Gelehrten ist die Stimme Gottes selbst. „Aber hoffentlich doch in betreff des Speisegenusses nur die Stimme des heidnischen Gottes." Ist es denn aber nur der heidnische, ist es nicht auch der christliche, scheinbar so spiritualistische Gott, der – auch ganz abgesehen von dem Sakrament des Abendmahls – die Menschen speist und tränkt? Haben nicht die christlichen Theologen und Philosophen in ihren Wasser-, ihren Fisch-, ihren Vögel-, ihren Pflanzen-Theologien aus den unendlich vielen und guten Speisen, welche die Natur dem Menschen gewährt, die unendliche Güte ihres Schöpfers gefolgert? Haben sie nicht sogar behauptet, daß die göttliche Güte selbst ein Gegenstand des Geschmackorgans sei, daß der Mensch „nicht nur mit seinem Gemüte, sondern auch mit dem Munde schmecken könne, wie freundlich der Herr sei"? Hat nicht deswegen auch schon Cicero in der göttlichen Vorsehung Epikureismus gewittert? Und hat er nicht recht? Wie kann man „durch die Mannigfaltigkeit der Speisen den Menschen vergnügen", ohne selbst an diesem Vergnügen ein Vergnügen zu haben? Wie aber sich freuen, daß etwas andern wohlschmeckt, wie überhaupt auch nur andern wohlschmeckende Speisen zubereiten, wenn man selbst keinen Geschmack hat?

Eine besonders wichtige Rolle bei den Opfern der Alten spielte das Salz. Der hebräische Gott befiehlt, wörtlich übersetzt: „Alles Opfer deiner (unblutigen) Gabe oder Opfer sollst du mit Salz salzen und nicht fehlen lassen das Salz des Bundes deines Gottes an deiner Gabe, auf alle deine Opfer sollst du Salz opfern." Bei den Indern gehört Salz, wenn auch nicht – was ich nicht weiß – zu allen, doch zu gewissen Opfern, so zu den für den Inder so wichtigen, Sraddha genannten Opfern. (4) Bei den Römern ist das mit Salz vermischte Opferschrot, die mola salsa, womit sie die Stirn des Opfertieres, den Altar und das Messer bestreuten, ein so wichtiger und wesentlicher Bestandteil des Opfers, daß selbst das Wort „opfern", immolare, davon abstammt. Darum bedarf es auch nach den römischen Dichtern Horaz, Ovid, Tibull nur des frommen Opfermehles und einiger im Feuer knisternder Körnchen Salz – oder auch Weihrauchs, eines jedoch erst in späterer Zeit gebräuchlichen Opferartikels –, um die Götter zu versöhnen, d. h. freundlich und wohlgesinnt gegen die Menschen zu machen. Bei Homer findet sich da, wo er ausführlich die Opfergebräuche schildert, so auch den Gebrauch, die Stirne des Opfertieres mit gestampften Gerstenkörnern – der ältesten Speise der Griechen – zu bestreuen, keine ausdrückliche Erwähnung von der Anwendung des Salzes, obgleich der Scholiast zur „Ilias" und die ihm nachgefolgten spätern Erklärer ohne Anstand behaupteten, daß diese Gerstenkörner mit Salz vermischt gewesen seien wie bei den Römern. Nur aus dem Gastmahl in dem Zelte des Achilleus, wo zuerst das Fleisch gesalzen [wird] und dann Stücke davon den Göttern ins Feuer geworfen werden, haben die neuern kritischen Erklärer auf die gottesdienstliche Anwendung des Salzes bei Homer geschlossen. Aber gleichwohl heißt dasselbe bei ihm göttlich, offenbar ein Ausdruck der Bewunderung seiner vortrefflichen Wirkungen und Eigenschaften. Wie sollte also das göttliche, das, wie es Plato nennt, von Gott geliebte Salz auf dem Tische der unsträflichen Äthiopen und Phääken gefehlt haben? (5)

Warum wurde denn nun aber das Salz bei den Opfern angewandt? „Weil ihm eine besondere Reinigungskraft zugeschrieben ward." Reinigungsmittel ist jedoch das Salz gewöhnlich nur in Verbindung mit dem Wasser (6), daher die Salzflut, das Meerwasser, wie dies schon der erste Gesang der „Ilias", wo die Achäer sich entsühnten und „ins Meer die Befleckung warfen", und der Spruch des Euripides: „Das Meer spült alle Sünden der Menschen weg", beweisen. Überdem ging ja schon dem Opfer die Reinigung voraus, und zwar die Reinigung mit dem natürlichsten, wirksamsten und allgemeinsten Reinigungsmittel, dem Wasser. „Keuschheit, Reinheit gefällt den Göttern, nahet daher ihnen mit reinen Kleidern und reinen, d. h. gewaschenen, Händen" – rein von Mord und Blut, aber auch von Schmutz jeglicher Art.

Dem Wasser – auch Feuer – schrieb ja das Altertum allgemein nicht nur physische, sondern auch, und zwar ebendeswegen, religiöse Reinigungskraft zu. Rein nennen römische Dichter das Salz und Salzfaß; aber rein sind und heißen alle zum Opfer, zum Gottesdienst gehörigen Dinge, selbst die Gefäße. Achilleus reinigt bei Homer seinen Pokal, ehe er dem Zeus daraus Wein sprengt, aber nicht mit Salz, sondern mit Schwefel, und wäscht ihn darauf in „des Wassers schönen Fluten". Der indische Heilige, der Einsiedler, der Sannyassi, darf sogar nach Menus Gesetzen seine Geräte und Opfergefäße nur mit Wasser reinigen. Der Parse reinigt seine Gefäße, ja, sich selbst, wie übrigens auch der Inder, mit Kuhurin und Erde, aber am Schlusse dieser religiösen, über- und widernatürlichen Reinigungen nimmt doch auch er zum natürlichen Verstand und natürlichen Reinigungsmittel, zum Wasser, seine Zuflucht.

Das Salz wurde zum Opfer angewandt, weil es, als ein wesentlicher Bestandteil des Blutes, ein unentbehrlicher, notwendiger Bestandteil der Speise, weil die Speise ohne Salz ohne Nervenreiz, ohne Geschmack, ohne Sinn, der Sinn und Kern des Opfers aber die Speise ist. Opfer sind gemeinschaftliche Gastmahle der Götter und Menschen; aber einem Gaste Speisen ohne Salz vorsetzen heißt ihm Hohn statt Ehre, Haß statt Liebe erweisen. „Nimmst du das Salz weg, so wirf das Fleisch den Hunden hin", lautet ein von J. Saubert in seiner Schrift „De Sacrificiis" angeführtes Sprüchwort der Rabbinen. Nichts ist verkehrter, als beim Salze von der so naheliegenden, aber gleichwohl so hochwichtigen Bedeutung, die es für das menschliche Leben hat, abzusehen und an die Stelle dieser seiner wirklichen physiologischen Bedeutung eine gesuchte mystische und symbolische zu setzen. Das Salz ist „Symbol der Freundschaft, der Treue sowie eines Bündnisses", aber nicht nur, „weil es die mit ihm in Verbindung gesetzten Stoffe vor Fäulnis und Auflösung schützt", sondern weil das Salz Symbol der Speise ist – Symbol der Speise, weil es derselben erst ihre Seele, Geschmack und Verdaulichkeit gibt, abgesehen davon, daß es selbst ein Nahrungsstoff ist –, weil es da, wo es allein für sich gebraucht wird, sei's nun im Leben oder in der Sprache, wie z. B. in dem Sprüchwort: „Viele Scheffel Salz miteinander gegessen haben", nach einer bekannten

Denk- und Redefigur nur als Teil statt des Ganzen, d. h. statt der Speise, steht, Gemeinschaft der Speise aber Gesinnungsgemeinschaft, Wesensgemeinschaft voraussetzt oder zur Folge hat. Daher heißt im Orientalischen, selbst im Hebräischen bei Esra – einer übrigens zweideutigen Stelle –, eines Salz essen soviel als bei uns im Deutschen: eines Brot essen, was freilich zugleich „eines Diener sein", „eines Lied singen" in sich schließt. Daher genießen noch heute die Araber, wenn sie einen Bund schließen, zum Salze Brot, und die Griechen setzen in den Redensarten, wo das Salz Symbol der Freundschaft, insbesondere der Gastfreundschaft, der heiligen Freundschaft, ist, zugleich den Tisch hinzu – *ἅλα καὶ τράπεζαν* [(etwas) Salz und (einen) Tisch] –, die Römer aber stellten auf den den Penaten geheiligten Tisch außer dem Salzfaß einen Teller voll Erstlingsfrüchte[n], um uns augenscheinlich daran zu erinnern, daß zum Salz der Tisch, zum Tisch aber die Speise gehört und wir daher nicht über der Symbolik den gemeinen Nutzen und Gebrauch des Salzes, das „Sale nihil utilius [nichts ist nützlicher als Salz]" vergessen. Wie wichtig ist es doch, nicht im Denken selbst auch über göttliche Dinge das oben angeführte homerische Beiwort des Menschen zu verleugnen, nicht im Denken den Zusammenhang des Kopfes mit dem Magen, des Nerven mit dem Blute, der Seele mit dem Leibe zu vergessen! Die verderblichen Folgen von diesem Vergessen sehen wir an unsern Symboliken, welche wohl das Salzfaß auf dem Altare, dem „Tische Gottes" oder des Herrn, sehen, aber den dicht daneben stehenden Teller voll Speisen übersehen.

Sicherlich bedeutet auch der hebräische „Bund des Salzes" – eine im Alten Testamente zweimal vorkommende Redensart – oder, wie es einmal umgekehrt heißt: „das Salz des Bundes Gottes", nichts weiter als den Opfer- oder Speisebund zwischen Jehova und seinem Volke. Gesenius billigt selbst in seinem Wörterbuche die Ableitung des hebräischen Brith, d. h. Bund, von Barah, d. h. Essen, weil im Orient „mit jemand essen" soviel sei, als mit jemand Freundschaft schließen, und die Hebräer bei Schließung eines Bundes schmausten, wie das erste Buch Mose beweise. Weil der Bund des Salzes ein „ewiger" heißt, so hat man geschlossen, daß das Salz wegen seiner erhaltenden, vor

Auflösung bewahrenden Eigenschaft hier Symbol der Dauerhaftigkeit und Beständigkeit sei. Wenn aber auch wirklich das Salz hier diese Bedeutung hat, so ist damit nicht der Zusammenhang desselben mit dem Tische oder der Speise aufgehoben, denn das Salz macht die Speisen nicht nur verdaulich und schmackhaft, sondern auch dauerhaft, schützt sie vor Fäulnis, indem es ihr Wasser an sich zieht. Der griechische Philosoph Chrysippos sagte daher, ihm nach Barro und Cicero, daß das Schwein, weil es nur eine von der Natur zum Genusse des Menschen erschaffene Fleischspeise sei, statt des Salzes eine Seele erhalten habe, damit sein Fleisch nicht faule. Die Hebräer aßen nun zwar kein Schweinefleisch, also auch keine Schinken, welche dagegen die Griechen und Römer so hoch schätzten, daß selbst Cato, der Censor, ein eigenes Kapitel vom Einsalzen derselben schrieb, aber gewiß haben sie auch diese konservative Bedeutung und Wirkung des Salzes gekannt und bei andern Speisen in Anwendung gebracht. Die Israeliten sehnten sich in der Wüste nach den ägyptischen Fischen, Schnitt- und Knoblauchen, Melonen, Zwiebeln und Gurken. Wer weiß, ob sie nicht auch schon die köstlichen Salzgurken und Sardellen kannten. Genossen ja auch schon die Juden, wenigstens die späteren, nach Plinius die Lake von marinierten Fischen. Übrigens wurden wirklich, wie wenigstens I. Saubert in der erwähnten Schrift angibt, auf C. Rhodiginus verweisend, eingesalzene Fischchen von den Phaseliten in Lyzien den Göttern geopfert. Ob auch die kleinen Meerfische, Mainides von den Griechen genannt, welche wie die Heringe eingesalzen wurden und die man nebst den Seebarben der Hekate opferte – „der Hekate Speisen" nennt sie daher Antiphanes bei Athenäus –, gesalzen geopfert wurden, weiß ich leider nicht.

Zum Essen gehört das Trinken, zum Tisch der Wein – daher bei den Alten „beim Wein" soviel ist als bei Tisch –, zum Speiseopfer also das Trankopfer. „Für die bessere Seite des Opferdienstes, hat man gesagt, sprechen die Libationen, die auf die Erde gegossen, doch den Göttern nicht zum Genusse werden sollen." Daß aber die Trankopfer denselben Sinn haben wie die Speiseopfer, das beweisen die Stellen im Alten Testament, wo nicht nur von „Rindern oder Schafen dem Herrn ein süßer Geruch gemacht wird", sondern auch der Wein zum Trankopfer, welcher um den Altar oder an den Boden desselben hingegossen wurde, „ein Opfer dem Herrn zum süßen Geruch" heißt; das beweist der römische Brauch, daß der Priester, der doch überall der Stellvertreter Gottes auf Erden ist, zuerst aus dem Opfergeschirr den Wein kostete und den Umstehenden davon zu kosten gab, ehe er aus der Opferschale ihn zwischen die Hörner des Opferstieres ausgoß; das beweisen endlich *die* Stellen im Homer, wo es ausdrücklich heißt, daß der Wein nicht, wie manche übersetzen, „in die lodernde Flamme des Opfers" oder „auf die funkelnden Opferflammen", sondern auf die brennenden Opfer oder Opferstücke gegossen ward, um uns so recht die Zusammengehörigkeit von Speise und Trank zu veranschaulichen. (7) Daß der Wein außerdem auf den Tisch oder Altar, auf den Herd oder selbst die bloße Erde hingegossen wurde, das versteht sich von selbst, denn der Wein steigt nicht wie der Dampf von den verbrannten Opfern zu[m] Himmel empor. „Er goß Wein aus", heißt es in der „Ilias" von Achilleus, „empor zum Himmel schauend." Warum sieht er in den Himmel hinauf? Sieht er denn wirklich den Vater der Götter, dem zu Ehren er den Wein sprengt? Sind die Götter physikalisch, prosaisch sichtbar wie die Sterne oder Wolken am Himmel? Nein, der Mensch sieht sie nur im Geiste, in der Einbildungskraft, im Glauben, weil sie selbst nur im Denken, Glauben, Einbilden existieren. Und in demselben Sinne und Geiste steigt auch der Wein zum Himmel empor, ob er gleich der sinnlichen Tat und Wirklichkeit nach zur Erde fällt. Erhört denn Gott wirklich die Gebete der Sterblichen? Antwortet er, wie die Erhörung der Hebräer bezeichnet, mit unzweideutiger, vernehmlicher Stimme? Sind also eure Hymnen und Gebete, eure religiösen Dogmen und Zeremonien überhaupt nicht ebenso gegenstandslos und sinnlos als die Spenden und Opfer der Alten, wenn ihr mit derselben rationalistischen Scharfsichtigkeit, womit ihr die Splitter in den Augen der Heiden erkennt, die Balken in euren eigenen betrachtet? Die Götter genießen daher in demselben Sinn und in derselben Art den auf die Erde hingegossenen Wein, in welcher sie die dargebrachten Speisen genießen, denn auch diese genießen sie nicht wirklich, nicht körperlich, sie haben vielmehr als abgezogene, ideale, d. h. vorgestellte, Wesen auch nur den abgezogenen, idealen Genuß von ihnen. Der wirkliche, materielle Genuß fällt nur den Opfernden, vor allem dem Priester anheim. Daher, weil in Wirklichkeit die Priester statt der Götter oder in ihrem Namen essen, den Göttern aber natürlich nur die besten Speisen und Bissen zuteil werden, heißt auch ein priesterliches oder geistliches Mahl soviel als ein köstliches Mahl.

„Essen und Trinken", heißt es in einem ebenso gemeinen als wahren deutschen Sprüchwort, „hält Leib und Seele zusammen", aber nicht nur Leib und Seele, sondern auch Gott und Mensch und Ich und Du. Wie die Griechen und Römer bei ihren Gastmahlen und Trinkgelagen auch ihrer abwesenden Wohltäter, Freunde und Freundinnen gedachten, ihnen ein Lebehoch oder Lebewohl zutranken, um trotz der räumlichen Geschiedenheit die herzliche Gemeinschaft und Anwesenheit zu versinnlichen, so weihten sie auch den Göttern (8), wann und ehe sie selber tranken, den ersten und letzten Trunk, sprengten ihnen überhaupt bei jeder wichtigen Veranlassung Wein – allerdings auch andere Getränke, wir heben aber hier nur den edelsten Stoff hervor –, obgleich, wie gesagt, nur auf die Erde oder sonstwohin, weil die Götter trotz ihrer Leiblichkeit doch keine anatomisch physiologischen Gurgeln und Bäuche haben, um ungeachtet der dichterischen Unterscheidung zwischen dem Blute der Menschen und dem mystischen Saft der Götter durch den „auf gleiche Weise Götter und Menschen erfreuenden Wein" ihre Blutsverwandtschaft mit den Göttern und untereinander selbst zu beweisen. Daher heißt bei den Griechen sponde Trankopfer, dann der bei Bündnissen ausgegossene Wein, endlich in der Mehrzahl das Bündnis selbst, ebenso bei den Hebräern wie bei den Griechen einen Guß, Weiheguß ausgießen soviel, als ein Bündnis schließen.

Rohsinnliche Völker und Individuen vermischen, selbst wenn sie Bündnisse schließen, den Wein mit ihrem Blute – die Römer haben sogar für dieses Getränk ein eigenes Wort: assiratum, von assir, Blut – oder trinken auch unvermischt ihr Blut, um dadurch anzuzeigen und zu bewirken, daß sie nun auf Leben und Tod verbunden, wie eines Blutes, so auch eines Willens und Wesens seien, um also gleichsam die bindende Macht der natürlichen Blutsverwandtschaft durch eine gewaltsam gemachte zu erzwingen. Auch bei den Hebräern wird der Bund mit ihrem Gotte mit Blut eingeweiht, wenn auch nicht mit dem Blute von Menschen, sondern von Stieren, wenn auch nicht mit getrunkenem, doch auf das Volk und den Altar gesprengtem Blute.

Wenn man aber deswegen das Blut zur Hauptsache des Opfers macht, so setzt man den Teil an die Stelle des Ganzen. Wenn auch wirklich die Vergießung und Besprengung des Blutes die Bedeutung hat, daß der Bundesbrüchige ebenso geschlachtet werden sollte wie das Opfertier oder daß das Blut von diesem das Blut des Menschen vertrete, der eigentlich zur Sühne der Gottheit geopfert werden sollte, so ist es doch der größte Widerspruch mit dem Wesen der Götter, mit dieser Bedeutung das Opfer erschöpfen zu wollen. Die Götter zürnen und hassen, aber sie lieben auch; sie strafen, aber sie belohnen auch; sie töten, aber sie beleben auch. Und an dem Blute der Schlachtopfer ergötzt sich nur der böse, der zürnende, der tötende, aber an der Speise der gute, der mit den Menschen einige, der Leben gebende Gott. Versöhnungsmittel ist das Blut, der Tod, aber Versöhnungszweck ist die Speise, das Leben. Auf das „Blut des Bundes" folgt daher das „Salz des Bundes". Nachdem Moses das Volk mit Blut besprengt hatte, stieg er samt den Ältesten und Vornehmsten Israels auf den Berg Gottes hinauf, und „sie sahen den Gott Israels, und da sie den Gott geschaut hatten, aßen und tranken sie", d. h., statt von diesem Anblick getötet zu werden, erfreuten sie sich des Lebens, denn Essen und Leben ist eins. „Vom Essen", heißt es im dritten Fargard des Vendidad nach Spiegel, „lebt die ganze mit Körper begabte Welt, ohne Essen stirbt sie." Bios im Griechischen, vita im Lateinischen bedeutet daher nicht nur Leben, sondern auch Lebens-, Nahrungsmittel und die dadurch bedingte Lebensart, gleichwie auch wir im Deutschen gleichbedeutend sagen: wovon leben und sich wovon nähren. Daher ist und heißt auch die Demeter oder Ceres ebenso die Nahrunggebende als die Lebengebende. Und im Alten Testament steht sogar Speise verzehren, Essen geradezu für Leben. Daher heißt es ebendaselbst auch ausdrücklich von den Götzen, den gemachten toten Göttern: „Sie sehen nicht und hören nicht und *essen nicht.*" Essen also ist das Merkmal eines wahren, eines lebendigen Gottes.

Aber die Götter essen nicht alles ohne Kritik und Unterschied; im Gegenteil, ein Gott ißt nur, was er ist, was seine Farbe trägt, was gleicher Eigenschaft, gleichen Wesens mit ihm ist. So ißt der männliche Gott männliche, der weibliche Gott weibliche Tiere, die ewige Jungfrau ein jungfräuliches Kalb, die fruchtbare Mutter Erde eine Schweinsmutter, der schnelle Gott, wie der Fluß- oder Sonnengott, das schnelle Roß, der finstere, düstere Gott dunkelfarbige, der lichte, heitere Gott hellfarbige Tiere, der altertümliche Gott altertümliche Speisen, so Carna Schweinespeck und Bohnen, vermischt mit geröstetem Spelt, so Cybele als Göttin „der ältesten Zeit" die „älteste Kost, mit Kräutern vermischte Käse", die „ländliche Gottheit" dagegen, so Pales, Hirse und Kuchen von Hirse.

Vor allem aber ist die Speise des hebräischen Gottes keine gemeine, sondern auserlesene, sowie auch die Speisen der Hebräer auserlesen, weil sie selbst ein auserlesenes Volk sind. „Alles, was auf dem Bauche kriecht", sagt der lebendige hebräische Gott nach Luthers Übersetzung, „sollt ihr nicht essen, denn es soll euch eine Scheu sein. Machet eure Seele nicht zum Scheusal und verunreinigt euch nicht an ihnen, daß ihr euch besudelt. Denn ich bin der Herr, euer Gott. Darum sollt ihr euch heiligen, daß ihr heilig seid, denn ich bin heilig, und sollt nicht eure Seele verunreinigen an irgendeinem kriechenden Tiere, das auf Erden schleicht." Ihr sollt heilig sein, denn ich bin heilig, d. h., ihr sollt euch nicht verunreinigen, weil ich rein bin, denn diese Bedeutung hat hier das Wort „heilig", wie der Zusammenhang aufs deutlichste beweist und selbst auch frühere Erklärer schon bemerkten. Ihr sollt euch nicht verunreinigen mit dem, was ich hier verbiete, heißt aber wieder nichts anderes als: Ihr sollt nicht essen, was ich nicht esse, was ich verabscheue, womit ich mich nicht verunreinige. Warum sollen sie aber nichts Unreines essen? Weil der Mensch ist, was er ißt; wer also Scheuseliges ißt, selbst ein Scheusal ist. Und ist es nicht wirklich so? Ist uns nicht der Mensch ein Gegenstand des Abscheus und Ekels, der Abscheuliches und Ekelhaftes ißt? Sind die Juden nicht auch deswegen von den Heiden so verspottet und gehaßt worden, weil sie die Speisen verschmähten, welche diese liebten? Nennt nicht Rutilius sie darum ein humanis animal dissociale cibis [Wesen, das menschliche Speisen schlecht verträgt]? „Heilig", sagt Synesius, „ist der Tisch, weil auf ihm der Gott der Liebe und Gastfreundschaft geehrt wird." Wird also umgekehrt nicht da der Gott des Hasses und der Feindschaft verehrt, wo die Tischgemeinschaft aufgehoben ist? Liegt aber diesem Hasse nicht der Gedanke zugrunde: Wer nicht *ißt*, was wir essen, der *ist* auch nicht, was wir sind?

Ja, der Mensch ist, was er ißt. Aber er ißt nicht nur vermittelst der Speiseröhre; er ißt auch vermittelst der, ihr sogar vorgesetzten, Luftröhre. Luft essen oder trinken heißt atmen. Die Alten nannten daher die Luft eine Speise, eine Nahrung, und zwar ganz richtig, denn nur durch die Mitwirkung der Luft, den Zutritt des Sauerstoffs wird die Speise zu arteriellem Blute. Wer weiß aber nicht, wie sehr die Beschaffenheit des menschlichen Seins und Wesens von der Beschaffenheit und Mischung dieser ätherischen Speise abhängt? Wer kann leugnen, daß „reines Sein" und „reines Denken" nur in reiner Luft stattfindet, daß überhaupt, wo die genießbare Luft aufhört, auch das Leben, auch das Bewußtsein aufhört?

Der Mensch ißt aber nicht bloß mit der Luftröhre, er ißt auch mit den Sinnen, namentlich den edelsten, den Augen und Ohren. Mit den Augen essen heißt sehen, mit den Ohren essen hören. Beweise von diesem Essen sind z. B. die Ausdrücke: „etwas mit den Augen verschlingen", die „Augen sättigen" oder sich durch die Augen mit etwas „vollfüllen, den Augen ein Gastmahl geben", sowie der griechische und deutsche „Ohrenschmaus", sind die hebräischen Worte „süß wie Milch und Honig", sind die Redensarten: eines „Worte, Reden, Befehle verschlingen, essen oder hinuntertrinken". Namentlich „frißt" der Mensch, und zwar mit allen seinen Sinnen, einen Gegenstand „vor Liebe auf".

Wir lieben allerdings nicht, was wir essen, und essen nicht, wenigstens förmlich, was wir lieben, aber nur weil, was gegessen wird, vernichtet wird, die Liebe aber wider sich selbst sein, wider ihren eigenen Willen handeln würde, wenn sie ihren Gegenstand vernichtete. Gleichwohl könnte oder möchte sie ihn auffressen – so appetitlich ist er für sie –, wenn sie nur nicht zugleich mit ihm sich selbst vernichtete. Nur aus diesem Grunde kommt es bei ihr nicht vom herzlichen Mögen bis zur herzlosen Wirklichkeit, nicht vom empfindungsvollen Munde bis zu den zermalmenden Zähnen und dem verschlingenden Schlunde. Den christlichen Theologen gebührt die Ehre der Entdeckung, daß es zwischen mündlichem und fleischlichem oder natürlichem Essen einen Unterschied gibt, indem der Leib des Herrn zwar mündlich, aber deswegen nicht fleischlich genossen werde. In der Tat findet dieser Unterschied zwischen dem Essen der Liebe und dem gemeinen Essen statt. Die Liebe ist kein grobes, fleischliches, sondern herzliches und mündliches Essen. Im Lateinischen ist der Kuß das Verkleinerungswort vom Munde, im Griechischen Lieben und Küssen *ein* Wort: philein, und im Deutschen heißt das Küssen der Liebe vortrefflich „herzen". Wenn nun aber lieben essen ist und der Liebende „das ist, was er liebt", so hat ja der Satz: Der Mensch ist, was er ißt, selbst die Autorität[1] der göttlichen Liebe für sich.

Der Mensch ißt aber auch nicht bloß mit den Sinnen; er ißt und verdaut auch – was ist Essen ohne Verdauen? – mit dem Hirne, dem Denkorgan. Das Hirn ist der Magen, das Verdauungsorgan der Sinne, so auch des Geschmackssinns, der uns hier an der gemeinschaftlichen Tafel der Götter und Menschen vor allen andern interessiert. Der von den Geschmacksnerven auf das Hirn übertragene, vom Hirn verdaute, verarbeitete, verallgemeinerte Geschmack ist der tropische, uneigentliche Geschmack, welcher zwar im Deutschen bloß den ästhetischen, in andern Sprachen aber auch den logischen Geschmack, das Urteil, den Verstand, die Weisheit selbst bedeutet – zum deutlichen Beweise, daß das Schmecken nicht nur Sache des Gaumens, sondern auch des Hirns selbst ist, die Speise nicht nur eine körperliche, sondern auch geistige Bedeutung hat, der Mensch folglich die Speise nicht nur in seinen Magen, sondern auch Kopf aufnimmt. Darum bedeutet auch Salz ebensowohl *das* Salz, ohne welches, wie Plinius sagt, der Mensch kein menschliches Leben führen könnte, ohne welches die Speise ungenießbar und abgeschmackt ist, als das Salz, ohne

[1] *Im Original:* Auctorität

welches der Mensch selbst, sein Tun und Reden ungenießbar, abgeschmackt, dumm ist, also Witz, Verstand, Geist. Wo aber kein Salz im Blute, da ist auch kein Salz im Kopfe. „Ohne Phosphor kein Gedanke" und ohne Salz kein Witz, kein Scharfsinn.

Homer nennt Speise und Wein „Kraft und Stärke" und „Weizen- und Gerstenmehl das Mark der Männer", um damit anzuzeigen, daß die Speise ins Innerste eindringt. Er sagt zwar: „seinen Bauch mit Speise und Trank füttern oder füllen", er sagt aber auch: „sein Herz, seine Seele mit Speise und Trank füllen oder sättigen", laben, wie es Voß übersetzt. Ebenso sagt das Alte Testament: „seinen Bauch sättigen", aber es sagt auch: „seine Seele sättigen" und unterscheidet in den Sprüchen Salomonis beides so: „Der Gerechte ißt, zu sättigen seine Seele, aber der Bauch der Ungerechten, der Gottlosen, wie Luther übersetzt, hat nimmer genug", wörtlich: hat Mangel. Beim Propheten Jesaias steht sogar Seele für Nahrungsmittel: „Du reichst dar oder gibst hinreichend deine Seele dem Hungrigen und sättigst die betrübte Seele."

Ebendeswegen, weil nicht nur der Leib, sondern auch die Seele hungert und durstet, folglich auch mit Speise und Trank sich sättigt, hat der Mensch Hunger und Durst, Essen und Trinken auch auf Dinge übertragen, die nicht im eigentlichen Sinne gegessen und getrunken werden, die er aber ebensogut, nur vermittelst anderer Organe und auf andere Weise, in sein Wesen verwandelt als Speise und Trank. Darum ist auch die Speise nicht nur das Mark des menschlichen Körpers, sondern auch das Mark der menschlichen Sprache. Wie windig, wie saft- und kraftlos wäre die Sprache, wenn bei der Bildung der Worte und Begriffe der Mund nur als Luft- und Sprachorgan, nicht zugleich auch als Eßorgan beteiligt wäre! Wie kann man z. B. einen Fürsten stärker schelten, als wenn man ihn, wie der zornige Achill den Agamemnon, einen Volksfresser, Demoboron, oder einen Richter, als wenn man ihn, wie Hesiod, einen Geschenkefresser nennt? Ein Beispiel zugleich, daß der Mensch auch da, wo er aus einem Kyklopen ein „politisches Tier" wird, nicht die „tierische Funktion des Essens" aufgibt, nur daß jetzt sich die Gegenstände seines Fraßes ändern, daß er jetzt aus einem Menschenfresser ein

Volksfresser, aus einem Eichelfresser ein aristophaneischer Bohnenfresser, Kyamotror oder Feigenfresser, Sykobios und Sykophant, d. h. politischer Denunziant und Intrigant, wird.

Was hat aber trotz allem die Speise mit dem eigentlichen Wesen des Menschen zu tun? Dieses besteht doch offenbar darin, daß er selbstbewußt, daß er sich selbst Gegenstand ist. Allein der Mensch ißt auch nicht bloß anderes, er ißt auch sich selbst, sein eigenes Fleisch, wie der Hebräer, sein eigenes Herz, wie der Grieche sagt, wenn auch zunächst nur aus Gram und Kummer. „Sein Herz aufessend oder verzehrend, irrt er einsam umher, der Sterblichen Pfade vermeidend", heißt es bei Homer. „Er ißt sich selbst, der Traurige", sagt Plautus im „Truculentus". „Iß nicht das Herz!" steht unter den pythagoräischen Sprüchen oder Symbolen. Dieses Sein-Herz- oder Sich-selbst-Essen ist jedoch nichts weniger als ein poetisches oder bildliches, es ist ein wirkliches, ein physiologisches Sich-selbst-Verzehren. Wie der Verhungernde sich selbst verzehrt, weil ihm kein Stoff zur Nahrung mehr von außen geboten wird, der Mensch jedoch essen, wenigstens Luft essen, atmen, muß, solange er existiert, der Sauerstoff der Luft aber verzehrt – so auch der Verkümmernde, weil ihm, wenn auch nicht der Stoff, doch die Kraft und Lust zur Speise fehlt. Wer aber sich selbst ißt, der ist der Selbstesser oder Selbstfresser, ein, sit venia verbo [mit Verlaub gesagt], reflexiver, d. h. auf sich selbst zurückbeziehender, Anthropophag. Ein reflexiver oder unmittelbarer, denn ein mittelbarer oder indirekter Anthropophag ist jeder Mensch, denn wir essen und verdauen ja nur von einem Tiere oder einer Pflanze, was unsersgleichen, unseres Wesens ist, was mögliches und mittelbares Menschenfleisch und Menschenblut ist. „Nahrungsstoff", sagt Moleschott in der „Physiologie des Stoffwechsels", „ist jede unorganische oder organische Verbindung, welche den wesentlichen Blutbestandteilen entweder gleich oder ähnlich genug ist, um sich durch die Verdauung in dieselben umzuwandeln."

Unsere erste ursprüngliche Nahrung ist das offenbare Geheimnis, der sinnfällige Begriff der Speise. Diese ist im Leibe der Mutter Menschenblut, außer demselben Menschenmilch – Menschenblut in vermittelter, absonderlicher Form, also Flüssigkeit, aber eine mit dem Wesen der Mutter und unserm eigenen Wesen identische Flüssigkeit, denn wir sind ja selbst noch in dieser Periode gleichsam flüssige, wässerige, nicht gediegene, feste, verknöcherte Wesen. So eins ist die Beschaffenheit des Wesens mit der Beschaffenheit der Nahrung, die Individualität des Tieres oder Menschen mit der Individualität der maßgebenden, urbildlichen und ursprünglichen Speise, der Milch, daß, obgleich die Stoffe in jeder Milch dieselben, sie doch in so verschiedenem Verhältnis sich miteinander verbinden, daß jede Tierart, ja, selbst jede Frau ihre eigene, individuelle Milch hat. Das Kind verzehrt aber seine eigene Mutter, indem es an ihrer Brust saugt; es saugt in der Milch das Blut, das Wesen der Mutter – „Es ist kein Vorurteil", sagt Moleschott in der „Lehre der Nahrungsmittel", „daß sich das Wesen der Mutter auch durch die Milch dem Kinde mitteilt" – in sich auf; es ist, was es ißt, und ißt, was es ist, ist also Anthropophag. Aber diese Menschenfresserei, diese Einheit zwischen Kind und Mutter, zwischen Subjekt und Objekt, zwischen Genuß und Gegenstand des Genusses, wird nicht aufgehoben, wann der Mensch vom Genuß der Muttermilch zu pflanzlicher und tierischer Speise übergeht, sie wird jetzt eine dem veränderten und entwickelten Organismus entsprechende, eine kritische, Festes und Flüssiges, Speise und Trank, die in der Milch verbunden sind, unterscheidende, durch die Arbeit der Hände und Zähne vermittelte und verwickelte. Nur der Barbar, sei's nun ein studierter oder unstudierter, weiß nichts von dieser Vermittelung und findet daher den Sinn von dem Satze: „Der Mensch ist, was er ißt", nur im förmlichen, eigentlichen Menschenfraß und Menschenopfer. Sowie sich aber der Mensch auf den Standpunkt der Kultur erhebt, so verwandelt er ebenso auf dem Tische als dem Altare – die Momente ausgenommen, wo er aus Aberglaube, aus Furcht oder Haß wieder in die alte Barbarei zurücksinkt – Menschenfleisch in Brot und tierisches Fleisch, Menschenblut in das „Blut des Weinstocks, des Ölbaums", in Wasser, Milch und Honig oder noch andere Säfte, weil er nun, wenn auch nicht aus Vernunft, doch aus der Empfindung von ihren Wirkungen weiß, daß er auch in dem pflanzlichen und tierischen Eiweiß und den übrigen zum menschlichen Wohlsein unentbehrlichen Nahrungsstoffen Menschenfleisch und Menschenblut genießt und seinen Göttern zur Versöhnung darbringt.

Anmerkungen und Belegstellen zum „Geheimnis des Opfers"

(1) „,Als ich', sagt die indische Urwasi zu ihrem Manne, ‚in verwandelter Gestalt unter den Menschen weilte, ... aß ich einmal eines Tages einen Tropfen Butter, darob bin ich selbst jetzt noch befriedigt', d. h., darum vergesse ich dich nicht. Weil sie also von irdischer Speise genossen, bleibt ihr die Erinnerung an die genossene Erdenlust; sie ist darum noch halb und halb der Erde verfallen, wie Persephone durch den Genuß der Granatenkörner der Unterwelt. Auch nach zahlreichen deutschen Zeugnissen ist der, welcher einmal von unterweltlicher Speise genossen, der Unterwelt verfallen" („Die Herabkunft des Feuers und des Göttertrankes" v. A. Kuhn, Berl. 1859, S. 83).

(2) „Et libate dapes, ut grati pignus honoris *nutriat* incinctos missa patella Lares [und ihr opfert ein Festmahl, damit die Opferschale, auf die dieses Unterpfand willkommener Ehrung geschüttet wird, die kranzgeschmückten Hausgötter nähre]" (Ov. „Fast[orum libri VI]", 2, 634). So heißt es auch ebendaselbst 6, 171 von der Göttin Carna, daß sie als eine altertümliche Göttin sich nährt, alitur, von den Speisen, die sie vor alters genossen.

(3) Diese groben, bäuerischen, aber deshalb nicht unwahren Äußerungen und Exempel der Gastrotheologie sind der Enzyklopädie von Ersch und Gruber, Artikel Opfer, entnommen. Nach Georgi, „Bemerkungen einer Reise im russischen Reiche", Petersburg 1775, I. Bd., S. 333, sagt auch bei den Buräten der Schamane „bei der Darlegung der Opfer: Gott ißt und trinkt". – In betreff der lebendigen Menschenopfer sei hier auch noch Seiner Majestät des Königs Moloch gedacht, der zwar die ihm zum Opfer dargebrachten lebendigen Kinder in seine ausgestreckten Arme aufnahm, aber nur, um sie in den Feuerschlund seines Leibes oder Bauches – er wurde ja der Überlieferung

zufolge in menschlicher Gestalt mit einem Stierkopf dargestellt – hinabzuschlingen und so der Welt zu veranschaulichen, daß Anthropothysie Anthropophagie, Menschenopfer Menschenfraß ist. Daher sagt auch der Prophet Hesekiel 23, 37 von den Hebräern, daß sie den Götzen, wozu der Moloch gehört, ihre Kinder „verbrannten", darbrachten, nicht, wie es in der Lutherischen Übersetzung heißt: „zum Opfer", sondern wörtlich: „zur Speise, zum Fraße", denn das Wort wird auch von den Tieren gebraucht.

(4) Bei dem Opfer der Parsen, welches aus kleinen Broten, etwas Fleisch und dem Safte der Haomapflanze besteht, wird das Salz nicht ausdrücklich erwähnt. – Es werden zwar zu dem Opfer Gottheiten oder Genien eingeladen, welche „das Nützliche und Angenehme in die Speisen legen", so auch Ramaquaçtra, „der den Speisen Geschmack verleiht", aber ebensoviele andere Genien, daß sich wohl hieraus nicht schließen läßt, daß auch bei den Parsen das Opfer Götterspeise ist. Gleichwohl handelt – abgesehen von der erwähnten „Nahrung des Feuers" – nach Spiegel („Einleitung zum Vispered und Yaçna", Kap. 4) der Zaota, der Priester, im Namen der angerufenen Genien, worunter auch der höchste Genius oder Gott der Parsen sich befindet, als ihr Stellvertreter, wenn er die Daruns (die heiligen Brote) und den Myasda (das den Gottheiten geweihte Fleisch) und den geheiligten Haoma genießt.

(5) Bei Athenäus („Deipnosoph[istarum libri XV]", 14, 80) sagt jedoch ein die Verdienste der Kochkunst um Religion und Kultur der Menschheit preisender Koch, daß in frühern Zeiten die Eingeweide den Göttern gebraten wurden, ohne daß man Salz hinzufügte. Casaubonus bemerkt in seinen Anmerkungen zu dieser Stelle: „Wahr ist, was hier Athenio vom Salze sagt. Lies alle Beschreibungen von Opfern bei den ältesten Dichtern; nirgends findest du das Salz erwähnt." Dies gilt aber gewiß nur von den tierischen, nicht den vegetabilischen Opfern, wo wohl nur deswegen das Salz nicht erwähnt wird, weil es sich von selbst versteht, weil der Geschmack oder Instinkt dem Menschen gesagt hat, daß „die pflanzlichen Speisen weniger Kochsalz enthalten als die tierischen". „Daher in der Regel tierische Kost mit

weniger Kochsalz vermischt wird als die pflanzliche, ja, einige Völkerschaften ihr Fleisch oder ihre Fische ohne Zusatz von Kochsalz genießen" (Moleschott). Wenn daher die ägyptischen Priester so supranaturalistisch gesinnt waren, daß sie, wie Plutarch behauptet („Sympos." 5, 10), gar kein Salz, selbst nicht gesalzenes Brot genossen, wahrscheinlich, weil sie das Salz nur für ein Reizmittel der Eßbegierde, ein irritamentum gulae, wie das Salz bei Sallust heißt, ansahen. so bestätigen auch sie, daß der Mensch trotz seiner bewußten Abstraktion von der Natur doch stets in unbewußtem Verbande mit ihr bleibt; denn da die ägyptischen Sonderlinge, nach Herodot 2, 37, reichlich Fleischspeisen genossen, so nahmen sie in ihr supranaturalistisches Hirn und Herz unbewußt auch das verschmähte Salz des Naturalismus auf. Dieses von den Priestern nicht nur der ägyptischen, sondern aller Religionen und Nationen – die Priester sind ja, wie das Sprüchwort sagt, überall dieselben – verschmähte und verleugnete Salz des Naturalismus im Hexenkessel der Religion und Theologie zu entdecken und darzustellen war, wie anderwärts, so auch hier die Aufgabe des Verfassers. – In betreff der scheinbaren Widersprüche gegen die behauptete Notwendigkeit des Salzgebrauchs sei hier noch verwiesen auf „Chemische Bilder aus dem tägl. Leben" von W. Hamm, II. Bd., S. 453–55.

(6) Nach Ezechiel 16, 4 wurde das neugeborene Kind mit „Salz gesalzt" oder bestreut, aber auch „im Wasser abgewaschen zur Reinigung", ad purgationem, wie das hier stehende, nur einmal vorkommende hebräische Wort von Gesenius und andern übersetzt wird. – Bei Theokrit wird das Haus des Herkules gereinigt, zuerst mit Schwefel, dann mit Wasser, vermischt mit Salz.

(7) Es wurde ja aber auch Wein auf den Weihrauch, der doch nicht gegessen wird, gegossen. „Thure dato flammis, vinoque in thura profuso [nachdem Weihrauch den Flammen übergeben ist, samt dem in den Weihrauch gegossenen Wein]" (Ov., „Met[amorphosen libri XV]", 13, 656). Aber abgesehen davon, daß der Weihrauch, wenigstens bei den Griechen und Römern, schon dem spätern religiösen Luxus

angehört – so weiß Homer noch nichts von ihm –, die der Gottheit bestimmte Speise wird ja von Feuer verzehrt, geht folglich nur in Dampf und Dunst auf. Und mit diesem Resultat steht der Weihrauch in schönster Harmonie. Bei den Hebräern wurde Weihrauch selbst auf das Speiseopfer von Semmelmehl gelegt und dann samt einem Teil desselben verbrannt. Das ist ein Feuer, heißt es 3. Mose 2, 1. 2, „zum süßen Geruch dem Herrn". Und bei den Ägyptern ward nach Herodot der Leib des Opfertieres mit reinen Broten, Honig, Rosinen, Feigen, Weihrauch, Myrrhen und anderem Räucherwerk vollgefüllt und dann verbrannt, durch diese Verbindung des Wohlschmeckenden und Wohlriechenden aber gezeigt, daß die Opfer zugleich mit dem göttlichen Geschmack auch dem göttlichen Geruch galten.

(8) Die Götter sind ja auch sinnlich abwesende Freunde und Wohltäter der Menschen, die aber gleichfalls das Altertum bei seinen Gastmahlen anwesend wünschte und glaubte. „Mos erat, et mensae credere adesse deos [es war Sitte, zu glauben, daß die Götter auch an der Tafel zugegen seien]" (Ov., „Fast.", 6, 303).

Über Spiritualismus und Materialismus, besonders in Beziehung auf die Willensfreiheit[1]

Vorwort

Nur der Kürze halber lautet die Überschrift der nachfolgenden Abhandlung so wie jetzt. Anfänglich hatte sie den bescheidenen Titel: „Einige, wohlgemerkt nur einige, noch dazu unmaßgebliche Gedanken über Spiritualismus und Materialismus usw.“. Einige, weil diese schon vor Jahren begonnene Arbeit so viele und so störende Unterbrechungen erlitten hat, daß ich, wenn nicht gerade der Wille ihr Hauptgegenstand gewesen wäre, sie unwillig für immer beiseite geworfen hätte, trotz angestregten Wollens und Denkens aber nur einige Bruchstücke von dem im Kopf entworfenen Ganzen unversehrt ans Licht brachte. Unmaßgebliche, teils weil die erlittenen Unterbrechungen mir jene Lust und Liebe zu meiner Arbeit genommen hatten, welche allein die frohe Zuversicht gewährt, daß man seines Gegenstandes Meister geworden ist, teils weil keine Frage sowohl infolge der Natur der Sache als infolge der Willkür und Zweideutigkeit des philosophischen und selbst auch des Sprachgebrauchs so sehr den Kopf ver[w]irrt, so sehr einer entschiedenen Bejahung oder Verneinung sich entzieht als die Frage von der Willensfreiheit. – So wie es aber nicht die Aufgabe meiner Schriften über die Unsterblichkeit, über das Wesen der Religion usw. ist, das „Dasein der Gottheit und Unsterblichkeit zu leugnen“ – wer kann leugnen, daß sie wenigstens in Büchern und Bildern, im Glauben und Vorstellen existieren? –, sondern nur den wahren Sinn und Grund, den unverfälschten Urtext der Gottheit und Unsterblichkeit oder, was eins ist, des Glaubens an sie zu erkennen – eine Erkenntnis, durch die sich

[1] *Im Original steht diese Überschrift auf einem besonderen Titelblatt vor dem Text.*

die Frage nach ihrer Existenz oder Nichtexistenz von selbst beantwortet –, so ist es auch hier nicht meine Aufgabe, zu beweisen, daß es keine Willensfreiheit gibt; meine, wenigstens wesentliche, charakteristische, Tendenz ist es vielmehr nur, den wahren Sinn und Grund der Annahme und Vorstellung der Willensfreiheit zu erkennen – zu erkennen, was den Menschen bestimmt, sich und andere[n] dieselbe zuzuschreiben, und damit zugleich die Grenze zu ermitteln, innerhalb welcher er mit Recht dies tut.

1

Der Wille innerhalb der Naturnotwendigkeit

Die supranaturalistischen Philosophen schreiben dem Menschen einen freien, d. h. in ihrem Sinne einen von allen Naturgesetzen und Naturursachen und ebendeswegen von allen sinnlichen Triebfedern unabhängigen, Willen zu. Als tatsächlichen Beweis dieser supranaturalistischen Freiheit führen sie *den Selbstmord* an, und allerdings, wenn es einen Beweis derselben gibt oder vielmehr geben soll, so kann dieser nicht innerhalb und während des Lebens gefunden werden, sondern nur da, wo der Mensch alle ihn ans Leben fesselnden Bande freiwillig zerreißt. So sagt F. H. Jacobi in „Allwills Briefsammlung": „Zu wählen zwischen Tod und Leben vermag kein Tier: es hat nur sinnliche Triebe, die alle auf Erhaltung gehen, die es *zwingen*, nur sein Dasein *auf der Erde* fortzusetzen. – Der Mensch vermag es."

„Du wähltest Leben, und ich wählte Tod!" sagt Antigone zu ihrer Schwester Ismene. Fichte im „System der Sittenlehre": „Der Entschluß zu sterben ist die reinste Darstellung der Oberherrschaft des Begriffs über die Natur. In der Natur liegt nur der Trieb, sich zu erhalten, und der Entschluß zu sterben ist das gerade Gegenteil dieses Triebes. Jeder mit kalter Besonnenheit ausgeübte Selbstmord . . . ist eine Ausübung jener Oberherrschaft." Hegel in seinem Naturrecht: „In dem Elemente (der reinen Unbestimmtheit) des Willens liegt, daß ich mich von allem losmachen, alle Zwecke aufgeben, von allem abstrahieren kann. Der Mensch allein kann alles fallenlassen, auch sein Leben, er kann einen Selbstmord begehen."

Stehen aber wirklich Natur und Freiheit, Selbsterhaltungstrieb und Selbstmord in einem solchen Gegensatze, wie diese Philosophen und ihre Anhänger behaupten? Nein, denn es gibt in der Natur keinen bloßen und losen Selbsterhaltungstrieb, wie ihn der Supranaturalist in seinem Kopfe abgesondert für sich denkt. Das Tier will sich erhalten; aber erhalten im Zusammenhang mit seiner Heimat, wenn es ein patriotisches – denn es gibt auch kosmopolitische Tiere –, im Zusammenhang mit den Tieren seinesgleichen, wenn es ein geselliges, im Zusammenhang mit einem Wesen derselben Art, aber anderen Geschlechts, wenn es ein monogamisches, im Zusammenhang mit der Freiheit der Bewegung, wenn es ein dem Fortschritt huldigendes Tier ist. Wenn z. B. manche Vögel durchaus nicht die Gefangenschaft vertragen, wenn sie mit der Freiheit auch zugleich die Eßlust verlieren und daher in kurzer Zeit dahinsterben, so erklären sie durch diesen Tod, daß auch in ihnen der Freiheitstrieb stärker ist als der Selbsterhaltungstrieb, oder richtiger, der Natur gemäßer gesprochen: daß der Selbsterhaltungstrieb bei ihnen mit dem Freiheitstrieb aufs innigste verbunden ist.

Aber ebensowenig, ja, noch weniger als im Tiere gibt es im Menschen, am wenigsten in dem des Selbstmords fähigen, einen ungebundenen, zügel- und schrankenlosen Selbsterhaltungstrieb. Der Selbsterhaltungstrieb erstreckt sich in ihm nicht weiter als sein Selbst oder das Gut, das er zu seinem Selbst rechnet, das er nicht von sich absondern, nicht aufgeben kann, ohne sich selbst aufzugeben. Was ist das Selbst oder das Leben – wer kann Leben und Selbstsein trennen? – für den Liebenden ohne das Geliebte, für den Ehrgeizigen ohne Ehre, für den Reichen ohne Reichtum, für den Krieger ohne Kriege oder Waffen? Was ist überhaupt das Leben ohne das, was, je nach dem Standpunkt, dem Bedürfnis des Menschen, für ihn notwendig zum Leben gehört? Leben im Kerker ist auch Leben, aber was für Leben! Leben von Wasser und Brot ist auch Leben, aber „was ist das Leben", wie es in der Bibel im Sirach heißt, „da kein Wein ist?" Wenn daher der Mensch sein Leben endet, weil er verloren oder zu verlieren fürchtet, was er wesentlich zum Leben rechnet, so handelt er nicht im Widerspruch, sondern im Einklang mit seinem Selbsterhaltungstriebe.

Der Selbstmord gehört in die Klasse der widerspruch[s]-vollen Erscheinungen des menschlichen Wesens – *der* Erscheinungen oder Handlungen, welche im schreiendsten Widerspruch mit seiner Selbstliebe stehen oder vielmehr zu stehen scheinen und doch nur aus Selbstliebe geschehen. Der Selbstmörder verzichtet auf alle Genugtuung des Glückseligkeitstriebes, aber nur, um dadurch sich jeder Verletzung desselben zu entziehen; er will kein Glück mehr genießen, aber nur, um kein Unglück mehr zu leiden; er opfert seinen besten Freund auf – jeder hat ja an sich seinen besten und treuesten Freund –, aber nur, um dadurch seinem Todfeind den Todesstreich zu versetzen. Der Tod widerspricht allerdings der Natur, aber er widerspricht nur der vollständigen, gesunden, glücklichen, nicht der verstümmelten, leidenden, unglücklichen Natur. Er ist für sich selbst ein Abscheu erregendes Gift, aber als Gift gegen Gift ein ersehntes Heilmittel. Und so wenig die Kraft des Kranken, eine abscheuliche Arznei zu sich zu nehmen, im Widerspruch steht mit dem Trieb des Gesunden nach Wohlschmeckendem[1], so wenig steht der Todesentschluß des irgendwie Verletzten oder auch nur mit Verletzungen Bedrohten mit dem Selbsterhaltungstrieb des Unverletzten im Widerspruch. Dies wäre nur dann der Fall, wenn der Selbstmord eine *grundlose* Selbstvernichtung wäre. Allein der Selbstmörder bestimmt sich zum Tode nicht aus Freiheit, d. h. eigentlich aus Mutwillen, aus Spaß, sondern aus trauriger Notwendigkeit, bestimmt von einem Grunde, welcher für ihn ein letzter, unübersteiglicher, mit seinem Wesen identischer, kein durch Gegengründe aufhebbarer, also kein beliebiger ist. Der Wille ist die letzte, d. h. die nächste, aber nicht die erste Ursache des freiwilligen Todes. Der Satz: Ich will sterben, ist nur die willige Schlußfolge von dem widerwilligen Obersatz: Ich kann nicht mehr leben, ich muß sterben. Der Entschluß zum summum malum, zum höchsten Übel, hat zu seiner Voraussetzung, zu seinem Grunde den Verlust des höchsten Gutes. Ich will sterben, weil ich nicht leben kann ohne das, was ein feindliches, sei es nun selbst verschuldetes oder unverschuldetes Geschick mir wider meinen Willen genommen hat oder

[1] *Im Original:* Wohlschmeckenden

nehmen will; ich lasse das Leben, weil ich nicht lassen kann, was ich lassen soll, dieses Nicht-lassen-Können aber nicht anders als durch den Tod ausdrücken und betätigen kann; kurz, ich entschließe mich zu sterben, weil ich genötigt werde, von Unabtrennbaren mich zu trennen, Unentbehrliches zu entbehren. Das Leben ist die Verbindung mit den geliebten Gegenständen, der freiwillige Tod die Trennung davon, die aber nur die Unauflöslichkeit, die Notwendigkeit dieser Verbindung ausspricht; denn eine Trennung, die ich nicht überlebe, die mit meinem Ende verbunden ist, ist ja nur ein Beweis der Unzertrennlichkeit. Was der Tag des Lebens auf menschenfreundliche, bejahende Weise ausspricht: daß der Mensch nur durch die Sonne des süßen Augenlichts sich erfreut, dasselbe sagt die Nacht des Todes, nur auf verneinende, menschenfeindliche Weise. Wie es dasselbe Wesen, dieselbe Ursache ist, welche gegenwärtig Licht, abwesend Nacht macht, so ist es derselbe Grundtrieb, dieselbe Kraft, welche das Leben liebt und das Leben läßt, den Tod flieht und den Tod sucht. Das Todesurteil des Unglücklichen: Ich bin nicht ohne dich, hat ja denselben Sinn als der Ausruf des Glücklichen: Ich bin nur, wenn ich bei dir bin. Selbst wer den Heldentod stirbt, für sein Vaterland, für die Freiheit, für seine Überzeugung das Leben läßt, erklärt dadurch, daß er von diesen Gütern nicht abstrahieren kann, daß diese Freiheit, diese Überzeugung für ihn eine Notwendigkeit ist, in unauflöslicher Verbindung mit seinem Wesen und Leben steht.

Der Selbstmord ist daher sowenig ein Beweis von der Freiheit oder Fähigkeit, „von allem zu abstrahieren", daß er vielmehr das Gegenteil beweist. Der nur kann von allem abstrahieren, der unbeschadet seiner Existenz davon abstrahieren kann. Wer aber mit dem, wovon er abstrahiert, zugleich seine Existenz, sich selbst aufgibt, der gesteht dadurch auf sehr demütigende, ja, vernichtende Weise die Gebundenheit und Beschränktheit seines Abstraktionsvermögens. Der Wille, der den Leib, das Leben vernichtet, vernichtet sich selbst und beweist dadurch tatsächlich, daß er nichts ist ohne Leib, ohne Leben, daß ich nicht – wie es in der Hegelschen „Rechtsphilosophie" heißt: „Ich habe diese Glieder, das Leben nur, *insofern ich will*, das Tier kann sich nicht selbst verstümmeln oder umbringen, aber der Mensch" – kraft meines Willens meinen Leib, sondern umgekehrt nur Willen kraft meines Leibes und Lebens habe. Die Fähigkeit, von allem zu abstrahieren, die über alle Naturnotwendigkeit erhabene Willensfreiheit bewiese der Mensch nur, wenn er auch *vom Tode abstrahieren, nicht sterben könnte,* falls er nicht sterben wollte, wenn also Tod und Unsterblichkeit nur von seinem Willen abhingen. Da aber dieses bekanntlich nicht in der Macht seines Willens steht, so beweist er durch den freiwilligen Tod nur, daß auch der höchste Akt seiner Freiheit innerhalb der Grenze der Naturnotwendigkeit stehen bleibt, daß er sich nur selbst antut, was er außerdem von der Natur erleidet, daß also sein Wille kein Originalgenie, sondern nur ein Kopist der Natur, kein Schöpfer aus nichts, wozu ihn der philosophische Supranaturalist macht, sondern ein die gegebene Materie zu seinen Zwecken verwendender Künstler ist.

Jawohl, wenn ich nicht sterben könnte, nicht sterben müßte, so könnte ich auch nicht sterben wollen. Der Wille zu sterben hat den willenlosen, unvermeidlichen Tod zu seiner Grundlage und Unterstützung. „Daß ich sterbe", sagt die zum Tode verurteilte Antigone zu Kreon, „wußt' ich längst fürwahr! Nicht deinen Ausruf braucht' es." Und Sarpedon sagt in der „Ilias" zu Glaukos:

„Trautester, wär' uns vergönnt, entflohn aus diesem Gefechte,
Stets unsterblich zu bleiben in niemals alternder Jugend,
Weder ich selbst dann kämpfte, gemischt in die vordersten Streiter,
Noch auch fordert' ich dich zur männerbewährenden Schlacht auf.
Aber dieweil uns doch unzählige Keren (Geschicke) des Todes
Nahstehn, denen entrinnt kein Sterblicher, noch sie vermeidet,
Auf, daß anderer Ruhm wir verherrlichen oder den unsern!"

Ein im Sinne unserer Idealisten oder Supranaturalisten freier, ein übernatürlicher Entschluß wäre nur dann der Entschluß zu sterben, wenn es nur einen freiwilligen, aber keinen notwendigen, natürlichen Tod gäbe, wenn der

Mensch nicht sterbliches, sondern unsterbliches Leben aufopferte, der Tod im Widerspruch mit seiner Natur stände.

Allerdings steht der Tod, wie gesagt, im Widerspruche mit der Natur, solange sie sich in ihrem normalen, gesunden Zustand befindet, aber solange ist auch der Tod kein Gegenstand des Willens. „Nichts", sagt Seneca, „hat uns in seiner Gewalt, weil wir den Tod in unserer Gewalt haben", d. h. sterben können, wenn wir wollen. Aber hängt wirklich nur von unserm Willen Leben und Tod ab? Leben wir nur, weil wir leben wollen, und können daher jeden Augenblick das Gegenteil, den Tod, wollen? Freilich, kann ich mich töten, wenn ich mich töten will, aber daß ich es will, das eben hängt nicht vom bloßen Willen ab, das steht nicht in meiner Freiheit. Ich kann nur dann den Tod wollen, wenn er für mich eine Notwendigkeit ist, wofern ich nicht für das Leben alles, was das Leben erst zum Leben in meinem Sinne macht, hingeben will. Jetzt aber, wo nichts wider das Leben spricht, kein Grund für den Tod vorhanden ist, ist es eine bloße Einbildung von mir, wenn ich glaube, mein Leben hinge bloß von der Gnade meines Willens ab, ist es in Wahrheit eine, und zwar nicht nur moralische, sondern physische, Unmöglichkeit, mich töten zu wollen oder töten zu lassen. „Du wähltest Leben, und ich wählte Tod." Die Wahl zwischen diesen Gegensätzen ist richtig an zwei verschiedene Personen verteilt. Was der Antigone bei ihrem Sinn und Charakter möglich, war der Ismene unmöglich.

„Ich kann, was ich will", aber nur, wenn und wofern ich will, was ich kann, widrigenfalls ist mein Wollen ein grund- und bodenloses, ein nur eingebildetes; denn der Grund des Wollens ist das Können, das Vermögen des Gewollten. Wirklicher, nicht eingebildeter Wille, welcher gewöhnlich mit jenem verwechselt wird, ist talentvoller, seiner Sache gewisser, seinem Gegenstande entsprechender und gewachsener Wille. Ich will Musiker werden, aber dieser Wille ist, wenn er begründeter und ebendeswegen erfolgreicher Wille, nur die Offenbarung meines Talents zur Musik. Sowenig ich durch den bloßen Willen ohne Zeugungsvermögen Kinder zeugen kann, sowenig vermag überhaupt der Wille etwas ohne Zeug, ohne Stoff, ohne Organ zu dem, was er will. Wofür der Sinn, die Anlage fehlt, dafür fehlt auch der Wille. Wo Wollen und Können im Widerspruch stehen, wie so häufig im bürgerlichen Leben, da kommen ebendeswegen auch nur Mißgeburten zum Vorschein.

So kann denn auch der Mensch nur da seinen Tod wollen, wo er in sich Grund und Stoff zum Tode hat, wo die Kluft zwischen Leben und Tod, die sonst die Selbsttötung ihm zur Unmöglichkeit macht, verschwunden, wo sein Hirn bereits so verbrannt und verzehrt ist, daß er nur in einem Totenschädel sein Ebenbild erblickt, sein Herz so der Welt abgestorben, daß er im Tode nicht den Tod seines Lebens, sondern nur den Tod seines Todes sucht, wo er mit seinem Leben nur noch einen Schein, eine Lüge, einen Widerspruch abtut, im Tode nur den wahren Ausdruck seines Wesens und Willens findet. Das triviale „Gleich und gleich gesellt sich gern" gilt auch hier. „Der Tod ist mein Bräutigam", sagt die zum Tod entschlossene Antigone. Wer aber dem Tode sich vermählt, der begehrt ihn als ein Wesen seinesgleichen, der wird von ihm nach dem Gesetz der Wahlverwandtschaft angezogen, der weidet sich nicht an der Bildergalerie des Lebens, der hat in dem Tode nur die tabula rasa des eigenen Sinnes und Selbsts vor Augen. „Meine Seele", sagt dieselbe Antigone, „ist schon längst gestorben, um den Toten sich zum Dienst zu weihn." Kurz, ich kann nur sterben wollen, wenn das, was im normalen Zustand in mir diesen Willen verhindert, ihm Widerstand leistet, ihn gar nicht aufkommen läßt, beseitigt ist. Dieser Widerstand ist die Liebe oder der Wille, zu leben, weil ich lebe. So wenig ich die Freiheit habe, eine Person, die ich wirklich liebe oder solange ich sie liebe, nicht zu lieben, so wenig habe ich die Freiheit, das Gegenteil des Lebens zu wollen, solange ich das Leben liebe. Erst wenn diese Liebe erloschen oder durch die gewaltsame Aufhebung der Bedingungen, welche das Leben zu einem Gegenstand der Liebe machen, verdrängt worden ist, wird mein Wille in Freiheit gesetzt, wird dem Gedanken und Willen des Todes Platz gemacht. Erst wird das Leben ein Gegenstand der Gleichgültigkeit, der Langeweile, des Ekels, des Abscheus, der Verachtung, ehe der Tod ein Gegenstand des Begehrens wird.

„Überall", sagt der Stoiker Seneca, „steht dem Menschen der Weg zur Freiheit offen. Wohin du nur immer blickst, da findest du das Ende der Übel. Siehst du jenen abschüssigen Ort? Dort steigt man zur Freiheit hinab. Siehst du jenes Meer, jenen Fluß, jenen Brunnen? Die Freiheit wohnt in ihrer Tiefe. Siehst du jenen kleinen, dürren, unfruchtbaren Baum? Die Freiheit hängt an ihm. Siehst du deinen Hals, deine Kehle, dein Herz? Sie sind Auswege aus der Knechtschaft. Du findest diese Ausgänge zu beschwerlich, fragst nach einem Wege zur Freiheit, der weniger Mut und Stärke erfordert? Jede Ader in deinem Körper ist ein solcher." Ja, der Tod ist von Natur die Freiheit von allen Übeln, und wem das Leben, es sei nun, aus welchem Grunde es wolle, ein unerträgliches Übel, für den ist diese Freiheit, aber nur diese, Willensfreiheit. Wäre der Selbsterhaltungstrieb der Natur ein unbeschränkter, ein Trieb ohne Maß und Ziel, so gäbe es auch keinen Tod. Allein der Selbsterhaltungstrieb ist eins mit dem Glückseligkeitstrieb, und dieser steigt und fällt mit der Glückseligkeit. Jedes Leben wird sich mit der Zeit, sei es durch Krankheit, sei es durchs Alter, zur Last, zum Übel. Ist aber das Leben nur noch ein Übel, so ist der Tod kein Übel, sondern ein Gut, ja, ein Recht – das heilige Naturrecht des Übelleidenden auf Erlösung vom Übel. Der Tod an sich ist keine Strafe für begangene Sünden; er ist der Lohn für ausgestandene Leiden und Kämpfe. Darum setzten die alten Griechen und Römer ihren Toten Kränze als Ehren- und Siegeszeichen auf. Der natürliche und freiwillige Tod erfolgen daher nach demselben Naturgesetze, welches, im Gegensatz zur asketischen Moral unserer supranaturalistischen Philosophie und Theologie, die Pflicht der Selbsterhaltung nur von dem Recht auf Glückseligkeit – freilich auch keine Glückseligkeit im supranaturalistischen Sinne – abhängig macht. Allerdings entleibt sich nicht immer der Mensch auf Grund unheilbarer und unerträglicher Übel, im Gegenteil: häufig nur aus Gründen gekränkter Eitelkeit, verkürzter Gewinnsucht, versagter Liebhabereien; aber aus was für geringfügigen Ursachen oder Anlässen entspringt nicht auch oft der natürliche Tod!

2
Der Wille innerhalb der Zeit

Der Wille ist kein Wundertäter oder Hexenmeister, kein zu jeder Zeit, an jedem Ort, zu jedem beliebigen Kunststückchen bereites Vermögen; der Wille ist, wie der Mensch überhaupt – was ist denn der Wille als der wollende Mensch? – an Raum und Zeit gebunden. Was ich hier und jetzt nicht vermag, das vermag ich anderwärts und zu anderer Zeit. Wieviel Selbstmörder mögen vor der Zeit ihrer unseligen Tat sich vor dem Gedanken an die bloße Möglichkeit einer solchen Tat entsetzt, sich für absolut unfähig derselben gehalten haben und es auch wirklich damals gewesen sein, wo sie dieses dachten! Erst wenn die Zeit zu etwas kommt, kommt auch die Kraft und der Wille dazu. „Ich weiß es unwidersprechlich, daß ich, der ich jetzt will, der nämliche eine bin, der vor Jahren gewollt hat." Aber der vor Jahren gewollt hat, existiert nur noch in deiner Erinnerung, in deinen Gedanken, und so denkst du ihn freilich ohne Schwierigkeit und ohne Unterschied als eins mit dem, der jetzt will. In Wirklichkeit ist jedoch ein ebenso großer Unterschied zwischen deinem vormaligen und jetzigen Willen als zwischen deiner vergangenen und gegenwärtigen Existenz überhaupt. „Des Menschen Wille ist sein Himmelreich", aber das Himmelreich des Knaben ist nicht das des Jünglings und das Himmelreich des Jünglings nicht das Himmelreich des Mannes oder Greises.

Was der Mensch zu einer bestimmten Zeit tut oder leistet, das ist das Höchste, was er gerade zu dieser Zeit leisten kann, die Grenze seines Vermögens, sein letzter Wille, denn mehr kann er nicht leisten wollen, als er mit Aufgebot aller seiner Kräfte leisten kann, und in dem Gefühle der Erschöpfung und Leere, die jede auf den höchsten Grad gesteigerte Anstrengung nach sich zieht, spricht er sich alle Zukunft ab, begibt er sich in Gedanken zu ewiger Ruhe. Aber welche Täuschung! So wenig die Zeit oder das Blut in seinen Adern stillesteht, so wenig bleibt sein Wille stehen. Jeder neue Lebensabschnitt bringt auch neuen Stoff und neuen Willen. Was er früher für seinen Willen für alle Zeit hielt, erkennt er jetzt nur als den letzten Willen einer bestimmten Zeit, und was ihm früher für das absolute

Wesen seines Könnens und Wollens galt, das ist in den bescheidenen Rang eines endlichen Wesens zurückgetreten. Ändert sich aber der Gegenstand des Willens, so ändert sich auch der Wille selbst: Der Wille ist durch das, was er will, bestimmt; eingenommen für seinen Gegenstand, nimmt er dessen Farbe, dessen Wesen an. Sich entschließen ist selbst sprachlich eins mit „Parteinehmen". Ein unparteiischer, unbestimmter, auf alle Dinge, auch die entgegengesetzten, ohne Unterschied sich erstreckender Wille, wie es der Wille in abstracto, in Gedanken, ist in Wirklichkeit ein Unding. „Wer liebt", sagt Johannes Gochius, ein Lutheraner vor Luther, „wird so, wie der Gegenstand seiner Liebe ist. Wenn du das Fleisch liebst, so bist du Fleisch, d. h., du nimmst die fleischliche Form (Wesenheit) an. Wenn du die Natur liebst, so bist du Natur, weil du die natürliche Form annimmst; wenn du das Schwein liebst, so bist du ein Schwein, weil du die schweinische Form annimmst. Endlich, wenn du Gott liebst, so bist du Gott, weil du die göttliche Form annimmst." Die Liebe ist aber nichts anderes als der sinnliche, affektvolle, aber ebendeswegen der wahre, herzensgründliche, radikale Wille des Menschen. Ein affektloser Wille ist ein affektierter, nur gedachter und gemachter Wille. Nimmst du mir daher den Gegenstand des Willens, so nimmst du mir den Willen selbst; denn nichts wollen und nicht wollen ist eins. Zu jeder bestimmten Zeit meines Lebens habe ich auch nur Bestimmtes gewollt, nur das, was eben damals an der Zeit und in der Kraft war, nicht, was ich jetzt nach soundsoviel Jahren will, was mir vielleicht erst jetzt und hier zu Ohren oder zu Augen und dadurch zu Bewußtsein gekommen ist. Nein, was ich einst gewollt habe, das faßte mein ganzes Wesen in sich, verschlang mein ganzes damals vorhandenes Willenskapital. Aber ebendeswegen ist auch mit dem, was der Knabe wollte, der Wille des Knaben, mit dem, was der Jüngling wollte, der Wille des Jünglings schon längst zugrunde gegangen. Darum weiß auch nicht der Mensch voraus, was er einst noch wollen kann und wird, sowenig, als er vorausweiß, was er noch alles erleben und erfahren wird. Ein Wille, der im voraus, ohne vorhergegangene Leiden, ohne Not, ohne Grund, ohne Zeit und Raum sich jeder Tat für fähig hält, ist ein Windbeutel.

Alles hat seine Zeit, und nur der zeitgemäße Wille ist kein impotenter und phantastischer Wille. So hat jedes Alter seine Tugenden, aber auch seine Mängel und Fehler, und du magst wollen, soviel als du willst, du wirst nicht eher frei von ihnen, als bis du die Jahre hinter dir hast, wo diese Untugenden zeitgemäß waren. Wirst du auch nicht ohne Willen frei von ihnen, so wirst du es doch nur durch den Beistand der Zeit. Und du hast keine Ursache, dich darüber zu beklagen, daß dein Wille durch die Zeit beschränkt ist, d. h., daß du nicht wider den Strom der Zeit schwimmen kannst, denn ein zeitgemäßer Fehler ist besser, sagt und verheißt mehr als eine unzeitige oder zeitwidrige Tugend. „Die Wahrheit ist eine Tochter der Zeit", aber auch der Freiheit, die ja mit jener identisch. Jedes Blatt der Geschichte widerlegt die phantastische, die supranaturalistische Willensfreiheit. Nicht der Wille, nicht die Vernunft, nur die Zeit, die Zukunft befreit von den Leidenschaften und Torheiten, den Lastern und Übeln der Gegenwart. Nur wenn ein Mensch oder Ereignis der Geschichte anheimgefallen, werden sie erst Gegenstand eines gerechten, freien Urteils, zum deutlichen Beweis, daß die Freiheit nur Sache der Geschichte, daß der Mensch nicht „a priori", sondern nur a posteriori frei ist, d. h., daß ebensowohl im Leben des einzelnen als im Leben der Menschheit wie die Wahrheit nur auf den Irrtum, die Vernunft nur auf die Unvernunft, die Humanität des Friedens nur auf die Brutalität des Kriegs, so auch die Freiheit nur auf die Sklaverei mit Hilfe der Zeit folgt.

Kant hat seinen in der „Kritik der reinen Vernunft" ausgesprochenen Lieblingsgedanken, daß die Zeit nichts an sich, nur eine menschliche Vorstellung sei, nicht die Dinge an sich selbst, sondern nur ihre Erscheinungen betreffe, auch in der „Kritik der praktischen Vernunft" geltend gemacht, ja, die Existenz der Willensfreiheit nur von der Nichtigkeit der Zeit für Vernunft und Willen abhängig gemacht; denn in der Zeit sei jeder Zustand die notwendige Folge des vorhergegangenen, ein in der Zeit befindliches Wirkungsvermögen daher in seinen gegenwärtigen Wirkungen bestimmt durch die Vergangenheit, die „nicht mehr in seiner Gewalt", also sei in der Zeit ein Vermögen, welches von selbst, unbedingt durch ein Vorher einen Zustand anfange – ein solches sei aber die Willensfreiheit –, unmöglich. Ganz richtig: „Was vergangen ist, das ist nicht mehr in unserer Gewalt", aber es fehlt der ebenso richtige und wichtige Nachsatz, daß, was vergangen ist, *auch uns nicht mehr in seiner Gewalt hat*. So hat der Hunger infolge vorausgegangener Enthaltung oder Entbehrung von Speisen mich in seiner Gewalt, nötigt mich, nur an den Magen zu denken; ist aber der Hunger gestillt und folglich vergangen, so habe ich nun Zeit und Freiheit, statt an den Magen, an meinen Kopf zu denken. Primum vivere, deinde philosophari. Erst leben, dann denken oder philosophieren. Die Freiheit besteht nicht darin, anfangen, sondern zuerst darin, *enden* zu können. Die Möglichkeit, die Bedingung dieser Freiheit ist aber die Zeit. Du kannst nur anfangen zu denken, wann und wenn du aufhörst zu genießen, anfangen zu wachen, wann und wenn du aufhörst zu träumen, anfangen zu zweifeln, wann und wenn du aufhörst zu glauben. „Neue Liebe, neues Leben", aber keine neue Liebe, ohne daß die alte vergangen ist, der Zahn der Zeit die Bande, die dich an die alte Liebe und Zeit fesselten, zernagt hat. Jedes präsens des Willens setzt ein zeitliches perfectum seines Gegenteils oder eines andern überhaupt voraus. Ich will arbeiten oder mich bewegen, nachdem und weil ich geruht, ruhen, nachdem und weil ich gearbeitet oder mich bewegt, also nicht geruht habe. Ohne ein solches vorhergegangenes Nicht habe ich keinen Grund, keinen Trieb, keinen Anstoß zum Wollen. „Ein jegliches hat seine Zeit." [Prediger 3, 1.] Und frei bist du nicht dadurch, daß du die Zeit verneinst, sondern recht benützest und anwendest, jedem naturgemäßen Trieb und Bedürfnis sein Recht, seine Freiheit, d. h. seinen gebührenden Spiel- und Zeitraum, gewährst. „Teile und herrsche!" Aber du kannst nur durch die Zeit die Feinde deiner Freiheit teilen, folglich beherrschen; du kannst den Ungestüm und Übermut deiner Begierden nur dadurch brechen, daß du das „Schicket euch in die Zeit" zu ihrem Gesetze machst. Bei den Buddhisten gehört noch heute zu ihren Grundgeboten: „Nicht außer der Zeit zu essen." Und der Prediger des Alten Testaments ruft aus: „Wehe dir, Land, des' König ein Kind ist und des' Fürsten frühe (am Morgen, der zum Gerichthalten und andern Geschäften bestimmten Zeit) essen. Wohl dir, Land, des' Fürsten . . . zu rechter Zeit essen, zur Stärke und nicht zur Lust" (wörtlich:

zum Trinken, Zechen). [Prediger 10, 16–17.] Ja, wohl dir, Land, des' Fürsten dem biblischen Prediger Gehör schenken, aber zugleich auch die Aussprüche der griechischen Weltweisen: „Erkenne den rechten Zeitpunkt", „Die Zeit ist das Weiseste", beherzigen und betätigen.

Kant beruft sich zugunsten seiner metaphysischen und moralischen Nichtigkeit der Zeit auf „die Reue über eine längst begangene Tat bei jeder Erinnerung derselben, eine schmerzliche, durch moralische Gesinnung gewirkte Empfindung, die sofern praktisch leer ist, als sie nicht dazu dienen kann, das Geschehene ungeschehen zu machen – aber als Schmerz doch ganz rechtmäßig ist, weil die Vernunft, wenn es auf das Gesetz unserer intelligiblen Existenz (das Moralische) ankommt, keinen Zeitunterschied anerkennt und nur fragt, ob die Begebenheit mir als Tat angehöre, alsdann aber immer dieselbe Empfindung damit moralisch verknüpft, sie mag jetzt geschehen oder vorlängst geschehen sein". Wir verknüpfen aber auch mit dem, was wir empfunden, erlitten und erlebt haben, ohne Unterschied, ob es jetzt oder vorläufig geschehen, in der Erinnerung dieselben Empfindungen. Die Ohrfeige, die wir als Lehrer einem Schüler unverdienterweise gegeben, brennt uns nach zwanzig oder noch mehr Jahren noch auf dem Gewissen, aber die Ohrfeige, die wir als Schüler von einem Lehrer empfangen, wenn auch vielleicht verdienterweise, brennt uns nach ebensoviel Jahren noch auf dem Gesichte. Wir vergessen nicht das Unrecht, das wir einem andern getan, aber wir vergessen auch nicht das Unrecht, das Leid, den Schaden, den uns ein anderer zugefügt hat. So erzählt de la Condamine, wie Condorcet in der Lobrede auf ihn berichtet, daß er, als er einst mit einem seiner alten Lehrer zusammentraf, gefühlt habe, daß er diesem noch nicht eine bereits vor fünfzig Jahren von ihm erhaltene ungerechte Strafe verziehen hätte. So konnte auch A. v. Haller, wie derselbe Condorcet in der Lobrede auf ihn erzählt, seinen strengen und pedantischen Hofmeister, an dem er sich schon als Knabe von zehn Jahren mit einer Satire gerächt hatte, auch später nie wieder sehen, ohne unwillkürlich Schrecken zu empfinden.

Wir machen uns Vorwürfe über einst begangene Handlungen, namentlich, wenn sie unsere bewußten, noch jetzt uns belästigenden Fehler uns vergegenständlichen oder mit unsern gegenwärtigen, erst später entwickelten Tugenden, denen wir unsern Namen und Kredit verdanken, in Widerspruch stehen, aber wir machen uns diese Vorwürfe ebendeswegen erst jetzt, wo diese Fehler nicht mehr mit unserm Wesen verschmolzen, sondern uns nur noch Gegenstand der Erinnerung sind oder doch so sich gemildert haben, daß sie nicht mehr in so krasser, anstößiger Weise wie früher zum Ausbruch kommen; denn hätten wir früher so gedacht und empfunden wie jetzt, uns schon damals dieselben Vorwürfe gemacht, so würden wir diese Handlungen nicht begangen haben. Wir machen es mit den Fehlern unserer Vergangenheit wie die Väter mit ihren Kindern, denen sie die nur von ihnen ererbten Fehler – oft auch Tugenden –, von denen sie selbst nur durch die Zeit oder doch mit der Zeit frei geworden, zum Vorwurf machen. Jedoch, wie gesagt, nicht nur unsere denkwürdigen Taten, auch unsere denkwürdigen Empfindungen und Anschauungen, denkwürdigen Leiden und Freuden erhalten sich in frischem, ja, ewigen, d. h. erst mit unserm Bewußtsein erlöschenden Andenken. Und nicht nur das moralische Gute oder Schlechte, das wir getan, auch das physische Gute oder Schlechte, das wir erlebt und empfunden haben, loben oder tadeln, segnen oder verfluchen wir noch in später Erinnerung. Selbst auf Speisen und Getränke erstreckt sich diese Kritik der praktischen Vernunft. „Ich werd' es nie vergessen, was ich beim Herrn von Kressen getrunken und gegessen." So schloß einst eine Nürnberger Grabrede. Und wie oft hört man namentlich aus dem Munde des aufrichtigen Volkes solche Aussprüche! Ein so gutes Andenken hinterläßt gutes Essen und Trinken. Ewigen Abscheu dagegen erzeugen auch nur einmal genossene oder nur verkostete abscheuliche Speisen und Getränke. Selbst rein körperliche Leiden und Schmerzen, wie z. B. die erfrorener Glieder, erneuern sich in jedem Winter, wenn wir sie gleich schon vor vielen Jahren erfroren haben, und wir bedauern oder bereuen es dann, daß wir in frühern Jahren, wenngleich vielleicht aus löblichen, moralischen Gründen, es verschmäht haben, uns gegen die Kälte gehörig zu schützen.

3
Die Einheit des Willens und Glückseligkeitstriebes

Wie die Verneinung der Zeit für den Willen nicht den Sinn hat: Es ist keine Zeit überhaupt oder schlechtweg, sondern nur: Es ist jetzt keine Zeit zum Genießen, zum Spielen, zum Spazierengehen usw., weil jetzt Zeit zum Handeln, zum Arbeiten, also diese Verneinung stets innerhalb der Zeit fällt, so fällt überhaupt jede Verneinung, von welcher der Mensch – der Mensch überhaupt, nicht dieser oder jener Philosoph – die Vorstellung seiner Willensfreiheit abgezogen oder in welcher er einen Beweis derselben erblickt hat, nicht jenseits, sondern diesseits einer Naturnotwendigkeit oder eines Naturbedürfnisses, erstreckt sich nur auf das Besondere und Einzelne einer Sphäre, einer Gattung, aber nicht auf diese selbst. Ich kann z. B. von dieser oder jener Speise „abstrahieren", aber nicht von jeder Speise, nicht von der Speise überhaupt; ich muß essen, wenn ich nicht zugrunde gehen will. Aber diese Notwendigkeit empfinde ich, solange ich wenigstens noch bei Verstand und Natur bin, nicht im Widerspruch mit meinem Wesen und Willen, denn ich bin nun einmal ein der Nahrung bedürftiges Wesen. Ich kann mich nicht ohne dieses Bedürfnis denken, und es fällt mir daher auch gar nicht ein, meine Freiheit in die Abwesenheit oder Verneinung desselben zu setzen. Ich setze sie nur darein, daß ich diese oder jene Speise nicht essen kann, wenn ich sie nicht essen will, daß ich nicht abhängig von gewissen Speisen, nicht unglücklich, nicht außer mir vor Ärger bin, wenn ich sie entbehre, daß ich essen kann, was nur immer in die Sphäre, in die Gattung eines menschlichen Nahrungsmittels fällt. Der Wille ist Selbstbestimmung, aber innerhalb einer vom Willen des Menschen unabhängigen Naturbestimmung. „Der Wille ist vernünftige Begierde", wie die Philosophen bis auf Kant fast einstimmig behaupteten. Die Gattung oder der Gattungsbegriff ist es aber, der die Vernunft von den Sinnen unterscheidet. Die Bäume verdanken wir den Sinnen oder, da die Sinne nichts sind für sich ohne das Hirn, d. h. ohne Verstand oder Vernunft, der sinnlichen, *den* Baum der denkenden Vernunft. *Der* Baum als solcher ist nicht sinnlich, ist übersinnlich, aber diese Übersinnlichkeit betrifft nur die Form, nicht den Inhalt oder Gegenstand. Der Wille nun ist die nicht ausschließlich, wie die unvernünftige Begierde durch diesen einzelnen und besondern Gegenstand, sondern durch die Gattung desselben im Sinne des anführten Beispiels bestimmte Begierde. „Der Wille ist ein übersinnliches Vermögen", aber in keinem andern Sinne, als auch der Baum, die Blume, der Mensch übersinnliche Wesen sind.

Kant hat, im Gegensatze zu seiner theoretischen Philosophie, in der praktischen die bloße Form des Gesetzes zum Gegenstande und Bestimmungsgrunde des Willens und dadurch den Willen zu einem spezifisch vom sinnlichen Begehrungsvermögen verschiedenen Vermögen, aber ebendeswegen zu einem bloßen Noumenon, auf deutsch: Gedankending, gemacht. Das Gesetz ist freilich seiner Form nach ein Nichtsinnliches, ein Übersinnliches, aber sein Gegenstand, sein Inhalt ist ein sinnlicher, sogut als der seinem Gattungsbegriff nach übersinnliche Baum in Wahrheit sinnlich ist. Aber so geht's. Der nicht denkende Mensch sieht vor Bäumen nicht den Baum, der nur denkende, sein Denken nicht durch die Sinne unterstützende und bestimmende vergißt über dem Baume die Bäume, macht die leere Form zum Inhalt, den Baum ohne Bäume zu einem für sich bestehenden Wesen. Kant ist bei dem Gesetze für sich selbst als einem ersten und letzten stehengeblieben. Das Gesetz ist rücksichtslos, allgemein, unbedingt, aber es ist nichts, wenn es nicht vollstreckt, nicht betätigt wird, also muß es – so schloß er – ein dem Wesen des Gesetzes entsprechendes Tatvermögen geben, ein Vermögen, welches nur durch das Gesetz bestimmt wird, unabhängig von allen sinnlichen Antrieben. Dieses Vermögen ist „der reine Wille".

Aber das Gesetz, wie z. B. das mosaische, sagt nur: „Laß dich nicht gelüsten deines Nächsten Weibes noch seines Knechtes, noch seiner Magd, noch seines Ochsen, noch seines Esels"; aber es sagt nicht: Laß dich überhaupt nicht gelüsten eines Weibes noch eines Knechtes, noch einer Magd, noch eines Ochsen oder Esels. Es verbietet mir nicht die Befriedigung meines Geschlechts- und Eigentumstriebs, es verbietet mir nur, sie an diesem Weibe, diesem Knechte, diesem Esel, die meinem Nächsten gehören, zu befriedigen. Das Verbot: „Du sollst nicht stehlen" oder: „Du sollst nicht ehebrechen", ist allerdings übersinnlich für mich, eine Verneinung meiner Sinnlichkeit, aber nur, wiefern sie Begierde ist nach dem Weibe meines Nächsten, nicht meiner Sinnlichkeit überhaupt; denn es ist ja nur der Geschlechtstrieb des andern, der vermittelst des Gesetzgebers meinem Geschlechtstrieb dieses Verbot gibt, diese Schranke auferlegt, folglich ist der Geschlechtstrieb überhaupt und an sich gesetzlich anerkannt und gesichert. Das Gesetz, versteht sich das gesetzmäßige, gerechte, nicht willkürliche, aristokratische oder despotische, das Gesetz, sage ich, ist überhaupt nichts anderes als mein mit dem Glückseligkeitstrieb anderer in Einklang gesetzter Glückseligkeitstrieb. Wo aber kein Trieb, ist kein Wille, wo aber kein Glückseligkeitstrieb, kein Trieb überhaupt. Der Glückseligkeitstrieb ist der Trieb der Triebe. Jeder Trieb ist ein anonymer, weil nur nach dem Gegenstand, worein der Mensch sein Glück setzt, benannter Glückseligkeitstrieb. Selbst der Wissenstrieb ist nur der zuerst vermittelst des Verstandes – später, im Verlauf der Kultur, wo der Wissenstrieb ein selbständiger Trieb wird, im Verstande – sich befriedigende Glückseligkeitstrieb. Warum haben denn die Menschen zuerst gefragt: Was ist die Ursache – oder eigentlich der Urheber, der Macher, doch davon abstrahieren wir hier – von Blitz und Donner, von Tag und Nacht, von Hitze und Kälte und andern sie in Verwunderung setzenden Naturerscheinungen? Warum? Weil sie mit der Erkenntnis der Ursache die Ursache der Unsicherheit, der Angst und Furcht, die der Mensch vor fremden, unbekannten Dingen hat, beseitigen wollten. Die Kelten sagten zum Alexander, nach Arian, daß sie nichts fürchteten als, es möchte der Himmel über sie einstürzen. Wie nahe liegt diese Furcht, wenn er [, der Mensch,] im Himmel ein ehernes Gewölbe, in Wolkenbrüchen „das Meer im Himmel" sich auf die Erde stürzen, in den Sternschnuppen wirkliche Sterne vom Himmel fallen sieht! Wie nahe aber dieser Furcht das Bestreben, sich nach dem Grunde oder Ungrunde derselben umzusehen, um sich seines Daseins zu versichern! Was tastbar ist, begreife ich mit meinen Fingern, um dessen leiblich habhaft und sicher zu werden, was jenseits meines Tastvermögens, das begreife ich mit meinem Verstande, um seiner geistig wenigstens habhaft und sicher zu werden. Tantum possumus, quantum scimus [wir können soviel, wieviel wir wissen]. Ich kann nur soviel, als ich weiß. Wissen ist Vermögen, ist Macht. Wissen will der Mensch, wie etwas geschieht oder gemacht wird, um es möglicherweise – der Wissenstrieb ist ursprünglich Nachahmungstrieb – selbst mit seinen Händen machen zu können, im entgegengesetzten Falle wenigstens in Gedanken nachzumachen. Macht, Besitz – und besitzen, innehaben, was nicht leiblich besessen werden kann, heißt eben Wissen – ist aber ein Gegenstand des Glückseligkeitstriebes.

Es ist nichts ungereimter, als dem Menschen ein besonderes, von seinem Glückseligkeitstrieb unabhängiges „metaphysisches Bedürfnis" anzudichten und nun gar zum Grund und Wesen der Religion zu machen, da doch gerade die prima philosophia, die allen anderen Philosophien vorangehende Philosophie der Menschheit, die Religion, aufs schlagendste beweist, daß dieses metaphysische Bedürfnis nur im Dienste des Glückseligkeitstriebes sich befriedigt, daß die Lehre von dem ersten Ding, dem Schöpfer der Welt, und die Lehre von den letzten Dingen, der Seligkeit und Unsterblichkeit des Menschen, nur einen und denselben Gedanken, einen und denselben Willen ausdrücken und vergegenständlichen. Selbst die Grundunterscheidung, die Unterscheidung zwischen Ursache und Wirkung, zwischen Gegenstand und Ich, stützt sich nicht nur, wie einseitige Verstandesmenschen behaupten, auf meinen Verstand, sondern wesentlich zugleich auf meinen Willen, folglich meinen Glückseligkeitstrieb, denn wo kein Glückseligkeitstrieb, ist auch kein Wille, höchstens nur ein Schopenhauerischer, d. h. ein Wille, der *nichts* will.

Der Verstand ist das die Dinge in mich hineinsetzende, der Wille aber das diese in den Kopf gesetzten Dinge wieder aus mir heraussetzende Wesen oder Vermögen. Hätte ich keinen Willen, so hätte ich auch kein Bewußtsein von einer von mir unterschiedenen Außenwelt. Nur vermittelst des Willens, nur auf Grund des Glückseligkeitstriebes unterscheidet der Verstand zwischen dem vorgestellten und dem gegenständlichen Dinge, zwischen dem Gegenstande des adspectus, des Anblicks, und dem Gegenstande des usus, des Genusses, zwischen dem Schauspiel meines Sehnerven und dem wirklichen Leben, zwischen dem Sperling auf dem Dache oder im Kopfe und dem Sperling in der Hand oder im Magen, zwischen dem Gefühl des Druckes und der mich drückenden Ursache. Kurz, ich unterscheide zwischen Ursache und Wirkung, Gegenstand und Empfindung *mit Verstand*, weil ich *mit Willen* zwischen Wohl und Wehe, Glück und Unglück, Himmel und Hölle, Haben und Nichthaben unterscheide, so scharf unterscheide wie zwischen Leben und Tod. „Sein oder Nichtsein, das ist die Frage." Aber diese Frage, wie so viele andere, löst nicht der vom Willen gesonderte und verlassene, sondern nur der mit dem Willen verbundene Verstand.

Doch wieder zurück zum Ausgangspunkte. Der Wille ist ein Wort, das nur Sinn hat, wenn es mit einem andern Hauptworte oder vielmehr – denn er äußert und bezeugt sich ja nur in Handlungen – mit einem Zeitwort verbunden wird. Die Sprache macht allerdings auch das Wollen zu einem selbständigen Wort, aber dafür gibt es in ihr außer dem majestätischen und philosophischen „Ich will" auch ein Wollen in der mir sinnlich gegenständlichen zweiten und dritten Person, außer dem Präsens und Infinitiv auch ein Imperfekt und einen Konditional des Willens, steht, kurzum, das Wollen unter allen Bedingungen und Weisen der Endlichkeit und Zeitlichkeit. Mit dem „Ich will" ist daher unzertrennlich das Fragewort „Was?" verknüpft. Ein von der Materie des Willens abgesonderter Wille ist ein Unding. Was will ich denn nun aber? Nichts als das Ende einer Widerwilligkeit, eines Übels – wo kein Übel, ist kein Wille –, eines Leidens – wollen heißt *nicht leiden* wollen –, nichts als das Nichtsein meines Nichtseins, denn nur Wohlsein ist Sein, wahres Sein. Ich will selbst meinen Tod, aber nur, wenn er das letzte und einzige Mittel ist, mich von den Miserabilitäten des menschlichen Lebens frei zu machen. Mein Wille ist nur mein dem, was mich drückt und schmerzt, was mich unglücklich machen, was mich zu Boden werfen, was mich vernichten will, sich entgegensetzendes, entgegenwirkendes Wesen. Wollen ist Wohlwollen, zunächst, und zwar notwendigerweise gegen sich selbst, „denn wer sich selbst feind, kann auch nicht andern freund sein". Das Wohl liegt so sehr im Sinne des Wollens, daß selbst sprachlich „Wille und Wollen stammverwandt mit Wahl und Wohl ist; ich wole oder wohle, wähle, will". „Der Wille ist die Begierde oder das Verlangen eines, sei's nun wirklichen oder scheinbaren, Guts", appetitio boni alicujus. „Alle Wesen", sagten die scholastischen Philosophen und Theologen, „lieben oder begehren sich selbst und ihre Vollkommenheit", se suamque perfectionem appetunt. „Der Wille kann nicht das Gute nicht wollen, nur ein besonderes Gut will er nicht notwendig." „Das erste Gesetz des Allmächtigen", sagt der englische Dichter Young in seinen „Nachtgedanken", „lautet: ‚Mensch, liebe dich selbst!' Hierin allein sind freihandelnde Wesen nicht frei." Und in dem verschrienen „System der Natur" heißt es richtig: „Es gehört zum Wesen des Menschen, nach Wohlsein zu streben oder sich erhalten zu wollen. Der Schmerz zeigt ihm an, was er vermeiden, das Vergnügen, was er begehren soll; es gehört also zu seinem Wesen, zu lieben, was angenehme Empfindungen, zu hassen, was unangenehme jetzt oder hernach verursacht; sein Wille wird notwendig bestimmt oder angezogen von den Gegenständen, die er für nützlich, notwendig abgestoßen von denen, die er für schädlich hält. Nur durch die Erfahrung erwirbt sich aber der Mensch die Erkenntnis von dem, was er lieben oder fürchten soll, die Erkenntnis, daß bisweilen ein Gut durch seine Folgen ein Übel werden kann und dagegen ein vorübergehendes Übel ihm ein dauerndes Gut verschaffen kann. So erkennen wir, daß die Ablösung eines Gliedes Schmerz verursachen muß, wir fürchten daher notwendig diese Operation, aber da die Erfahrung uns gelehrt hat, daß der durch dieselbe bewirkte Schmerz uns das Leben erhalten kann, so unterwerfen wir uns diesem momentanen Schmerz in der Aussicht auf ein ihn überwiegendes Gut." Ja, der Mensch strebt notwendig nach Bienêtre, nach Wohlsein; dieses Streben gehört zu seinem Wesen. Die Philosophen und Theologen unterschieden sonst die Freiheit als Freiheit vom Zwange, libertas a coactione, von der Freiheit vom Elend, libertas a miseria. Aber der Wille, der frei ist vom Zwange – von wirklichem, physischen oder psychologischen Zwange, wie z. B. dem Zwange einer mich des Willens und Verstandes beraubenden Wut –, ist zugleich der Wille der Freiheit vom Elend oder Übel, der Gegenstand desselben sei nun, welcher er wolle. „Ich will heißt: Ich will glücklich sein. Den Glückseligkeitstrieb des Menschen unterdrücken heißt den Willen des Menschen unterdrücken. Willenlosigkeit ist widerstandlose Hingabe an die Miserabilitäten des menschlichen Lebens, seien diese Miserabilitäten nun orientalische Läuse und Flöhe oder okzidentalische Eminenzen und Exzellenzen. „Frei (liberum) und willig (voluntarium, freiwillig) ist eins", sagten die früheren Schulphilosophen; „der Wille ist wesentlich freier Wille", sagen die jetzigen, aber nur freier im Sinne des Glückseligkeitstriebes, in dem Sinne, in welchem der Hungrige vom Hunger, der Elende vom Elend, der Sklave, d. h. der Sklave, in dem noch nicht die Sklaverei zur andern Natur geworden [ist], der noch Sinn für das Glück der Freiheit hat, vom Übel der Sklaverei frei sein will. Die Deutschen haben es bis jetzt ebendarum auch – auch, weil nicht aus diesem Grunde allein, wie sich übrigens von selbst versteht – nur zu einer idealistischen Freiheit gebracht, weil sie die Freiheit nur im Widerspruch mit dem Glückseligkeitstrieb erfaßten, wenn sie gleich sich bemühten, aber am unrechten Platz und trop tard [zu spät] diesen Widerspruch auszugleichen. Nur die auf den Glückseligkeitstrieb – freilich nicht einiger, sondern aller – gegründete Freiheit ist eine volkstümliche und darum unwiderstehliche politische Macht.

4

Das Prinzip der Sittenlehre

Wie reimt sich denn nun aber der gute Wille gegen sich selbst mit dem guten Willen gegen andere, der „eigennützige" Glückseligkeitstrieb mit der „Uneigennützigkeit" fordernden Moral zusammen? Wie das Recht innerhalb äußerlicher, peinlicher, erzwinglicher Schranken, so setzt die Moral innerhalb innerlicher, herzlicher, freiwilliger Schranken den Glückseligkeitstrieb des Ich mit dem Glückseligkeitstrieb des Du, des andern in Übereinstimmung. Mein Recht ist mein gesetzlich anerkannter Glückseligkeitstrieb, meine Pflicht ist der mich zu seiner Anerkennung bestimmende Glückseligkeitstrieb des andern. Ich will, sagt mein eigner, Du sollst, der Glückseligkeitstrieb des andern, sei's nun in Person oder im Namen und Auftrag desselben. Wollen und Sollen von Anfang an in ein und dasselbe, wenn auch in sich unterschiedene Ich, abgesehen von einem mir gegenüberstehenden, außer meinem Willen und Verstand existierenden Du, verlegen heißt sich selbst die Tortur antun, sich selbst notzüchtigen. Die Moral kann nicht aus dem bloßen Ich oder der bloßen Vernunft ohne die Sinne, sie kann nur aus der Verbindung von Ich und Du, welches im Gegensatze zu dem sich denkenden Ich nur durch die Sinne gegeben ist, nur aus der Verbindung der Kantischen „Autonomie" und „Heteronomie", der Selbstgesetzgebung und der Gesetzgebung durch ein vom Selbst Unterschiednes, abgeleitet und erklärt werden. Dieses andere, dieser Bestimmungsgrund des Ichs zur Pflicht ist aber eben der Glückseligkeitstrieb des Du. Die Glückseligkeit, aber nicht die in eine und dieselbe Person zusammengezogene, sondern die auf verschiedene Personen verteilte, Ich und Du umfassende, also nicht die einseitige, sondern die zwei- oder allseitige, ist das Prinzip der Moral. Die Pflichten „gegen sich selbst" haben die eigene, die Pflichten aber gegen andere die Selbstliebe in der Person anderer zu ihrem Grund und Gegenstand. Die Pflicht ist eine Selbstverleugnung, die aber nur die *Selbstliebe* der andern mir gebietet. Die Moral fordert Uneigennützigkeit, aber sie sieht nicht ein, weil sie nicht mit offenen Augen denkt, nicht an das sinnliche Du oder gar, wie die Kantsche, nicht einmal an den Menschen, sondern nur an nicht existierende, bloß mögliche vernünftige Wesen denkt, daß hinter dieser von mir geforderten Uneigennützigkeit nur der, übrigens wohlbegründete, Eigennutz der andern steckt. Was darum mit meinem Egoismus im Widerspruch steht und daher nicht aus ihm erklärbar ist, das steht im schönsten Einklang mit dem Egoismus des andern. So widerspricht z. B. wohl das Verbot der Lüge der Neigung und Selbstliebe des Lügners, aber wie sehr es im Interesse des Belogenen begründet ist, wie sehr es mit seiner Selbstliebe oder Liebe zu seinem Leben, zum Seinigen überhaupt zusammenhängt, das beweisen selbst auf erschreckliche Weise die Marterwerkzeuge, welche die Menschen erfunden und angewandt haben, um dem Lügner das Geständnis der Wahrheit abzuzwingen. Die Moral kann daher nicht von dem Glückseligkeitsprinzip abstrahieren; verwirft sie auch die eigene, so muß sie doch die fremde Glückseligkeit anerkennen, widrigenfalls fällt der Grund und Gegenstand der Pflichten gegen andere, fällt selbst die Basis der Moral weg, denn wo kein Unterschied zwischen Glück und Unglück, zwischen Wohl und Wehe, da ist auch kein Unterschied zwischen gut und böse. Gut ist die Bejahung, böse die Verneinung des Glückseligkeitstriebes.

Die aus dem bloßen, wenngleich in Beziehung an andere gedachten Ich, nicht aus der wirklichen Gemeinschaft von Ich und Du abgeleitete Moral macht das Gute und das Wohl, das Böse und das Übel zu wesentlichen, zu Gattungsunterschieden, so daß das Wohl und Wehe dem Diesseits der Sinnlichkeit, das Gute und Böse aber dem nebulosen Jenseits des Un- und Übersinnlichen zugeteilt wird. „Es sind", sagt Kant, „zwei ganz verschiedene Beurteilungen, ob wir bei einer Handlung das Gute und Böse derselben oder unser Wohl und Wehe in Betrachtung ziehen." Jawohl, wenn wir nur in Beziehung auf uns selbst, aber nicht, wenn wir es in Beziehung auf andere betrachten. Denn dasselbe, was in bezug auf den andern, den Leidenden, ein Wohl oder Wehe, ist in bezug auf mich, den Täter, ein Gutes oder Böses. Wer wehe tut, Übel zufügt mit dem Willen, dem Vorsatz, Übles zu tun, der ist ein Bösewicht, wer dagegen wohltut, nicht zufällig, sondern vorsätzlich, der ist ein Mensch von gutem Willen. Es ist daher richtig, was Kant sagt: „Das Gute oder Böse bedeutet jederzeit eine Beziehung auf den Willen und auf Handlungen", aber unrichtig, was er hinzusetzt: „nicht auf den Empfindungszustand der Person". Allerdings nicht auf die Person des Handelnden, aber die des Leidenden. Gut und Böse sind wesentlich relative Begriffe – relative in dem Sinne, daß sie, wenigstens ursprünglich, nicht die Beziehung eines Wesens auf sich selbst, sondern auf andere ausdrücken, so daß ein nur für sich allein gedachtes Wesen, wofern anders ein solches auch nur denkbar ist, weder gut noch böse ist, da ihm jeder Grund und Anlaß, jeder Gegenstand zum Gut- oder Bösesein fehlt. Es kann also bei der Bestimmung dessen, was gut, was böse, nicht von der Person des Leidenden und ihrem Empfindungszustand abgesehen werden. Es gibt kein anderes Kennzeichen für Bösesein als Übeltun, kein anderes für Gutsein als Wohltun. Wer, nur um seine Willensfreiheit zu beweisen, leblose Dinge zerstört, ist ein mutwilliger Bube, wer aber gegen empfindende Wesen sich diese Freiheit erlaubt, ohne in ihren Schmerzensäußerungen die Gewissensbisse des eigenen Glückseligkeitstriebs zu empfinden, der ist ein Bösewicht. Der Grad des Übels bestimmt daher auch den Grad der Bosheit, wie umgekehrt der Grad des Wohls den Grad der Güte in dem Wohltäter, den Grad der Verpflichtung in dem Empfänger.

Die Eltern, sagten die Alten, sollen wir wie Götter verehren. Warum wie die höchsten Wesen? Weil wir ihnen das Leben, das höchste Gut, verdanken. Die Eltern verpflichten ihre Kinder zum Gehorsam, zur Dankbarkeit, zur Ehrerbietung, aber sie gründen die Forderung dieser moralischen Gesinnung nur auf die Empfindung der ihnen erwiesenen Wohltaten. „Liebet, die euch hassen", heißt es wohl in der christlichen Moral; aber in der christlichen Dogmatik heißt es dagegen: „Laßt uns ihn lieben, denn er hat uns zuerst geliebt." Die Liebe ist „guter Wille", aber dieser gute Wille will nur das Wohl der geliebten Person; sie ist der Glückseligkeitstrieb des Menschen, der aber nur in und mittelst der Befriedigung des Glückseligkeitstriebes des andern sich selbst befriedigt. Die Liebe verlangt Gegenliebe, d. h. Liebe für Liebe, aber nicht Küsse für Maulschellen, Liebkosungen für Fußtritte, Schmeicheleien für dem Glückseligkeitstrieb angetane Injurien. Die innigste und vollkommenste Form der Liebe ist die geschlechtliche; aber man kann hier nicht sich selbst beglücken, ohne zugleich, selbst unwillkürlich, den andern Menschen zu beglücken, ja, je mehr wir den andern, desto mehr beglücken wir uns selbst. Worin besteht denn nun aber die Sittlichkeit der Liebe? Darin, daß ich vom Glückseligkeitstrieb abstrahiere, daß ich mir weismache, nur aus Pflicht, aus Achtung gegen das göttliche oder moralische Gebot: Mehret euch! mich zu begatten, nein, nur darin, daß ich, indem ich mich selbst beglücke, zugleich das andere Ich beglücke, daß ich nur in Übereinstimmung mit seinem Glückseligkeitstrieb den meinigen befriedigen *will*. Wie aber im Geschlechtsverkehr, nur hier auf allerempfindlichste Weise, so ist im menschlichen Verkehr überhaupt, nur da auf mittelbare und entfernte Weise, durch die Natur der Sache die Befriedigung der eigenen an die Befriedigung der fremden Selbstliebe geknüpft, selbst ohne Wissen und Willen wenigstens des kurzsichtigen und selbstsüchtigen Menschen. Wohl beneidet „der Töpfer den Töpfer", der Kaufmann den Kaufmann, gründet in Gedanken, oft in Wirklichkeit sein Glück nur auf das Unglück seines Konkurrenten, aber gleichwohl ist dies nur zufällig – denn, abgesehen von andern Gründen, es gibt ja, wie schon der alte Hesiod sagt, nicht nur einen bösen, sondern auch guten, wohltätigen Wettstreit – und nur Nebensache, denn in der Hauptsache, in der Beziehung des Produzenten auf die Konsumenten, des Verkäufers auf die Käufer, ist die eigene Wohlfahrt nur an die fremde geknüpft, denn wenn die andern nichts sind und nichts haben, so habe und bin auch ich nichts. Was anderes kann also die Aufgabe der Moral sein, als dieses in der Natur der Dinge, in der Gemeinschaft selbst von Luft und Licht, von Wasser und Erde gegründete Band zwischen eigener und fremder Glückseligkeit mit Wissen und Willen zum Gesetz des menschlichen Denkens und Handelns zu machen? Eine Moral dagegen, welche dieses Band zerreißt, welche die Fälle, wo Pflicht und Glückseliglichkeitstrieb in Widerstreit geraten, zu ihrem Ausgangspunkt, zum Grunde dieser Zertrennung macht, was anderes kann sie sein als willkürliche Menschensatzung und Kasuistik? Denn so oft auch diese Fälle sich ereignen, sie bilden nur die Ausnahme, aber nicht die Regel. Was die Regel oder vielmehr das Gesetz des Lebens, das ist auch das Gesetz der Moral oder muß es wenigstens sein, wenn sie nicht ein bloßes Gedankending sein will. Wenn, wie Kant sagt, „das gerade Widerspiel des Prinzips der Sittlichkeit ist, wenn das der eigenen Glückseligkeit zum Bestimmungsgrund gemacht wird", nun, so ist die Sittlichkeit das gerade Widerspiel des Prinzips des Lebens; denn ich kann nicht leben, wenn ich nicht mein Wohl, meinen Nutzen oder Vorteil zum Bestimmungsgrunde meines Willens mache. Wie kann ich z. B. leben, wenn ich als Bauer meine Produkte, als Kaufmann meine Waren, als Handwerker meine Arbeiten aus Uneigennützigkeit verschenke oder auch nur ohne „Profit" verkaufe? „Ja, das darf ich freilich nicht, denn ich habe auch Pflichten gegen mich selbst." Aber was sind denn diese Pflichten anders als die hinter dem demütigen und scheinheiligen Namen der Pflicht versteckten Rechte der eigenen Glückseligkeit? Warum willst du sie also nicht offen anerkennen und bekennen, daß, was der Gegenstand der Pflicht, im Leben auch der Gegenstand des Glückseligkeitstriebes ist? Es ist die Pflicht, die von Tag zu Tag, von Jahr zu Jahr, von der Jugend bis zum Greisenalter den Bauern auf seine Äcker und Felder, den Handwerker in seine Werkstatt, den Kaufmann in sein Komptoir, den Beamten in sein Büro ruft. Aber ist diese Pflicht nicht zugleich sein Vorteil, Gebot seines Glückseligkeitstriebes?

Überdies ist der Streit zwischen Pflicht und Glückseligkeit kein Streit zwischen verschiedenen Prinzipien, sondern nur zwischen demselben Prinzip in verschiedenen Personen, zwischen eigener und fremder Glückseligkeit. Kant dagegen sagt in sener „Metaphysik der Sitten": „Das Prinzip der eigenen Glückseligkeit ist verwerflich, . . . weil es der Sittlichkeit Triebfedern unterlegt, die sie eher untergraben und ihre ganze Erhabenheit vernichten, indem sie die Bewegursachen zur Tugend mit denen zum Laster in eine Klasse stellen und nur den Kalkül besser ziehen lehren, den spezifischen Unterschied beider aber ganz und gar auslöschen." Und in seiner „Kritik der praktischen Vernunft" erläutert er diesen Unterschied oder vielmehr Gegensatz durch folgendes Beispiel: „Der im Spiel *verloren hat*, kann sich wohl über sich selbst und seine Unklugheit *ärgern*, aber wenn er sich bewußt ist, im Spiel *betrogen* (obzwar dadurch gewonnen) zu haben, so muß er sich selbst *verachten*, sobald er sich mit dem sittlichen Gesetze vergleicht. Dieses muß also doch wohl etwas anderes als das Prinzip der eigenen Glückseligkeit sein. Denn zu sich selber sagen zu müssen: Ich bin ein *Nichtswürdiger*, ob ich gleich meinen Beutel gefüllt habe, muß ich doch ein ganz anderes Richtmaß des Urteils haben, als sich selbst Beifall zu geben und zu sagen: Ich bin ein *kluger* Mensch, denn ich habe meine Kasse bereichert." Allerdings ist das sittliche Gesetz etwas anderes als die eigene Glückseligkeit, wenn diese nur in Betrug, Diebstahl und Mord besteht. Wenn aber, um bei dem Kantschen Beispiel zu bleiben, zwei um Geld miteinander spielen, ohne sich zu betrügen, ist dann nicht auch der Gewinn, die eigene Glückseligkeit die Bewegursache ihrer Handlung? Oder steht die gegenseitige Verpflichtung, sich nicht zu betrügen, sich streng an die Gesetze des Spiels zu halten, im

Widerspruch mit der eigenen Glückseligkeit auf beiden Seiten? Aber kann denn nicht auch der Betrüger betrogen werden, wenn das Verbot des Betrugs wegfällt? Warum sage ich denn als Betrüger zu mir: „Ich bin ein Nichtswürdiger"? Nur darum, weil, wenn ich statt der Betrüger der Betrogene wäre, ich dem andern den Vorwurf der Niederträchtigkeit machen würde – nur darum also, weil es der Wille meines eigenen Glückseligkeitstriebes ist, nicht übervorteilt, nicht betrogen zu werden. Offenbar sagt auch ursprünglich oder zuerst nicht der Betrüger selbst zu sich, sondern der Betrogene zum Betrüger: Du bist ein Nichtswürdiger. Die Stimme des Gewissens ist ein Echo von dem Racheruf des Verletzten. Man hat im Gewissen ein über- und außermenschliches Wesen zu entdecken geglaubt, aber über diesem deus ex machina [Theatergott] vergessen, daß auch hier homo homini deus, der Mensch dem Menschen Gott ist, nur daß hier dieser menschliche Gott kein Retter, sondern Rächer ist. Das Ich außer mir, das sinnliche Du, ist der Ursprung des übersinnlichen Gewissens in mir. Mein Gewissen ist nichts anderes als mein an die Stelle des verletzten Du sich setzendes Ich, nichts anderes als der Stellvertreter der Glückseligkeit des andern auf Grund und Geheiß des eigenen Glückseligkeitstriebes. Denn ich kann nur, weil ich aus eigener Empfindung weiß, was Schmerz ist, nur aus demselben Grunde, aus welchem ich Schmerzen fliehe, mir über die andern bereiteten Schmerzen ein Gewissen machen, nur aus demselben Grunde, aus welchem ich nicht will, daß man mich beschädige, Reue über andern zugefügten Schaden empfinden, nur aus demselben Grunde, aus welchem ich mich ärgere, im Spiel verloren zu haben, den Vorwurf der Nichtswürdigkeit mir machen, wenn ich durch Betrug gewonnen, durch Betrug dem andern Ärger über seinen Verlust bereitet habe. Der sittliche Wille ist *der* Wille, der kein Übel tun will, weil er kein Übel leiden will. Ja, nur der Wille, der kein Übel leiden will, also nur der Glückseligkeitstrieb, ist das moralische Gesetz und Gewissen, das den Menschen abhält oder abhalten soll, Übles zu tun.

Aber nicht der Glückseligkeitstrieb, wie ihn Kant sich und seinen Lesern vorgestellt – denn dieser gibt uns seiner Primadonna, der Pflicht, zuliebe kein naturgetreues Bild, sondern nur eine Karikatur desselben; er stellt ihn uns nur in der Person eines ekelhaften Aristokraten, nicht in der Person eines schlichten Volksmannes vor. Er eignet daher der Pflicht das Gute, dem Glückseligkeitstrieb aber nur das Angenehme zu – ein nach ihm vom Guten der Gattung oder Art nach unterschiedenes Ding oder Objekt. Erläutern wir dies durch ein Beispiel. Die Selbsterhaltung ist nach der Moral, auch der Kantischen, eine Pflicht, folglich ist auch das Essen, als ein notwendiges Selbsterhaltungsmittel, Pflicht. Die Moral hat nun, nach Kant, nur die der Pflicht der Selbsterhaltung entsprechende[n] Speisen zu ihrem Gegenstande, und Speisen, die zur Selbsterhaltung genügen, sind gute; der Glückseligkeitstrieb dagegen ist ein Gourmand, er geht nur auf Speisen, die angenehm sind, die den Gaumen kitzeln, auf Leckerbissen aus, und Kant hat daher recht: Jeder hat „seine eigene Glückseligkeit", d. h. seine eigenen Leckerbissen und Lieblingsspeisen. Ist denn aber dieser Leckerbissentrieb der natur- und pflichtmäßige, der demokratische, populäre Glückseligkeitstrieb? Stimmen nicht alle Menschen darin überein, daß sie vor allem ihren Hunger stillen wollen? Und ist nicht die bloße Stillung des Hungers auch angenehm? Ist nur die Trüffelpastete oder Mandeltorte des Kantischen Glückseligkeitstriebes, nicht auch das trockene Brot der Pflicht ein Leckerbissen, wenn man hungrig ist? Ist das Brot nicht ebensogut als die Torte ein Gegenstand des Glückseligkeitstriebes? Gibt es nicht unzählige Menschen, die glücklich sind, wenn sie nur ihr tägliches Brot, und zwar Brot in seiner engsten Bedeutung, haben? Ist also nicht der Glückseligkeitstrieb ebensogut als die Pflicht ein Stoiker, wenn auch [ein] unfreiwilliger? Und ist nicht bei diesen Menschen, welche die Majorität des Menschengeschlechts bilden, das Brot, der Gegenstand ihres Glückseligkeitstriebes, untrennbar der Gegenstand ihrer Pflicht, ihrer bürgerlichen und moralischen Tätigkeit? Sind deswegen diese Menschen unmoralische? Nun, dann ist die Moral nur eine Sache der Wohlhabenden und Wohlbestellten, die, weil für ihr Wohl schon von Hause aus gesorgt, ihr Glückseligkeitstrieb schon befriedigt ist, hinreichend Muße haben, die Moral vom Glückseligkeitstrieb abzusondern und für sich selbst zum Gegenstand ihres Denkens zu machen.

5
Der Unterschied der Notwendigkeit

Nun wieder zurück zum Willen, im Einklang, aber auch im Widerspruch mit dem französischen „System der Natur", denn wie der Wille nach Alter und Geschlecht, so ist er auch nach Nationalität verschieden, der französische und deutsche Wille also nicht unterschiedslos derselbe. „Wenn ich", heißt es daselbst bald nach der oben angeführten Stelle[1], „gequält von brennendem Durst eine Quelle erblicke, steht es in meiner Macht, die Befriedigung eines so lebhaften Bedürfnisses zu wollen oder nicht zu wollen? Man wird zweifelsohne zugestehen, daß es mir unmöglich ist, es nicht befriedigen zu wollen, aber sagen, daß, wenn ich in dem Augenblick, wo ich das Wasser trinken will, erfahre, daß es vergiftet ist, ich dennoch ungeachtet meines Durstes mich desselben enthalten werde, und daraus den Schluß ziehen, daß ich frei bin. Aber fälschlich, denn wie der Durst mich notwendig bestimmte zum Trinken, ehe ich wußte, daß das Wasser vergiftet [ist], ebenso notwendig bestimmt mich nun dieses Wissen, nicht zu trinken. Das Verlangen oder der Wunsch (le désir), mich zu erhalten, setzt den ersten Anstoß, den der Durst meinem Willen gab, außer Wirksamkeit, der zweite Beweggrund wird stärker als der erste; die Furcht vor dem Tode bekommt notwendig die Oberhand über die peinliche Empfindung des Durstes. Freilich kann der Durst so brennend sein, daß ein Leichtsinniger ohne Rücksicht auf die Gefahr dieses Wasser zu trinken wagt; aber dann bekommt eben der erste Anstoß oder Beweggrund wieder die Oberhand. Aber wir mögen das Wasser trinken oder nicht trinken, beide Handlungen sind auf gleiche Weise notwendig, beide sind Wirkungen des Beweggrundes, welcher die größte Macht und Gewalt über den Willen hat." Beide Handlungen sind allerdings notwendig, allein, wie es in Wirklichkeit überhaupt keine abstrakte, d. i. einförmige, unterschiedslose, inhaltslose, Notwendigkeit gibt, so ist auch hier die Notwendigkeit in beiden Fällen nicht eine und dieselbe. Die Notwendigkeit, die mich bestimmt, das vergiftete Wasser zu trinken, steht im Widerspruch, die Notwendigkeit dagegen, die mich bestimmt, es nicht zu trinken, steht im Einklang mit meinem

[1] *Vgl. S. 73.*

Wesen und Willen. Ich liebe das Leben und liebe es notwendig, fürchte, verabscheue, hasse daher auch notwendig Gift, Verderbliches, Lebenfeindliches überhaupt. Das „System der Natur" hat recht. Aber diese Notwendigkeit ist eine herzliche, innige, willige, wonnige, mit meinem Ich identische und insofern oder in diesem Sinne freie, während die Notwendigkeit der unbezähmbaren Begierde eine gehässige, feindliche, unmenschliche, unglückliche ist. Frei ist der Vogel in der Luft, der Fisch im Wasser, frei ist jedes Wesen da, wo es sich in Übereinstimmung mit seinem Wesen befindet und handelt – so auch der Mensch. Wer aber aus Durst das vergiftete Wasser trinkt, der handelt nicht in seinem Sinne, nicht in Übereinstimmung mit sich, denn er will nur seinen Durst stillen, aber nicht sich selbst vergiften, handelt also wider seinen Willen, wider sein sich selbst liebendes, leben wollendes Wesen, hingerissen, beherrscht von seiner Begierde als wie von einer von ihm unterschiedenen, feindseligen Macht.

Verschiedene Beweggründe wirken zwar in verschiedenen Individuen mit gleicher Notwendigkeit, aber deswegen sind sie nicht an sich von gleichem Wert und Gewicht, gleicher Nötigungskraft. Der eine Beweggrund ist ein Beweggrund ersten, der andere ein Beweggrund zweiten Ranges, der eine ein ursprünglicher, der andere ein abgeleiteter, selbst wieder von einem Beweggrund abhängiger. Der Wille zu trinken ist zunächst nur der Wille, den Durst zu löschen, aber zuletzt der Wille zu leben. Ich lebe nicht, um zu trinken, sondern ich trinke, um zu leben. Der Wille zu trinken ist nicht der erschöpfende Ausdruck meines Wesens, ich bin kein Wasserschlauch, kein Bier- oder Weinfaß. Mein Blut enthält zwar drei Viertel Gewichtsteile Wasser, aber außerdem noch viele andere Stoffe, welche es erst zu Blut, also zu dem mein Wesen begründenden Stoff, machen. Das Wasser ist nur *ein* Bedürfnis, nur ein Teil von mir. Wer daher die Notwendigkeit, aus Durst vergiftetes Wasser zu trinken, der Notwendigkeit, aus Selbsterhaltungstrieb es nicht zu trinken, gleichsetzt, der löscht den Unterschied zwischen Wasser und Blut, zwischen dem Teil und dem Ganzen, zwischen der Minorität und der Majorität des menschlichen Lebens aus. Nur der Leichtsinn oder vielmehr Unsinn kann daher im Leben sowohl als im Denken einem Tropfen oder Schluck

Wasser ein Menschenleben aufopfern. Sinn, Verstand gehört aber notwendig zum Willen, denn nur durch ihn weiß ich, was ich wollen oder nicht wollen, tun oder lassen soll; der praktische Verstand ist nichts als mein wohlverstandener Wille. Ich will meinen Durst löschen, aber ich will mir nicht Gutes tun, um mir übel zu tun oder gar das größte Übel, den Tod, mir zuzufügen; ich will lieber den Durst als den Tod leiden. Wer daher vergiftetes Wasser trinkt, der will aus Miß- und Unverstand, was er bei Verstand nicht will; bekennt daher auch unmittelbar nach der Tat durch seine Verzweiflung, daß er ein Selbstmörder wider Willen ist.

Gleichwohl bestätigt auch diese Tat, wenngleich auf widersinnige und widersprechende Weise, daß „Ich will" nichts anderes heißt als: Ich will einer Qual, einer Last, eines Übels überhaupt mich entledigen, ich will frei, glücklich sein, wenn auch nur auf einen Augenblick. Der Durst nötigt mich, das vergiftete Wasser zu trinken, aber diese Nötigung ist zugleich nur der Wille, mich glücklich, mich frei von der Pein des Durstes zu machen. Wider Willen leide ich Durst, aber mit Willen stille ich ihn, Durst ist Notwendigkeit, aber Trinken Freiheit, Durst leiden die Hölle, aber den Durst stillen das Himmelreich. Die Hölle der Natur hat daher – im Vorbeigehen bemerkt – nichts gemein mit der sinnlosen, wahrhaft teuflischen Hölle der Theologie, denn die natürliche Hölle quält nicht den Menschen, um ihn zu quälen, ist nicht, wie die theologische, ewige, in sich selbst befriedigte Schadenfreude der Seligen im Himmel, nein, sie ist sich selbst zur Qual, sich selbst feind, indem sie dem Menschen feind ist; sie will enden; sie will ihr Gegenteil, das Himmelreich, denn der Durst ist ja selbst nur der Wille, zu trinken, nicht zu dursten. Der mit dem Glückseligkeitstrieb identische Freiheitstrieb ist das Wesen der Natur, das Wesen des Menschen, der ja nichts anderes ist als die menschliche Natur im Unterschiede von der übrigen organischen und unorganischen Natur. Die Natur hat mir nicht nur die Notwendigkeit des Durstes aufgebürdet, sie hat mir auch in den Werkzeugen und Mitteln, ihn zu stillen, die Freiheit vom Durste eingeräumt, damit die Freiheit, noch an ganz andere Dinge zu denken als an den Durst; denn wer kein Wasser im Leibe hat, der hat in seinem Kopfe nur Wasser – der Durstige träumt vom Trinken –, der leidet gleichsam an der Hirnwassersucht. Einen Trieb überhaupt befriedigen heißt sich von ihm befreien, wenn auch nur momentan.

6

Notwendigkeit und Verantwortlichkeit

„Ich will." Wer wird das leugnen? Wer selbst nicht zugeben, daß, ebenso wie das Ich, der Wille in diesem Satze ein absoluter, ein schlechthin unbestimmter, ein sich nur aus sich selbst, d. h. aus nichts, bestimmender Wille ist? Nur ist nicht zu vergessen, daß dieser Wille nur ein gedachter, daß der wirkliche Wille stets nur der Wille eines bestimmten Wesens ist. Führe eine beliebige Menge Menschen in einen Buchladen und laß jeden nach Belieben sich ein Buch aussuchen. Jeder wird sagen: Ich will, aber der eine: Ich will diesen Roman, der andere: Ich will diese Reisebeschreibung, der dritte: Ich will dieses philosophische Werk, jeder aber durch die Verschiedenheit seines Willens nur die Verschiedenheit seines Wesens, das er zwar mit Willen, aber nicht durch seinen Willen hat, beweisen. Wäre das „Ich will" in allen ein gleiches, unbestimmtes, freies, so wäre das notwendige Resultat des Wollens oder Wählens nichts, denn mit dem Unterschied des Wollens wäre auch der Unterschied des Gegenstandes aufgehoben. Wo aber der Unterschied des Gegenstandes wegfällt, fällt auch der Grund des Wollens selbst weg. Wo kein Unterschied zwischen Flüssigkeit und Trockenheit, ist auch kein Unterschied zwischen Dursten und Trinken, folglich kein Grund zum Trinkenwollen vorhanden. Kurz, wollen heißt etwas wollen, etwas wollen aber setzt etwas sein voraus. So will ich dieses philosophische Werk, weil ich selbst, wenn auch nur meiner Neigung und Anlage nach, Philosoph, diesen Roman, weil ich selbst Dichter bin. Allerdings ist die Bestimmtheit meines Wesens keine so enge und beschränkte, daß ich nur zur Lektüre dieses Buchs, zu dem ich mich jetzt bestimmte, bestimmt wäre. Nein, diese Bestimmtheit hat eine gewisse Weite, einen Umfang, innerhalb dessen mir die Wahl zwischen diesem oder jenem

Buche freistand. Nur die Gattung, zu der das ausgewählte Buch gehört, ist eins mit der Gattung, zu der der Wähler selbst gehört, eins mit seiner Wesensbestimmtheit. Der Grund, die Notwendigkeit, die mich zu *diesem* Romane bestimmt, ist nicht die nämliche, welche mich zu Romanen, zu Dichtungen überhaupt bestimmt oder bewegt. Es waren nur ganz besondere, außerwesentliche, *zufällige* Gründe, die mich gerade zu diesem Buche bestimmten, während der Grund, der mich zur Gattung dieser Lehre ausschließlich oder doch hauptsächlich bestimmt, eins mit dem Grunde ist, warum ich dieser bestimmte Mensch überhaupt bin.

Die Theologie unterschied – unterschied, sage ich, denn die nennenswerte Theologie hat keine gegenwärtige Zeit mehr, gehört der Vergangenheit an – den Willen Gottes „in den natürlichen oder notwendigen und in den freien Willen. Mit jenem will Gott, was er nicht kann nicht wollen, mit diesem will er das, was er auch nicht wollen oder dessen Gegenteil er wollen könnte. In ersterer Beziehung will er sich selbst, in letzterer die erschaffenen Dinge." Wie aber das göttliche Wesen nur das in höchster Allgemeinheit und Abgezogenheit gedachte, deswegen aber namenlose, geheime menschliche Wesen ist, so ist auch der göttliche Wille nur der geheime, ungenannte, gerade darum aber wahre Wille des Menschen. denn seinen wahren Willen spricht der Mensch nur im geheimen, nur unter dem Schutze und Fittig der göttlichen Autorität[1] aus. Auf den gegenwärtigen Fall angewendet, heißt dies also: Mit notwendigem oder natürlichem Willen bestimme ich mich in dem Buchladen der Welt zu einer Reisebeschreibung, wenn anders, wie sich von selbst versteht, der Trieb, Länder und Völker kennenzulernen, zu einem philosophischen Buch, wenn anders der Trieb zu denken, zu einem dichterischen, wenn anders der Trieb zu dichten oder die Dichtkunst meine charakteristische Gattungs- oder Wesensbestimmtheit ist. Ich muß denken; ich muß dichten; ich muß reisen, wenn auch nur im Kopfe. Mit derselben Innigkeit und Notwendigkeit, mit der ich mein Sein und Wesen will und liebe, will ich als Reiselustiger das Reisen und folglich eine Reisebeschreibung, als Dichtlustiger die Dichtung und

[1] *Im Original:* Auctorität

folglich ein dichterisches Werk. Aber mit freiem Willen wähle oder will ich dieses Werk, weil ich recht gut statt dessen auch ein anderes wählen könnte. Ich will nur um jeden, auch den teuersten Preis ein poetisches Werk, spricht der Freund der Poesie, gleichgültig ist mir jetzt das Individuum: ob Homer, ob Milton, ob Goethe oder Schiller, gleichgültig selbst, ob Epos, ob Drama, ob Tragödie oder Komödie; nur *eine* Forderung stelle ich in dieser grenzenlosen Büchernot, in dieser langweiligen Einöde, in der ich mich befinde: Es muß schlechterdings ein poetisches sein, denn ich kann und will nun einmal kein anderes Buch lesen. Die Willensfreiheit oder vielmehr das, was die Menschen zur Annahme derselben bestimmt und selbst berechtigt, was die Vorstellung derselben erzeugt oder ihr zum Grunde liegt, das beruht nur, wie schon oben ausgesprochen wurde, auf dem Unterschied zwischen der Gattung und ihren Arten oder Individuen, d. h. zwischen dem unbedingten (freilich, wie alles in der Welt relativ ist, nur vergleichsweise unbedingten), unersetzbaren, mein Wesen erschöpfenden, von mir ununterscheidbaren, notwendigen Beweggrund oder Willen, womit ich die Gattung eines Gegenstandes will, und zwischen dem durch andere Beweggründe ersetzbaren und ebendeswegen von mir ablösbaren, nicht notwendigen oder nur bedingt notwendigen, an sich gleichgültigen, unwesentlichen Beweggrund oder Willen, mit dem ich gerade diesen Gegenstand wähle. Diesen Unterschied aufheben, alles über den Löffel der einen und selben Notwendigkeit barbieren heißt den Unterschied zwischen Rock und Hemd, zwischen Hemd und Haut, zwischen Kopf und Zopf, zwischen Stirnbein und Steißbein aufheben.

Dieser Unterschied wird aber ebensogut aufgehoben, wenn man die Willensfreiheit auf alle Handlungen des Menschen ohne Unterschied ausdehnt. „Eine freie Handlung", heißt es, „ist eine solche, welche trotz dem, daß sie geschehen ist, auch hätte unterlassen werden, von der das Gegenteil hätte geschehen können. Das aber, wovon auch das Gegenteil geschehen kann, heißt zufällig. Zufälligkeit gehört also zu einer freien Handlung." Was ich aber ebensogut tun als unterlassen kann, das kann ich ohne Schaden und Verlust, ohne Schmerz und Kampf fahrenlassen, das hängt so locker und oberflächlich mit mir zusammen als der Rock mit meinem Leibe. Ich sage: der Rock, nicht das Hemd, denn ob es gleich sehr viele Menschen gibt, denen der Rock näherliegt als das Hemd, weil er ihre einzige Auszeichnung und Würde ausmacht, so gilt doch das Gegenteil von der Mehrzahl, namentlich vom weiblichen Geschlecht, welches mit dem Hemde zugleich auch die Scham ablegt und daher nicht mit derselben Freiheit das Hemde, versteht sich vor andern, auszieht als anzieht. Das Gefühl der Freiheit, aus dem man so viel Wesens gemacht hat und noch macht, erstreckt sich daher nur auf den Rock, nicht auf das Hemde, geschweige die Haut des Menschen, ja, selbst auch auf den Rock nur in dem glücklichen Falle, daß er mehrere Röcke hat; denn der arme Teufel, der nur im Besitze eines einzigen ist, hängt schon mit den Banden trauriger Notwendigkeit an demselben. Einzigkeit macht auch das Leichte schwer, das Lose feste, das Wertlose teuer, das Zufällige notwendig. Einen Rock muß ich haben und anziehen, denn ohne Rock kann ich in der bürgerlichen Welt nicht existieren, nicht wirken; ob ich aber den grauen oder den grünen oder den schwarzen Rock anziehe, das ist zufällig – denn ich hätte den grünen, den ich heute angezogen, auch nicht anziehen können, ohne mir dadurch auch nur die geringste Unannehmlichkeit zuzuziehen –, das ist Sache der Freiheit, denn ich bin nicht an diesen Rock gebunden. Aber was anderes ist es, wenn der einzige Rock im Pfandhaus ist und ich nun genötigt bin, zu Hause zu bleiben und darüber eine günstige Gelegenheit, eine Gelegenheit, die sich vielleicht nie mehr wieder darbietet, zur Verbesserung meiner Lage zu versäumen! Wie abhängig, wie unfrei und unglücklich fühle ich mich da! Frei fühlt sich überhaupt der Mensch und frei im gewöhnlichen Sinn ist er auch wirklich nur in bedeutungslosen, gleichgültigen Lagen und Handlungen, aber nicht in solchen, wo es sich um sein Interesse, sein Wohl und Wehe oder gar um Sein oder Nichtsein, wenn auch nur ein bestimmtes Sein oder Nichtsein, handelt.

Im Zustande der Unbestimmtheit, wo der Mensch, welcher eine kritische, über Wohl und Wehe entscheidende Handlung vorhat, sich noch fragt: Was soll ich tun?, da stellt er sich freilich alles Mögliche, auch das Gegenteil von dem, was er wirklich tut, als möglich vor, da hat er die Freiheit, sich und andere über sich selbst zu täuschen, in Gedanken die Schranken seines Vermögens fallenzulassen, in Gedanken, über das Maß seiner Kräfte sich hinwegsetzend, nach Belieben sich zu diesem oder jenem zu entschließen. Aber gleichwohl handelt er ganz anders, als er im Zustande der Unentschiedenheit denkt, denn er entscheidet sich zuletzt, wenn's zum Treffen kommt, unwillkürlich nur nach dem, was längst entschieden und ausgemacht ist, daß er nämlich ein Held oder Schwächling, ein freisinniger oder knechtischer, ein edler oder gemeiner, ein zu etwas oder zu nichts bestimmter Mensch ist. Der Zweifel der Unentschiedenheit ist frei, aber der Entschluß notwendig, jener transzendent, dieser aber immanent meiner Wesens- oder Charakterbestimmtheit. Der Zweifel: Soll ich dieses oder das Gegenteil tun?, ist mein verlorenes, momentan mir abhanden gekommenes, verirrtes, falsches, der Entschluß zur Tat aber mein, sei's nun zu meinem Glück oder Unglück, wiedergefundenes, wiederhergestelltes wahres Wesen. Keine menschliche Handlung geschieht freilich mit unbedingter, absoluter Notwendigkeit, denn zwischen dem Anfang und Ende, zwischen dem bloßen Gedanken und dem wirklichen Vorsatz, selbst zwischen dem Entschluß und der Tat noch kann außer und in mir Unzähliges sich ins Mittel schlagen; aber, abgesehen von solchen Interventionen, unter diesen nun einmal gegebenen Bedingungen, Eindrücken und Umständen, bei diesem Charakter, diesem Temperament, diesem Körper, kurz, mit diesem nun einmal so bestimmten Wesen konnte ich mich nur so entschließen, so handeln, wie ich mich entschlossen und gehandelt habe.

Allerdings bin ich keineswegs *so* bestimmt, so einseitig, so ausschließlich, so unabänderlich zu dieser oder jener Handlung bestimmt, wie „der unterstützungslose Stein zum Fallen oder das Feuer zum Brennen bestimmt ist" – das gewöhnliche, schon von Alexandros Aphrodisias[1] in seiner interessanten Schrift „Vom Schicksal" zur Veranschaulichung und Widerlegung der Aufhebung der menschlichen Willensfreiheit gebrauchte Gleichnis –; denn der Mensch hat außer dieser zu dieser Handlung ihn bestimmenden Neigung oder Eigenschaft noch andere Neigungen oder Eigenschaften, die ihn zur Unterlassung derselben be-

[1] *Im Original:* Aphrodisäos

fähigen, außer diesem ihn an einen Gegenstand fesselnden Sinn noch andere Sinne, die ihn von der Gewaltherrschaft dieses einseitigen Eindrucks befreien können. Ein Frauenzimmer, das durch die Schönheit seiner Gestalt und Gesichtszüge mich unwiderstehlich anzieht, kann durch einen übelriechenden Atem ebenso unwiderstehlich auf Zeitlebens mich von sich stoßen, umgekehrt als Gegenstand des Auges mich abstoßen, aber als Gegenstand des Gehörs durch den bloßen Ton ihrer Stimme mich anziehen. Wer bringt nun aber dieses widersprechende Für und Wider den Gegenstand zur Ruhe und Entscheidung? Der Sinn, der in mir der mächtigste, vorherrschende, mein Wesen bestimmende ist. Wo die Augenlust vorherrscht, da verliert, wenn auch nur momentan, das Ohr seinen Tiefsinn und der Geruch seinen Scharfsinn. Wie mit den äußerlichen Sinnen, ist es aber mit den innerlichen Sinnen und Fähigkeiten. In diesem Menschen herrscht z. B. der Sinn oder Hang zum Genuß, in jenem der Trieb zur Tätigkeit vor. Zur tatentscheidenen Oberherrschaft kommt aber ein Trieb nur durch Unterdrückung der übrigen Triebe und Eigenschaften. Jeder Mensch will genießen und muß genießen, wenn er anders leben will, denn schon das Atmen ist Genuß – Genuß der göttlichen Luft. Aber der Genußtrieb hat seine Schranke, seinen Gegensatz an dem Tätigkeitstriebe, der, eingedenk des peracti labores jucundi (nach getaner Arbeit ist gut feiern), ihm Maß und Ziel setzt, nur soviel Freiheit einräumt, als sich mit der Wohlfahrt und Freiheit des Tätigkeitstriebes verträgt. Reißt sich der Genußtrieb aus der Verbindung mit diesem seinem[1] Gegensatze heraus, maßt er sich die Ober- oder gar Alleinherrschaft an, so brandmarkt er den Menschen mit dem entstellenden Knechtszeichen der Genußsucht, so wird die Determination durch den Genuß zur Negation der Freiheit, d. h. eben der Freiheit von der ausschließlichen, der despotischen Herrschaft des Genußtriebes oder der Fähigkeit, durch andere Triebe bestimmt zu werden. Wenn kein anderer Trieb, wenn überhaupt nicht *mehr* in mir ist als nur der Genußtrieb, so habe ich selbstverständlicherweise keinen Willen, keine Macht, ihm Widerstand zu leisten. Willensfreiheit ist Besitz,

[1] *Im Original:* seinen

Kapital. Dem Übel eines monarchischen Triebes kann ich nur steuern, wenn ich ihm ein anderes Gut entgegensetzen kann, wenn ich außer den Summen, die seine Befriedigung mir kostet, noch einen Schatz in sicherem Verwahrsam habe.

Wenn aber auch ein Mensch so macht- und mittellos ist, daß ein Trieb, eine Eigenschaft alle andern unterdrückt, so sind sie doch nur unterdrückt, nicht vernichtet und daher stets bereit, sooft sich nur eine Veranlassung darbietet, sich gegen ihren Unterdrücker aufzulehnen, gegen seine Gewaltherrschaft, wenn auch nicht gerade mit Taten, doch mit Worten, zu protestieren. Diese Protestation, diese vorwurfsvolle Einrede eines unterdrückten Triebes gegen seine Unterdrückung ist das Gewissen. Du bist ein Nichtswürdiger, ruft der Genußsüchtige sich zu, sooft das Gewissen des Tätigkeitstriebes in ihm erwacht. Bei der außerordentlichen Beweglichkeit und Bestimmbarkeit des Menschen ist es aber auch möglich, oft auch wirklich der Fall, daß es nur eines äußerlichen Anstoßes, eines erschütternden Ereignisses, vielleicht nur einer Ortsveränderung bedarf, um diese Gewissensvorwürfe zu revolutionären Taten zu machen, diese bisher wirklich oder nur scheinbar unterdrückten Triebe und Eigenschaften zur größten Überraschung und Beschämung absprechender Kurzsichtigkeit in Freiheit und Tätigkeit zu setzen.

Der Mensch ändert sich, aber allerdings innerhalb unüberschreitbarer Grenzen, die daher wohl zu unterscheiden sind von den willkürlichen Grenzen, welche Neid, Tadelsucht, Faulheit und Beschränktheit anderer ihm setzen, denn in ihren Urteilen über andere machen überhaupt die Menschen Bedingtes zu Unbedingtem, Zufälliges zu Notwendigem, Vorübergehendes zu Bleibendem, lassen daher die andern nie die Grenzen überschreiten, die sie sich nun einmal in den Kopf gesetzt, lassen sie unbeweglich auf demselben Flecke, demselben Standpunkt stehen, wovon sie ihr absprechendes Urteil abgezogen haben. So beschränkt, so unfrei ist der Mensch in seinen Urteilen, und zwar nicht nur in unbedachten, mündlichen, sondern selbst gedruckten, und doch wird er durch solche Urteile zu seinen Handlungen gegen andere bestimmt! „Der Mensch ist frei", jawohl, aber nur da, wo er nicht unfrei, nicht Sklave seiner Vorurteile ist.

Der Mensch verändert sich, bildet sich, entwickelt sich, ja, entwickelt oft Eigenschaften, die nicht nur andere, sondern auch er selbst sich nie zugetraut hätte, die mit allen bisher gezeigten Eigenschaften – wenn auch vielleicht nur scheinbar – im größten Widerspruch stehen, alle Prophezeihungen seiner Eltern, Lehrer und Kameraden zuschanden machen, alle über einen Menschen für immer absprechenden Urteile eines bornierten und pedantischen Determinismus gründlichst widerlegen. Eine bornierte und selbst falsche Auffassung und Darstellung einer Sache hebt aber darum noch nicht die Sache selbst auf. Wer dem Menschen zu enge Grenzen setzt, fehlt, aber ebenso, wer sie zu weit oder gar bis ins Unendliche, d. h. Phantastische, hinausschiebt. Die Veränderungs- und Entwickelungsfähigkeit des Menschen erstreckt sich nicht weiter als seine Freiheit, und umgekehrt. Wie meine Freiheitshandlungen, so fallen meine Veränderungen nur innerhalb, nur diesseits der unübersteiglichen Grenzen, die dieses mein bestimmtes Wesen begründen. Was mit meiner Gattungs- oder Artbestimmtheit, mit meinem charakteristischen Wesen zusammenhängt, das kann ich nicht, weder mit der Zeit noch mit Willen, lassen, das kann ich nicht ebensogut nicht tun als tun, das muß ich tun. Wo mein Wesen, da ist mein Himmel, wo aber der Himmel anfängt, da hört die Freiheit des Tun-und Lassen-Könnens auf. Selbst im Himmel der Theologie verlieren die Seligen die Freiheit, das Gegenteil von dem zu sein und zu tun, was sie tun und was sie sind.

„Alles, was geschieht, vom Größten bis zum Kleinsten, geschieht notwendig. Quidquid fit, necessario fit." „Was heißt notwendig? Notwendig ist, was aus einem gegebenen zureichenden Grund folgt. Nur sofern wir etwas als Folge aus einem gegebenen Grunde begreifen, erkennen wir es als notwendig, und umgekehrt, sobald wir etwas als Folge eines zureichenden Grundes erkennen, sehen wir ein, daß es notwendig ist, denn alle Gründe sind zwingend. Diese Realerklärung ist so adäquat und erschöpfend, daß Notwendigkeit und Folge aus einem gegebenen zureichenden Grund Wechselbegriffe sind", sagt richtig Schopenhauer. Zwischen dem bestimmenden Grunde und seiner Folge stehe jedoch ich, dieses bestimmte Wesen, dieses Individuum, in der Mitte. Ich bin die Mitte, worin, ich der Grund, wodurch dieser Grund sich mit dieser Folge verknüpft. Was für mich ein zureichender Grund, mich zu einer Handlung zu bewegen, ist es nicht für einen andern. Ja, selbst in Beziehung auf mich selbst nur, was ein zureichender Grund ist für diese meine Eigenschaft, diesen meinen Trieb oder Hang, ist in Beziehung auf eine andere Eigenschaft, einen andern Trieb von mir ein höchst unzureichender, ja, ohnmächtiger Grund, und was gestern hinreichte, mich in Trauer, Zorn, Hitze oder sonst eine heftige Gemütsbewegung zu versetzen, ist heute nicht imstande, mich in meiner Ruhe zu stören. „Alles, was geschieht, geschieht notwendig", aber nur jetzt, in diesem Augenblick, unter diesen innern und äußern Bedingungen. Ich habe gestern einen höchst verletzenden Brief an einen Bekannten geschrieben. In meiner gestrigen Lage und Stimmung war es mir unmöglich, anders zu schreiben. Aber was gestern notwendig war, ist es heute schon nicht mehr. Ich schicke nicht nur den Brief nicht ab, sondern schreibe auch einen andern, weil ich heute die Handlung, die mich zu diesen verletzenden Äußerungen hingerissen, in einem ganz andern Lichte ansehe. Begünstigt von meiner gestrigen Lage und Stimmung, hat sich eine unselige Neigung von mir Luft gemacht, aber heute hat sie einem anderen, besseren und auch mächtigeren Triebe von mir wieder die Herrschaft eingeräumt. Wäre ich gestern noch gestorben, so hätte ich ein schweres Unrecht mit mir ins Grab genommen, im Andenken meiner Freunde auf mir lasten lassen; aber glücklicherweise bin ich heute wieder zum Leben und mit ihm zum Bewußtsein von der Grundlosigkeit, von der Unnotwendigkeit meiner gestrigen Aufregung und Erbitterung erwacht.

Wenn aber auch eine Handlung noch so sehr subjektiv und objektiv, d. h. unter diesen inneren und äußeren Bedingungen, notwendig war, so erscheint sie doch, nachdem sie vollbracht, die Leidenschaft befriedigt ist, die dringenden Beweggründe zu ihr vielleicht sogar aus dem Bewußtsein verschwunden sind oder doch wenigstens nicht mehr in ihrer ursprünglichen Stärke empfunden werden, als zufällig, so daß der Täter oft selbst sie sich nicht mehr aus sich erklären kann, daß er betroffen ausruft: Wie war es möglich, daß ich eine solche Handlung beging? Wie konnte ich meine Ehre, die mir doch so teuer ist, so beflecken? Wie meinen Adel einer Dirne, mein Wohl einem Pfifferling aufopfern?

Erst wenn sie außer dem Bereiche des Handelnden, wenn sie nicht mehr ungeschehen gemacht werden kann, tritt die Handlung in ihrer ganzen Scheußlichkeit vor das Auge des Täters, wird sie ein Gegenstand des Entsetzens, der Scham, der Reue, des Wunsches, sie nicht getan zu haben. Gerade wie erst dann, wann unsere Gedanken gänzlich außer unserer Gewalt, wann sie gedruckt sind, also unwiderruflich fest dastehen, unser schriftstellerisches Gewissen erwacht, unsere Fehler und Mängel zu unserer größten Beschämung uns Gegenstand werden. Hätten die Menschen *das* Bewußtsein, *das* Gewissen, welches sie *nach* der Tat haben, *vor* der Tat – ein Beweis, daß, wo keine Zeit, kein Unterschied zwischen vorher und nachher, auch kein Gewissen ist –, so gäbe es keine unsinnigen und verbrecherischen Taten, vielleicht aber gar keine Taten, so wenig, als es Bücher gäbe, wenn der Schriftsteller von dem noch in der Glut der Arbeit befindlichen oder eben erst niedergeschriebenen Werke ebenso urteilte als später von dem gedruckten, dem vollständig ihm entäußerten. Das Werk, das ich schreibe, füllt meinen ganzen Geist aus, nimmt all mein gegenwärtiges Wissen und Können in Anspruch; mit diesem Werke, denke ich während des Schreibens, während der Anstrengungen, die es mir kostet, ist es aus mit dir, es ist dein Letztes und Höchstes, was du leisten kannst, in ihm hast du dich erschöpft, in ihm „die absolute Identität des Subjektiven und Objektiven, des Idealen und Realen", d. h. auf deutsch: die vollkommene Gleichheit der Fähigkeit und Möglichkeit und Wirklichkeit, erreicht. Aber sowie das Werk aus dem Kopfe auf das Papier, aus dem Papier in die Presse der Außenwelt gekommen, so folgt auf diese selige Einheit wieder der alte Zwiespalt zwischen Subjekt und Objekt, zwischen Denken und Sein, Können und Tun, auf den Himmel des Schaffens die Höllenpein der Kritik. Natürlich; ich bin nicht mehr verliebt und verloren in mein Werk, nicht mehr gebunden an dasselbe, nicht mehr sein Sklave; ich habe mit der Freiheit von ihm nicht nur die theoretische Freiheit, die Freiheit des Urteils, sondern auch – wenn auch vielleicht nur in meiner Vorstellung oder Einbildung – die Freiheit des Tuns, die Fähigkeit zu noch andern Werken bekommen. Und obwohl das Werk, als und während ich es schrieb, der notwendige, letzte, der allein mir zu Gebote stehende Ausdruck meines Geistes und Wesens war, so erscheint es mir doch jetzt, wo ich es selbst räumlich und zeitlich außer und hinter mir habe, als etwas, was ich jetzt anders schreiben würde und folglich auch früher ganz anders hätte schreiben können und sollen, weil ich mein jetziges, durch die Erfahrung belehrtes und gewitzigtes Ich mit meinem frühern identifiziere, mein aposteriorisches Wissen und Wesen zum apriorischen mache.

Wie mit den Schriften, ist es mit den Handlungen. Wenn auch eine Handlung vorher notwendig war, nachher erscheint sie mir als zufällig und ist sie es auch wirklich in Beziehung auf mein noch übriges, in andern zukünftigen Handlungen sich entfaltendes Vermögen, mein nicht in dieser Handlung und dem ihr zugrunde liegenden Trieb erschöpftes Wesen. Namentlich gilt dies von Handlungen, die sich der Wunsch zum Vorwurf macht, die er bereut, die er folglich nicht getan haben möchte. Wer aber wünscht, eine Handlung nicht getan zu haben, der glaubt ebendamit auch, daß er sie nicht hätte tun können, denn im Wunsche sind schon die Bedingungen, die sie notwendig machten, beseitigt; der Wunsch weiß nichts von Notwendigkeit. „Die Freiheit ist eine Sache des Glaubens", aber der Glaube Sache des Wunsches, ja, nichts als ein vergegenständlichter, in Gedanken verwirklichter Wunsch. Wer nichts wünscht, wenigstens nichts, was über die Grenzen des natürlichen Möglichen, Wirklichen und Notwendigen geht, der glaubt auch nichts, wenigstens nichts im Sinne grenzenloser, übernatürlicher, überschwenglicher Wünsche. Der Mensch wünscht aber, ungebunden und unbedingt zu sein, also glaubt er, es zu sein, weil oder wenigstens indem er es wünscht, denn etwas wünschen heißt nichts anderes, als die – wenn auch nur momentane – Notwendigkeit von dem Gegenteil dieses Etwas aufheben, wie wenn ich z. B. in dem Augenblick zu trinken wünsche, wo kein Wasser vorhanden, Durstleiden notwendig ist.

„Das Gesetz setzt die Freiheit voraus; gäbe es kein Gesetz, so gäbe es auch keine Freiheit, es gibt aber ein Gesetz, also haben wir in ihm die Bürgschaft unserer Freiheit."

Aber das Gesetz ist in Wahrheit nichts anderes als ein von der höchsten Macht anerkannter, verbürgter, geheiligter Wunsch, dessen Erfüllung, wenn es ein juristisches Gesetz, erzwungen, dessen Nichterfüllung bestraft wird, sei's nun von der göttlichen oder weltlichen Macht. So ist das Gesetz: „Du sollst nicht stehlen", oder: „Du sollst nicht töten", nichts anderes als der, nur in gebieterischer Form ausgedrückte, Wunsch der Unverletzlichkeit des Lebens und der Heiligkeit des Eigentums – der Wunsch, daß kein Diebstahl und Mord sei oder sein möge. Das Gesetz verwandelt nur dieses Mögen in Sollen. Sein- oder Nicht-sein-Sollen ist gewünschtes Sein oder Nichtsein. Was aber sein soll, das *kann* ebendamit sein; was ich wünsche, stelle ich mir unmittelbar zugleich als ein Mögliches vor. Ich wünsche, sagt der Mensch als Privatmann, ich will, als machthabender Gesetzgeber, daß nicht gestohlen werde, also glaube ich, daß nicht gestohlen werden könne. Volo, ergo cogito [ich will, also denke ich]. Ich will durch das Gesetz den Diebstahl unmöglich machen, d. h., ich glaube an die Möglichkeit seines Gegenteils, glaube, daß der Diebstahl zufällig, der Dieb frei ist, ebensogut stehlen als nicht stehlen kann. Das Gesetz verlangt ebendeswegen in diesem seinem arroganten Glauben an die Allmacht seiner Wünsche von dem Dieb nichts weiter als das Bewußtsein von dem Verbot des Diebstahls, um ihn sofort, wie in der guten, alten, glaubensstarken Zeit, die wir hier zum Muster nehmen, zum Strange zu verurteilen und so à tout prix [um jeden Preis], selbst um den Preis eines Menschenlebens, das gewünschte Nichtsein des Diebstahls zu verwirklichen. Ich kann mir den lästigen Dieb nicht vom Halse schaffen, ohne zugleich den Menschen wegzuschaffen, also mache ich kurzen Prozeß; um den Dieb zu vernichten, vernichte ich alles, was außerdem noch mit ihm zusammenhängt, vernichte ich den ganzen Menschen, wie er leibt und lebt.

Das Gesetz kümmert sich nichts um den Zusammenhang des Diebs mit dem Menschen, der Mensch nichts um den Zusammenhang einer Handlung mit ihren Bedingungen. Was meinen Glückseligkeitstrieb verletzt, was meiner Eigentumsliebe, meiner Selbstliebe überhaupt widerspricht, das soll nicht sein und kann nicht sein. Und dieses Grundgesetz der menschlichen Selbstliebe gilt nicht nur dem Menschen, sondern auch der Natur gegenüber, nicht nur gegen Diebe und Mörder, sondern gegen alle Dinge und Wesen, die dem Menschen Schmerzen, Schaden, Übel überhaupt verursachen, und zwar hier ohne philosophische Bedenklichkeiten und juristische Formalitäten, lediglich infolge des kategorischen Imperativs des Glückseligkeitstriebes. Wenn ich einen Floh zerdrücke, weil er mich gestochen, so spreche ich hiermit ihm die Notwendigkeit seiner Existenz ab; ich reiße ihn aus dem organischen Zusammenhange mit sich und der übrigen Welt heraus; ich fixiere von ihm nur den Stich, wie der Jurist oder Moralist vom stehlenden Menschen nur den Diebstahl, diesen Stich ins Herz der Selbst- und Eigentumsliebe. Also: Der Floh sticht, aber er soll nicht stechen, wenigstens nicht mich. Der Flohstich ist ein crimen laesae Majestatis [Verbrechen der Majestätsbeleidigung] des menschlichen Glückseligkeitstriebes. Aber der Floh kann nicht stechen, ohne zu sein, also soll er nicht sein; also muß er sterben. (1) Daß mein Todesurteil nur diesen Floh trifft, das hat allein darin seinen Grund, daß ich nicht alle zusammen auf einmal, nicht das ganze Flohgeschlecht vernichten kann, ob ich es gleich herzlich gern täte, um ein für allemal mich von dem lästigen Ungeziefer zu befreien, gleichwie auch der Staat mit diesem Verbrecher alle künftigen Verbrecher totschlagen will, aber leider nicht totschlagen kann.

Jedes Übel, sei es auch nur ein Flohstich, beleidigt den Menschen, macht ihn unwillig, zornig, erbost, bestimmt ihn daher, wenigstens im Momente des Unwillens, eine dieser Wirkung entsprechende Ursache, also böses Wesen, bösen Willen als Ursache dieses Übels anzunehmen. Ist die Ursache eine notwendige, so ist auch die Wirkung, das Übel, notwendig, aber gegen diese Notwendigkeit sträubt sich der Glückseligkeitstrieb, der Wunsch der Freiheit vom Übel. Den freien Willen an die Spitze oder den Anfang der Welt stellen hat daher auch nur da einen gesunden Sinn und Verstand, wo das Ende vom Liede, d. h. vom Loblied auf den Schöpfer, die Freiheit des Menschen von allen Übeln ist, wo das physische Übel, vor allem der Tod, nur durch den Neid des Teufels, das moralische Übel, die Sünde, nicht aus einem notwendigen Grunde – denn Adam konnte nicht sündigen –, also nur durch einen mutwilligen Bubenstreich(2) in die Welt gekommen ist, wo demnach der letzte Grund des Übels dem Menschen die Freiheit, d. h. hier das Recht, gibt, Übles mit Üblem zu vergelten, wenn auch nur mit Scheltworten, in verächtlichen Pfuiteufels, in Verwünschungen des Übeltäters seinem Unwillen und Schmerz über das Übel in der Welt Genugtuung zu verschaffen: „O veteratorem nequissimum [oh, was für ein niederträchtiger Gauner]! Oh, du scheußlicher Teufel!" ruft der Christ, „der schlechte, verfluchte Ahriman!" der Parse aus.

Es gibt Menschen, die ihr größtes Vergnügen in der Befriedigung ihrer Tadelsucht finden und daher, um nicht des Stoffs zu diesem Vergnügen zu entbehren, auch gänzlich unverschuldete Übel und Leiden anderer ihnen zur Schuld anrechnen. Ja, jeder Mensch ist geneigt, wenn er aufgebracht, unwillig oder auch nur übel gestimmt ist, die ihm mißfällige Kreatur zum Schöpfer ihrer selbst, zur causa sui [Ursache ihrer selbst], zu machen. Und je selbstsüchtiger, je unfreier der Mensch ist, gerade um so mehr schiebt er Notwendiges, Unwillkürliches, Unvermeidliches dem freien Willen ins Gewissen. Der Pöbel dehnt seine Imputationstheorie selbst bis auf äußerliche, körperliche Gebrechen aus, macht dem Buckligen[1] seinen Buckel zum Vorwurf. Wie aber der Mensch andern – oft auch sich selbst, aus Schwermut oder anderen psychologischen Gründen – unverschuldete Übel und Fehler zur Schuld, so rechnet er umgekehrt unverdiente Güter und Vorzüge: körperliche Größe, Stärke, Schönheit, Gesundheit, Fruchtbarkeit, sich – oft auch andern – zum Verdienst an, brüstet sich mit ihnen, als wären sie seine eigenen Taten – zum deutlichen Beweis, daß die unsterbliche Seele sich wohl im Tode, aber nicht im Leben von ihrem sterblichen Leibe unterscheidet und ihr Selbst- und Freiheitsgefühl auch auf Dinge ausdehnt, die schlechterdings nichts mit der Freiheit zu tun haben.

Kant und nach ihm Schopenhauer haben, um die von ihnen anerkannte Bestimmtheit und Notwendigkeit der menschlichen Handlungen mit der „Tatsache des Bewußtseins, daß wir uns für das, was wir tun, *verantwortlich, zurechnungsfähig* fühlen", daß wir also das, was wir getan, auch „hätten unterlassen können", zu vereinbaren, zur

[1] *Im Original:* Bucklichen

Unterscheidung zwischen „dem empirischen und intelligiblen Charakter des Menschen", d. h. zwischen Erscheinung und Wesen an sich, ihre Zuflucht genommen. Demnach ist der an die Gesetze der Erfahrung, an die Formen der Erscheinung, an Zeit, Raum und Kausalität gebundene Wille oder Mensch wohl notwendig so oder so bestimmt, aber der Mensch oder Wille an sich, der übersinnliche, außerzeitliche, ist frei, ist Urheber selbst dieses empirischen oder in der Erscheinung so und so bestimmten, nicht anders, als er handelt, handeln könnenden Charakters. Aber dieser freie Wille ist nur eine leere Tautologie des Dinges an sich, denn es ist damit nichts anderes gesagt als: Der von allen Bestimmungen und Bedingungen des wirklichen Menschenwesens, ebendamit von allen Verneinungen oder Beschränkungen der Freiheit frei gedachte Wille ist frei. Gibt die Erfahrung, wie Kant behauptet, keinen Beweis von der Existenz der Freiheit, ja, kann sie selbst gar keinen Beweis von ihr geben, weil alles in der Erfahrung in notwendigem Zusammenhange steht, nun, so ist auch die Freiheit nur ein Gedanke von mir, und zwar ein Gedanke, der in gar keinem Zusammenhange mit meinem übrigen Denken steht, und ich sage daher mit der gemachten Unterscheidung nichts weiter als: Der Erfahrung nach muß ich zwar dem Menschen die Freiheit absprechen, aber um mir die Verantwortlichkeit, die Zurechnungsfähigkeit erklären zu können, denke ich ihn mir frei.

Schopenhauer schiebt sogar die Verantwortlichkeit geradezu vom Handeln auf das Sein zurück, weil operari sequiter esse [das Handeln folgt (aus) dem Sein], das Handeln vom Sein abhängt, der Mensch so handelt, wie er nun einmal seinem Charakter nach ist. Also bezieht sich die Verantwortlichkeit nur scheinbar auf das Handeln, in Wahrheit auf das Sein, also, schließe ich weiter, ist mein Sein und Wesen nur ein Verdienst oder Schuld meines freien Willens, also habe ich schon gedacht und gewollt, ehe ich gewesen bin, vor meiner empirischen Erscheinung und Inkarnation. Diese supranaturalistische, ja, phantastische Imputationstheorie steht aber im größten Widerspruch mit der Tatsache, die sie erklären will. Der Mensch fühlt sich nur für das verantwortlich, wofür er auch von den andern, wenigstens solange sie bei Verstand sind, allein verantwortlich gemacht wird, für das, was er tut, aber nicht das, was er ist. Allerdings ist ein Mörder, wer gemordet hat; aber dieses sprachliche Sein erschöpft nicht mein wirkliches Sein, denn es ist nur ein Ausdruck dieser meiner Handlung. Mein Sein ist meine Beziehung auf mich selbst, mein Handeln meine Beziehung auf andere, aber eben die andern kümmert nur, in die Sphäre der Verantwortlichkeit fällt nur, was ich für sie bin, d. h. tue, nicht, was ich für mich bin. Sein ist aber Fürsichsein; Sein ist still, anspruchslos, in sich gekehrt, in sich befriedigt; aber Handeln ist leutselig und redselig, macht Lärm andern zur Lust oder zur Last. Wohl kann einer auch durch sein bloßes Sein andern zur Last fallen, dadurch allein, daß er länger lebt, als sie dachten und wünschen, sich vor dem Forum ihres Eigennutzes, überhaupt des judex in propria causa [Richters in eigener Sache], selbst eines todeswürdigen Verbrechens schuldig machen, aber nur, weil dieses Sein in *dem* Widerspruche steht mit ihrer Selbstliebe, in welchen sich außerdem der Mensch nur durch seine Handlungen versetzt. Geschweige für mein Sein, bin ich und fühle ich mich nicht einmal für das von meinem Sein unabtrennbare, innerhalb seiner Grenzen bleibende Tun, sondern allein für das Tun verantwortlich, wodurch ich in die Sphäre der andern eingreife, ihnen ein Übel zufüge, kurz, ihren Glückseligkeitstrieb verletze. Nur der Glückseligkeitstrieb ist das Band zwischen der Notwendigkeit und der Freiheit, d. h. Unnotwendigkeit, der menschlichen Handlungen. Nur um aufs möglichste sich vor Verletzungen ihres Lebens und Eigentums zu sichern, nur darum haben auch die Menschen nicht nur auf Handlungen des bösen Willens oder Vorsatzes, des animus nocendi, des dolus, sondern auch auf Handlungen der culpa, d. h. auf wider Willen, unvorsätzlich für andere schädliche Handlungen der bloßen „Unfürsichtigkeit oder Unbedachtsamkeit", Strafen gesetzt, folglich, da Strafe ein Gesetz voraussetzt, jedem „die Verbindlichkeit zur Vermeidung alles dessen, wodurch man auch ohne Absicht Ursache von Verbrechen werden kann, die Pflicht zur Beflissenheit, Sorgfalt, diligentia" ([P. J. A.] Feuerbach, „Peinl. Recht") auferlegt – „geboten, von dem Erkenntnisvermögen denjenigen Gebrauch zu machen, durch dessen Unterlassung gegen die Absicht des Subjekts eine gesetzwidrige Willensbestimmung verursacht werden kann", dem Übertreter dieses Gebotes „die unterlassene Reflexion" zugerechnet ([P. J. A.] Feuerbach, „Betrachtungen über dolus und culpa"). Aber kommen wir damit nicht an die Grenze des Unterschiedes zwischen Willkürlichem und Unwillkürlichem, Verantwortlichen und Unverantwortlichen? Was kümmert sich aber der Glückseligkeitstrieb um diesen Unterschied? Zieht sich doch oft der Mensch selbst Handlungen, die weder dem dolus noch der culpa zugerechnet werden können, bloß weil sie ihn oder andere ins Unglück gestürzt haben, ebenso zu Gemüte und zu Gewissen wie dolose oder culpose Handlungen. Nachdem eine unheilvolle oder sträfliche Handlung geschehen ist, erwacht stets der Wunsch, daß sie nicht geschehen sein möge, und folglich der Gedanke oder Glaube an die Möglichkeit ihres Gegenteils. Wie oft machen wir uns Vorwürfe über Handlungen der Vergangenheit, die wir doch nur hätten unterlassen können, wenn uns schon damals unsere gegenwärtige Einsicht zu Gebote gestanden hätte! „Ach, wenn ich daran gedacht hätte!" Aber damals konnte ich leider eben nicht daran denken.

Was Kant den intelligiblen Charakter oder Willen im Unterschied vom empirischen nannte, das nannte die spätere, insbesondere Hegelsche Philosophie den allgemeinen Willen oder auch Menschen im Unterschiede vom individuellen. Zu diesem Unterschiede nahm auch einst Schreiber dieses, als er noch, wenigstens in dieser Beziehung, in betreff der Beziehung des Allgemeinen auf das Individuum, auf dem Standpunkte dieser Philosophie stand, seine Zuflucht, um die Notwendigkeit mit der Zurechnungsfähigkeit zu vereinigen. So heißt es in einer Anmerkung zu dem 1837 erschienenen „Leibniz": „Die einzelne Handlung als solche ist freilich nicht notwendig, aber ... ihrem Gehalt[e], ihrer Bedeutung, ihrem Wesen nach ist sie eine notwendige von mir als einem Individuum, das selbst ein bestimmtes Wesen hat. Nun bin ich aber nicht nur ein bestimmter Mensch, sondern auch der *Mensch überhaupt* in einer bestimmten, individuellen Gestalt ... In Beziehung auf mich als Mensch überhaupt, d. h., inwiefern die allgemeinen Eigenschaften des Menschen als Gewissen und Anlage wenigstens in mir liegen, ist meine Handlung nicht notwendig – andere Menschen, in denen sich die Eigenschaften, die in mir nur als Anlage vorhanden sind, zur Wirklichkeit entfaltet haben, würden anders, besser gehandelt haben in dem nämlichen Fall als ich –, in Beziehung auf mich aber, wie ich Mensch in dieser bestimmten Gestalt, in dieser Schranke bin, in Beziehung also auf mein bestimmtes Wesen ist sie notwendig." Es geht übrigens diese Unterscheidung weit über die Grenzen der Hegelschen Philosophie hinaus, sie geht zurück bis auf die Quelle des uralten Streits des Nominalismus und Realismus und hinauf bis an die äußersten Grenzen der menschlichen Vernunft und Sprache; sie ist aber nicht nur eine logische oder metaphysische, sondern auch psychologische; sie liegt selbst der Imputationstheorie des gemeinen, d. h. nicht gelehrten, Mannes oder Volkes zugrunde. Der Grund dieser ist ja nur die Gleichheit des Wesens oder der Natur der Menschen trotz ihrer individuellen Verschiedenheit. Was ich tue oder unterlasse, so denkt, aber wohlgemerkt, nur auf der Grund- und Unterlage des Glückseligkeitstriebes, nur da, wo es sich um Gut und Blut des Menschen handelt, der gemeine Mann, der Mensch überhaupt, das kann auch der andere ebensogut wie ich tun oder lassen. Ich, Titus, stehle nicht, aber Cajus; allein er ist ein Mensch wie ich, also kann er und soll er ebensogut wie ich nicht stehlen. Der Diebstahl ist keine notwendige Handlung der menschlichen Natur, sonst müßte auch ich stehlen, also hat der Diebstahl seinen Grund nur im Willen, und zwar, um diesen zum Überfluß noch näher zu bezeichnen, im zufälligen Willen dieses Individuums. Wofür ich keinen Grund weiß, dafür mache ich den Willen verantwortlich; was ein Fehler meiner Vernunft ist, das rechne ich dem Willen des andern – oft auch dem eigenen – zur Schuld an. Weil ich in meinem Kopfe keinen Zusammenhang finde zwischen dem Menschen und dem Dieb, so finde ich ihn außer mir in dem Strange, woran der Dieb am Galgen hängt; weil der Mensch an sich kein Verbrecher ist, so ist der Verbrecher kein Mensch, und ich bin daher vollkommen berechtigt, diesem Kerl, dem ich bereits die Menschheit abgesprochen, diesem Unmenschen auch die Existenz abzusprechen. Operari sequitur esse, d. h., auf das Stehlen folgt das Hängen, denn ich kann das Stehlen nur aufheben, wenn ich das Sein des Diebes aufhebe.

7
Der Individualismus oder Organismus

Glücklicherweise gibt es jedoch noch ein anderes Band zwischen dem Menschen und dem Verbrecher als den Strang des Henkers. Dieses Band ist – oh, entsetzt euch, ihr himmlischen Seelen! – der Sensualismus oder Materialismus, aber leider nicht der kriminalistische, der allein von unserer bisherigen Staats- und Kirchendienerphilosophie als wahr und vernünftig anerkannte, ja demonstrierte barbarische Materialismus, welcher den Menschen im Diesseits vernichtet, um dafür seine unsterbliche Seele im phantastischen Jenseits mit einem himmlischen Freudenreich zu entschädigen, sondern der Materialismus, welcher, aber nicht – oh wie unmoralisch! – aus Pflicht, auch nicht – oh, wie unlogisch! – aus der Idee der Hegelschen „Logik", nein, nur aus reiner sensualistischer Liebes- und Lebenslust den Menschen ins Dasein setzt, den wirklichen, sinnlichen, individuellen Menschen, denn Sensualismus und Individualismus ist identisch. Die von den Sinnen abgesonderte, die Wahrheit der Sinne leugnende Vernunft oder Philosophie weiß nicht nur nichts aus sich von Individualität, sondern haßt sie auch, wie die Kantsche, Fichtesche, Hegelsche Philosophie beweist, als ihre natürliche Gegnerin tödlich. Nur durch die Sinne weiß ich, daß noch andere Wesen, andere Menschen außer mir sind, daß, wie sie von mir, so ich ein von ihnen unterschiedenes, individuelles Wesen bin. Aber diese meine Individualität erstreckt sich nicht nur auf die auffallenden Merkmale oder Eigenschaften, durch die ich mich von andern unterscheide, sondern auch auf die Eigenschaften, die ich im Unterschiede von jenen als gemeinschaftliche denke und in den allgemeinen Begriff des Menschen zusammenfasse. Ich bin nicht Individuum bis hieher und nicht weiter, so daß meine individuellen Eigenschaften ihre Grenze hätten an den gemeinschaftlichen, diese nicht berührten, nicht befleckten, nein, Individualität ist Unteilbarkeit, Einheit, Ganzheit, Unendlichkeit; ich bin überall, durch und durch, vom Wirbel bis zur Ferse, vom ersten bis zum letzten Atom individuelles Wesen. „Ich bin nicht der Mensch überhaupt in einer bestimmten Gestalt", ich bin nur als dieser absolut bestimmte Mensch Mensch; Menschsein und Dieses-Individuum-Sein ist schlechterdings un-

unterscheidbar in mir. Ich empfinde, will, denke ebensogut als wie du, aber ich denke nicht mit deiner oder einer gemeinschaftlichen, sondern mit meiner in diesem Kopfe hier befindlichen Vernunft; ich will, aber ebenso nicht mit deinem oder einem allgemeinen, sondern mit meinem eigenen, vermittelst dieser Muskeln hier sich vollstreckenden Willen, und ich empfinde ebensogut wie du Schmerz über erlittenes oder begangenes Unrecht, aber nicht mit dem Gewissen des Menschen überhaupt,sondern mit einem Gewissen, das ebenso mein eignes, als das Blut in meinen Adern eignes, individuelles Blut ist. Wenn ich auch dasselbe empfinde, denke, will, was der andere, so ist es doch nur dasselbe für den Gedanken, aber in Wirklichkeit so wenig unterschiedlos dasselbe, sowenig ich denselben Raum einnehme, denselben Odem einziehe als der andere. In Gedanken kann ich nicht diesen Raum von jenem, nicht die Luft, die ich einatme, von der Luft des andern unterscheiden; aber gerade da, wo der Unterschied für den Gedanken sich aufhebt, beginnt *der* Unterschied, welcher der Quell des Lebens, der Quell der Individualität ist. Das Individuum ist unübersetzbar, unnachahmlich – außer nur dem Schein oder gewissen Eigentümlichkeiten nach –, unbegreiflich, undefinierbar; es ist nur Gegenstand sinnlicher, unmittelbarer, anschaulicher Erkenntnis. Mag alles Schein und Täuschung sein, was uns die Sinne über die Dinge außer uns, über Sonne, Mond und Sterne sagen – soviel ist gewiß: Die Wahrheit des Lebens, die Wahrheit der Individualität stützt sich nur auf die Wahrheit der Sinne. Das Leben des Lebens ist die Liebe; aber die Liebe ist, wenn auch nicht, wie Fichte in der „Anweisung zum seligen Leben" von seiner phantastischen, weil grund- und gegenstandlosen Liebe behauptet, „die Quelle aller Gewißheit und aller Wahrheit und aller Realität", wohl aber die Quelle von der Gewißheit und der Realität des Individuums. Der Gedanke unterscheidet die Gattung vom Individuum, aber das Leben, aber die Liebe macht diesen Gedankenunterschied zu einem ununterscheidbaren Eins, das Individuum zum „absoluten Wesen", das ebendarum nur lebendig oder tot, nur sein oder nicht sein kann. „Sein oder Nichtsein, das ist die Frage." Aber diese Frage löst nur die auf die Wahrheit der Sinne, auf die Wahrheit der Liebe gestützte Vernunft.

Unter allen Sinnen, welche die Wahrheit der Individualität bezeugen, ist es vorzugsweise der Sinn des Geschmackes, dem man das Recht der Individualität nicht streitig gemacht, wie der allgemein anerkannte Satz: „Degustibus non est disputandum [über Geschmäcker läßt sich nicht streiten]", sattsam beweist. Übrigens bewährt sich die Individualität keineswegs nur, wie in der gewöhnlichen Vorstellung von ihr, in der Verschiedenheit der Empfindungen und Urteile über denselben Gegenstand, sondern auch da, wo ich in meinen Empfindungen und Urteilen mit den andern übereinstimme, gleichwie ich keineswegs nur in den Faustschlägen der Feindseligkeit, sondern auch in dem Händedruck der Freundschaft mich als Individuum fühle und bewähre. Aber *hier* und *jetzt* handelt es sich nur um den Unterschied, wie er in jenem Satze ausgesprochen ist. Gleichwohl hat und macht der Geschmack nicht weniger Anspruch auf Allgemeingültigkeit als die übrigen Sinne. „Y-ya", sagt Menzius, nach Konfuzius der größte Philosoph Chinas, „Y-ya also, ein Beamter aus Thsi unter dem Fürsten Wen-kong, jener berühmte Speisekünstler, wußte zu finden, was allgemein dem Munde gefällt. Wäre, indem er sein Geschmacksorgan den Speisen zuwendete, dieses Organ durch seine Natur von dem der andern Menschen verschieden gewesen wie von dem der Hunde und Pferde, die nicht mit uns derselben Gattung sind, wie würden dann alle Menschen des Reichs in Sachen des Geschmacks mit Y-ya übereinstimmen? So hat also jedermann in betreff der Genüsse notwendig mit Y-ya denselben Geschmack, weil der Geschmacksinn bei allen Menschen ähnlich ist." Jeder glaubt daher, daß, was ihm wohlschmeckt und wohlbekommt, das müsse notwendig auch den andern wohlschmecken und wohlbekommen, und findet darum den Widerspruch der Erfahrung mit dieser seiner Voraussetzung für „rein unbegreiflich". Ja, der nicht über sich selbst hinaus denkende, ohne Kritik und Unterscheidung von sich auf andere schließende Mensch wendet das compelle intrare („Nötige sie, hereinzutreten") der alleinseligmachenden Kirche auch auf die Speiseröhre an, nötigt zum Essen, und zwar nicht nur mit lästigen Bitten, sondern auch mit peinlichen Strafen, wie häufig Eltern ihre Kinder, Erzieher ihre Zöglinge, weil sie den ihnen unbegreiflichen

Widerwillen gegen eine Speise, die vielleicht ihre Lieblingsspeise, dem bösen Willen oder Eigensinn schuld geben. Und doch gibt es Individuen, die von dem Genusse einiger Kirschen oder Johannisbeeren über und über anschwellen, Individuen, denen der Kuchen ein Brechmittel ist, wie Zimmermann in seiner Schrift „Von der Erfahrung in der Arzeneikunst" anführt, Individuen, die, wie der Arzt Peter von Apono, eine solche Abneigung vor der Milch haben, daß sie nicht einmal davon essen sehen können, ohne das Herzweh zu bekommen, wie Bayle in seinem „Wörterbuch", Individuen, die sogar das liebe heilige Brot nicht essen und vertragen können, wie derselbe in seinen „Neuigkeiten aus dem Reich der Wissenschaften" von zwei Individuen, einem männlichen und weiblichen, berichtet. Welche Verschiedenheiten, welche Eigentümlichkeiten zeigen sich aber auch auf den Gebieten der andern Sinne! Wer sollte es für möglich halten, daß es Menschen gibt, welchen „die bloße Betastung eines seidenen Zeugs und sogar des Pfirsichs unausstehlich ist", Menschen, die von den sanftesten Tönen in unerträgliche Bangigkeit versetzt werden, Menschen, die keine Grille sehen können, ohne in Ohnmacht zu fallen, Menschen endlich, auf die der liebliche Geruch „der Rose, der Nelke und anderer gewöhnlicher wohlriechender Blumen als ein narkotisches Gift wirkt"?

Der chinesische Philosoph hat recht; im Vergleiche oder Gegensatz zu Hunden und Pferden, überhaupt zu den vom Menschen unterschiedenen Wesen, verschwinden die Unterschiede der menschlichen Individuen, gleichwie auch für uns die Unterschiede der zu einer Art oder Gattung gehörigen tierischen Individuen, namentlich auf den niedern Stufen des Tierreichs, in nichts verschwinden, obgleich bei näherer Betrachtung die Individuen auch schon der niedern Tierklassen, z. B. der Insekten, sich oft sehr verschieden zeigen. Allein im Verhältnisse zu sich selbst sind die menschlichen Individuen unendlich, wesentlich voneinander unterschieden – wesentlich, weil mit der Aufhebung ihres Unterschieds das Wesen dieser ihrer Individualität selbst aufgehoben wird. Aber die Eigenschaften, durch die er sich von andern vorteilhaft unterscheidet, seine Tugenden, rechnet der Mensch sich zum Verdienst, die entgegengesetzten Eigenschaften der andern ihnen zur Schuld an.

Was ein Wesen ist, das will es auch sein, oder was ich von Natur bin, wenn auch nicht deswegen schon von Geburt – denn es gibt keine Helden in den Windeln außer in der Mythologie –, das bin ich mit Willen, von Herzen, mit Leib und Seele; mein Wesen ist nicht Folge meines Willens, sondern umgekehrt mein Wille Folge meines Wesens, denn ich bin eher, als ich will, und es gibt Sein ohne Willen, aber kein Wollen ohne Sein. Was aber mein Wesen ist, das unterscheide ich nicht von mir, das empfinde ich ebendeswegen nicht als ein mich Zwingendes oder Nötigendes, denn dazu gehört ein von mir Unterschiedenes, das halte ich ebendarum für eine Sache des Willens, wie das Gegenteil für eine Sache des Nichtwollens. Ja, weil der Wille nichts anderes ist als das bewußte, nach außen tätige Wesen des Menschen, der Mensch von dem Wesen hinter seinem Bewußtsein nichts weiß, als was eben mit dem Willen vor sein Bewußtsein tritt, so setzt er den Willen selbst *vor* sein Wesen, macht ihn zum Apriori desselben, sein individuelles Wesen andern zum Gesetz, sein Sein zum Sein-Sollen für sie. „Ich bin heilig, darum sollt ihr heilig sein." Das Sollen setzt das Sein voraus, das Sollen ist nur ein mit der Gattung – wenn auch nur einer bestimmten, der Gattung der Juden, der Römer, der Griechen, der Germanen – identifiziertes, zur allgemeinen Sache gemachtes, auf andere verteiltes, für sie mögliches, für mich wirkliches Sein. Ich bin der gute, sorgfältige Hausvater des Römischen Rechts, also sollt und könnt ihr es auch sein, und seid ihr es nicht, so werdet ihr mit Recht dafür bestraft, daß ihr „unterlassen, was bescheidene, vorsichtige, manierliche Leut' zu beobachten pflegen", wie sich ein Kommentar zur Peinlichen Halsgerichtsordnung Kaiser Karl[s] des Fünften ausdrückt. Bin ich lustig, sagt nach der Hindugesetzgebung der Gatte zur Gattin, so sollst auch du lustig, bin ich traurig, auch du traurig sein, ja, selbst wenn ich tot bin, sollst auch du tot sein, aber, was ich aus Naturnotwendigkeit bin, das sollst du durch deinen Willen sein. Ich bin gut lutherisch, darum sollt ihr es auch sein, denn „ich will, daß meine Diener in der Religion dasselbe denken, was ich", sagte der Kurfürst August von Sachsen zum Kaiser Maximilian II. Ich bin tapfer und mutig, also sollst du es auch sein, und bist du es nicht, so ist das nur deine Schuld, denn du bist nur eine

Memme, weil du nicht tapfer und mutig sein willst. So macht der Mensch selbst unleugbar physische Tugenden andern zu Gesetzen, ihren Mangel daran zu Vorwürfen. So war in Athen nach Solons Gesetzen Feigheit ein Staatsverbrechen, denn „es gibt auch", sagt Aeschines in seiner Rede gegen Ktesiphon, „Anklagen wegen Feigheit, wiewohl man sich darüber wundern könnte, daß es auch Anklagen der oder wegen der Natur (φύσεως: Natur, natürliche Beschaffenheit) gibt. Warum gibt es aber solche? Damit jeder, mehr vor den gesetzlichen Strafen als vor den Feinden sich fürchtend, um so tapferer für das Vaterland kämpfe." Die alten Germanen versenkten ohne weiteres ihre Feiglinge und Weichlinge in Moräste; und die alten Spartaner verfuhren noch radikaler, sie warfen ihre schwächlichen und gebrechlichen Kinder als politische Taugenichtse in ein Loch am Berge Taygetos – freilich ein Greuel in den Augen der christlichen Staaten und Juristen, welche aufs zärtlichste sich um die Rechte der Kinder im Mutterleibe bekümmern, gelehrte Abhandlungen de jure embryonum schreiben, aber nur, um den ausgewachsenen Menschen ohne Skrupel verhungern oder wegen eines Diebstahls von einigen Gulden an den Galgen hängen zu lassen.

Wenn nun aber schon der Mensch den Mangel an Eigenschaften, die offenbar, eingestandenermaßen einen physischen Grund haben, andern, ja, wenn er im Gefühl seiner Zurückgesetztheit und Verlassenheit das verwerfende Urteil anderer über ihn sich zu Gewissen zieht, vielleicht sich selbst zum Vorwurf macht, ja, zum Verbrechen anrechnet, um wieviel mehr wird dies von Eigenschaften gelten, die scheinbar nur vom Willen des Menschen abhängen! Namentlich rechnet der Mensch Tätigkeit, Arbeitsamkeit, Fleiß sich zum Verdienste, den Mangel an diesen Eigenschaften andern als Willensmangel zur Schuld an. Und doch ist Fleiß, Arbeitsamkeit, Tätigkeit für einen durch diese Eigenschaften ausgezeichneten Menschen ebensogut eine Naturnotwendigkeit als die Arbeit für die Biene. Allerdings gilt auch hier wieder der Unterschied der Notwendigkeit; denn der Mensch ist kein so einfaches und einseitiges Wesen wie die liebe Arbeitsbiene, er vereinigt in sich auch die Funktionen der Drohne und Königin, hat also seiner Arbeitsamkeit entgegengesetzte Neigungen und Triebe, die sich so seiner bemächtigen können, daß er darüber in Momenten der Schwachheit seine Arbeit vergißt. Aber so vielen Verführungen zum Vergnügen und dolce far niente [süßen Nichtstun] auch der vielseitige und vielsinnige Mensch ausgesetzt ist – der Arbeitsame kann nie zum Müßiggänger werden; er muß arbeiten; und wenn er der Selbst- und Naturerkenntnis mächtig ist, so wird er auch so gerecht und ehrlich sein, diese seine Tugend nicht seinem Willen, sondern seiner Natur, seiner individuellen Organisation zugute zu schreiben. So sagt Chladni in den Nachrichten zur Geschichte seiner akustischen Entdeckungen: „Die Einschränkung, in welcher ich im elterlichen Hause gehalten wurde, war ganz unnötig, weil ich in den frühern Jahren sowohl wie in der folgenden Zeit keinen Hang zu Unordnung und zur Untätigkeit hatte, welches ich mir aber nicht zum Verdienst anrechne, sondern als Folge der Organisation ansehe."

Wenn aber auch ein Chladni seine Tätigkeit sich nicht zum Verdienste anrechnet, so werden doch die andern, welche die Früchte derselben genießen, ihn dafür mit Lob und Dank belohnen und dagegen einen Faulpelz, der seine Nichtsnutzigkeit mit seiner Organisation entschuldigt, mit Verachtung strafen; denn sogut das Gute unserer Organisation zu seiner Erhaltung, Ausbildung und Vollendung der menschlichen Tätigkeit, angestrengten Fleißes, unablässiger Übung bedarf, sogut kann das Üble derselben durch menschliche Tätigkeit beseitigt oder doch gemildert werden. Es ist eine Naturnotwendigkeit, eine Notwendigkeit unserer, wenigstens irdischen, Organisation – denn die himmlischen Körper machen bekanntlich eine Ausnahme –, daß wir zu unserer Erhaltung Speisen und Getränke zu uns nehmen; aber daraus folgt nicht – und doch ist diese Folgerung die gewöhnliche Einwendung gegen die Notwendigkeit der menschlichen Handlungen –, daß uns deswegen die Tauben, schon von Natur gebraten, ins Maul fliegen und der Wein, schon von Natur gekeltert, in die Gurgel fließen muß. Es ist notwendig, daß auf die Verletzung einer Pulsader eine heftige Blutung erfolge, aber die Verblutung ist nur eine notwendige Folge, wenn die Anwendung blutstillender Mittel versäumt wird. Es ist notwendig, daß infolge eines einseitigen Drucks auf die noch weichen Knochen eines kindlichen Körpers diese eine Verkrümmung erleiden, aber eine bleibende Mißgestalt ist nur dann eine notwendige Folge, wenn der Mensch nicht zur rechten Zeit die Ursachen dieser Verkrümmung bemerkt und beseitigt. So ist es denn auch notwendig, daß aus dem kleinsten moralischen Übel, das in unserer Organisation begründet ist, mit der Zeit ein großes und unabänderliches Übel entspringt, aber es ist nur dann notwendig, wenn nicht der Kopf, sei's nun der eigene oder der anderer, zur rechten Zeit durch geeignete Heilmittel dieser Folge zuvorkommt. Machen wir doch selbst noch als fertige, vollendete Menschen täglich die traurige Erfahrung, wie sehr unsere Gedanken, Entschlüsse, Gesinnungen von den Zuständen unseres Organismus abhängen, aber zugleich auch die erfreuliche Erfahrung, daß es oft nur einer körperlichen Bewegung im Freien oder nur einer geringen Veränderung in unserer Lebensweise bedarf, um uns von verzweifelten Gemütszuständen, von Kleinmut, Zorn, Ärger, Übelwollen gegen uns selbst und unsere Nächsten zu befreien, die Erfahrung also, daß wir durch unsern Körper nicht nur Sklaven, sondern auch Freiherr[e]n der Natur sind.

„So sehr", sagt selbst Cartesius, „hängt der Geist von der Beschaffenheit der körperlichen Organe ab, daß, wenn irgendein Mittel ausfindig gemacht werden kann, die Menschen weiser und sinnreicher zu machen, als sie bisher gewesen, dieses nach meiner Überzeugung nur in der Medizin gefunden werden kann, denn die Menschen würden von unzähligen, sowohl leiblichen als geistigen, Übeln frei werden, wenn sie genügende Kenntnis von den Ursachen dieser Übel und den Mitteln hätten, die uns die Natur dagegen gewährt." Vollkommen wahr! Die Freiheit vom Übel – und nur diese ist Freiheit – ist keine unmittelbare Willenseigenschaft, nein, sie ist durch die Erkenntnis und den Gebrauch der natürlichen materiellen oder sinnlichen Heilmittel bedingt und vermittelt.

Die Sinnlichkeit ist allerdings „die Quelle des Bösen, der Sünde, der Verbrechen", aber sie gibt uns nicht nur die Organe zum Sündigen, sie gibt uns auch die Heilmittel gegen die Sünde. Der scholastische Philosoph Raimundus Lullus war einst sterblich in ein Frauenzimmer verliebt.

Die Angebetete entblößte ihren vom Krebs entstellten Busen, und R. Lullus ward aus einem Don Juan ein Klosterbruder. Die Sinnlichkeit ist die Quelle der Lust, aber sie ist auch die Quelle der Schmerzen, der Leiden, der Krankheiten, der besten Gegenmittel gegen die ausgelassene Lust. Sinnlich ist der berauschende Wein, aber sinnlich ist auch das ernüchternde Wasser; sinnlich ist die Üppigkeit und Schwelgerei eines Alkibiades, aber sinnlich ist auch die Armut und Barfüßigkeit eines Phokion; sinnlich ist die Gänseleberpastete, an der der Materialist La Mettrie starb, aber sinnlich sind auch die Gerstenklöße und die schwarze Suppe spartanischer Enthaltsamkeit; sinnlich ist der Reiz zum Laster, aber sinnlich ist auch der Ekel vor den Folgen des Lasters; kurz, sinnlich ist das verweichlichende, entmannende, knechtende, tatlose Laster der Wollust, aber sinnlich ist auch die kräftigende, befreiende, anstrengende, abhärtende, mühevolle Turnkunst der Tugend. „Die Natur wird nur durch Gehorsam beherrscht", d. h. die Sinnlichkeit nur durch sinnliche, der Körper nur durch körperliche Mittel. Das Laster beruft und stützt sich auf den Körper, aber auch die Tugend und Weisheit stützt sich auf den Körper. Selbst schon Sokrates sagt bei Xenophon: „Bei allen Verrichtungen, wozu wir den Körper brauchen, ist es von größter Wichtigkeit, daß sich der Körper aufs beste befinde. Selbst da, wo wir am wenigsten des Körpers zu bedürfen scheinen, selbst im Denken, verfehlen wir, wie jeder weiß, unsern Zweck, wenn der Körper nicht gesund ist, denn Vergeßlichkeit, Mutlosigkeit und selbst Raserei befallen oft wegen der schlechten Beschaffenheit des Körpers den Geist." Der Materialismus ist die einzige solide Grundlage der Moral.

Der Mensch hat unstreitig die Macht, Schmerzen, wenn auch nicht alle und nicht bis zu jedem beliebigen Grade, ebenso Gelüste, Neigungen und Abneigungen, die unbezwungen zuletzt auf ein Laster oder Verbrechen hinauslaufen, zu überwinden. Will man dem Menschen diese Macht oder Freiheit absprechen, so muß man ihm auch die Macht absprechen, sich überhaupt von einem Übel, auch dem geringsten, das sich nun einmal in ihm eingenistet, sei's auch nur pediculus humanus [die Menschenlaus] oder ein Hühnerauge, frei zu machen, ja, sich selbst nur vom

Faulfieber der Ruhe zur Gesundheit der Bewegung emporzuheben, so muß man überhaupt leugnen, daß es eine Heilkraft der Natur gebe und kraft derselben der Körper sich von irgendeiner, auch der geringfügigsten, Krankheit wieder erholen könne, denn unter Umständen kann ja auch wirklich das unbedeutendste Übel tödliche Folgen haben. Und doch sind selbst die Fälle nicht selten, wo ein vom ärztlichen Pessimismus schon zum Tode verurteilter Körper wider alles Erwarten aus eigenen Mitteln und Kräften zum Optimismus der Gesundheit übergeht. Aber allerdings kann der Mensch eine Neigung nur überwinden, wenn sie sich eben noch im Stadium ihrer Überwindbarkeit befindet, wenn er zur rechten Zeit sich ihrer bewußt wird und die geeigneten, nicht nur geistigen, durch die Vorstellung einwirkenden, sondern auch materiellen, körperlichen, Heilmittel dagegen ergreift; denn die Erfahrung lehrt, daß die besten Lehren, die wir andern geben, die besten Vorsätze, die wir selbst fassen, keine, wenigstens erfolgreiche und dauernde, moralische Veränderungen bewirken, wenn sie nicht zugleich von materiellen Veränderungen begleitet und unterstützt werden. Viele Verbrechen und Laster kommen bei den unbemittelten und ungebildeten Menschen nur deswegen zur Existenz, weil sie nicht die materiellen Mittel besitzen, oft nicht einmal kennen, durch die man allein erfolgreich ihnen vorbeugen kann. Der Bemittelte kann sich z. B. auch ohne Hilfe der Geistlichkeit und weltlichen Behörde von seinem bösen Weibe trennen, durch bloße räumliche Absonderung den Kausalzusammenhang zwischen tödlichem Haß und tödlicher Tat unterbrechen, während der arme Teufel, der dieselbe Stube, denselben Tisch, dasselbe Bett vielleicht mit seinem bösen Weibe teilt, nur durch die Gewalttat des Totschlags den gordischen Knoten des ehelichen Bandes auflösen kann. Ein Mensch, der immer an denselben Ort gebunden ist, empfängt auch stets dieselben Eindrücke und bleibt eben wegen dieses tödlichen Einerleis auch unverändert und unverbessert derselbe. Mag er, ergriffen von einer Strafpredigt wider den „Saufteufel", auch noch so gute Vorsätze fassen – er wird doch beim Anblick des alten Mietshauses unaufhaltsam auch wieder dem alten Laster verfallen, während ein anderer, welcher den Ort wechselt, mit dem Zusammenhang mit dem alten Ort auch den Zusammenhang mit alten Gewohnheiten abbricht, wenn anders diese nicht bereits zur andern Natur geworden sind. (3) Kurz, der Wille vermag nichts ohne den Beistand materieller, körperlicher Mittel, die Moral nichts ohne Gymnastik und Diätetik. Wie viele moralische Fehler entspringen nur aus Diätfehlern! „Der venetianische Edelmann Ludwig Cornelius", heißt es in Placcii „Typus der moralischen Medizin", von 1685, „bezeuget aus selbsteigener Erfahrung, wie so gar ungemeine Kraft zur Bezwingung und Vertreibung aller verdrießlichen und scheltwürdigen Gemütsbewegungen die bloße Mäßigkeit im Essen und Trinken ihm zuwege gebracht habe." Wie richtig ist daher, was Garve in seinem Werke über Cicero schreibt: „Die moralische Selbstkenntnis hängt mit der diätetischen sehr zusammen!" Wie viele nicht nur leibliche, sondern auch geistige, moralische Krankheiten entspringen aus dem Mangel dieser körperlichen Selbsterkenntnis! Wie viele Mißverständnisse und Mißhandlungen unserer Nächsten aus Mißhandlungen und Mißverständnissen unseres Allernächsten, unseres Körpers! Wie viele Gemütsleiden und Gemütsqualen aus Unterleibsbeschwerden! „*Unser Leib urteilt*", heißt es auffallenderweise in eines obskuren evangelischen Predigers aus dem vorigen Jahrhundert „Eigener Lebensbeschreibung", „mein Milz, und die aus dessen Verstopfung entstandene Furcht macht mich ein Übel antreffen, wo keines ist, und macht mich auch es größer antreffen, als es ist ... *Der kranke Milz ist der schärfste Moraliste auf Erden* .., da Milzbeschwerden ... gemeiniglich mit einem skrupulierenden Gewissen oder conscientia scrupulosa vergesellschaftet sind." Wieviele Handlungen, die wir dem bösen Willen, dem dolus, zuschreiben und [die] auch wirklich diesen zur nächsten Ursache haben, stammen ursprünglich nur aus einer culpa, die wir „aus unterlassener Reflexion" über den Zusammenhang zwischen dem Physischen und Moralischen oder aus leider oft selbst, je nach dem Standpunkte des Individuums und der Menschheit, unüberwindlicher Unwissenheit der Gesetze oder bloßen Eigentümlichkeiten unsers Organismus uns zuschulden kommen ließen!

Lob und Preis gebührt darum den Ärzten des reformatorischen Zeitalters, welche, im Einklange mit dem „Wesen des Glaubens im Sinne Luthers"[1], im Einklange überhaupt mit der am Schlusse des „Wesens des Christentums" entwickelten anthropologischen Bedeutung der Reformation[2], dem Studium der Anatomie, wenn auch nur in der von Galen überlieferten Gestalt, nicht nur medizinische, sondern auch moralische Bedeutung zueigneten und aus diesem Grunde der Menschheit, insbesondere der studierenden Jugend, ans Herz legten. So sagt z. B. der Arzt J. Milich, Melanchthons Freund und Lehrer in der Anatomie: „Galens anatomische Schriften sollten in den Händen nicht nur der Medizin, sondern auch aller Philosophie Studierenden sein, denn die Wissenschaft von den Teilen des Körpers und ihren Verrichtungen ist in der Tat ein vorzüglicher Teil der Philosophie und lehrt uns auch Moral und regelt unsere Sitten, indem sie uns auf das aufmerksam macht, was die Natur jedes Teils erfordert." „Das Studium der Anatomie", sagt desgleichen Sebastian Theodor von Windsheim in einer an der Universität zu Wittenberg gehaltenen Rede, „ist nicht nur nützlich zur Erhaltung der Gesundheit und Vertreibung der Krankheiten, sondern auch zur Regelung unserer Sitten. Ich bitte und ermahne daher euch, edle Jünglinge ohne Unterschied, die Anfangsgründe der Anatomie zu studieren, denn es ist Irrtum, wenn man glaubt, daß diese Wissenschaft nur die Ärzte angehe. Der Arzt muß freilich eine vollkommenere Erkenntnis der Anatomie haben als die übrigen Menschen, aber gleichwohl ist es notwendig, daß alle Menschen wenigstens einigermaßen das Gebäude ihres Körpers kennen. Bedenkt nur z. B., wie notwendig es ist für die Moral, den Unterschied zwischen den Kenntnissen und den Bewegungen des Willens und Herzens zu wissen, desgleichen die Werkzeuge der Ortsbewegung. Davon kann man aber ohne Kenntnis der Glieder des menschlichen Körpers nichts wissen." „Die Kenntnisse", sagt derselbe in einer andern Rede, „leuchten im Gehirne, die Flammen der Begierden brennen im Herzen; die Nerven aber sind gerüstet, die äußern Glieder in Bewegung zu setzen. So leuchtet in Davids Gehirn die Kenntnis des Gesetzes: ‚Du sollst nicht ehebrechen'; aber das brennende Herz, das sich an einem andern Orte befindet, gehorcht nicht, sondern widersetzt sich wie ein

[1] *Vgl. GW 9, S. 353ff.* [2] *Vgl. GW 5, S. 600ff.*

Tyrann, so daß dort die wahre Erkenntnis bleibt, hier aber die entgegengesetzten Begierden brennen. Indes behält doch der Senat im Gehirn diese Macht, daß er den Nerven befehlen kann, dem Tyrannen nicht zu gehorchen, sondern die Hände von der Berührung eines fremden Weibes abzuhalten. Seht daraus, wie ungereimt die sind, welche von der Willensfreiheit handeln, ohne die Kräfte oder Vermögen der Seele zu unterscheiden. Diese Unterschiede können aber nicht erkannt werden, wenn man nicht aus der Anatomie die unterschiedenen Glieder und ihre Verrichtungen kennenlernt." „Die Anatomie hat aber auch das Gute, daß sie uns lehrt, wie gebrechlich die Organe des menschlichen Körpers sind, in denen sich die Quelle des Lebens befindet und die wichtigsten Tätigkeiten, die Ernährung, die Sinnenempfindungen, die Ortsbewegungen, das Sich-Erinnern und Denken vor sich gehen. Wie weich ist das Gehirn, und doch ist es der Sitz der meisten und bewundernswürdigsten Tätigkeiten. Betrachten wir also die Gebrechlichkeit der Glieder, um mit Sorgfalt über ihre Erhaltung zu wachen und die Tugenden der Selbstbeherrschung und Maßhaltung in Speisen, Getränken, Arbeiten und Bewegungen aller Art uns anzueignen. Verachten wir nicht den Spruch Pauli, der uns den Körper ehren heißt." „Wenn wir aber einem Dinge Ehre erweisen", sagt der schon erwähnte Jacob Milich in einer Rede über die ars medica, „so zeigen wir damit an, daß es ein göttliches Gut enthalte, wie denn schon Aristoteles sagt: Das Ehrenwerte, *τίμιον*, ist etwas Göttliches."

8

Der religiöse Ursprung des deutschen Materialismus

Es ist nichts verkehrter, als wenn man den deutschen Materialismus vom „Système de la Nature" oder gar von der Trüffelpastete La Mettries ableitet. Der deutsche Materialismus hat einen religiösen Ursprung; er beginnt mit der Reformation; er ist eine Frucht der Liebe Gottes zum Menschen, deren Bild oder vielmehr Wesen die Reformatoren nicht in einer unbestimmten, phantastischen Liebe, sondern in der innigsten Liebe des Menschen, der Liebe der Eltern zu ihren Kindern, fanden. So sagt z. B. der Prediger und Doktor Theologiae, Paulus Eberus, genannt das „Repertorium Philippi, weil Melanchthon alles, was er vorgenommen, mit ihm überleget", in einer Rede über die Elternliebe: „Sei fest überzeugt, daß Gott nicht umsonst mit dem süßesten Namen, dem Namen ‚Vater' sich nennen lasse, daß der welcher die *στοργάς*, die zärtliche Kinderliebe, den Herzen der Eltern einpflanzte, auch dich mit ernstlicher und reinster *στοργῇ* umfasse, daß er ernstlich von deinen Übeln gerührt werde, ja, weit heftiger als das kananäische Weib von den Leiden seiner Tochter, daß er mit derselben Zärtlichkeit, wie der Vater seinen verlorenen Sohn im Neuen Testament, dich aufnehme und behandle. An diese Erzählung müssen wir denken, sooft wir Gott mit dem Namen ‚Vater' anreden oder sooft wir unsere Väter, unsere Mütter mit ihren Kindern freundlichst spielen, sie säugen, über ihre Leiden und Krankheiten sich quälen sehen, um uns zu überzeugen, daß er noch viel inniger uns liebe, noch viel heftiger von unsern Leiden gerührt werde." Aber hat denn nicht auch der Katholizismus dasselbe gesagt, hat er nicht diese Liebe in dem Mysterium der Dreieinigkeit und Mutter Gottes geheiligt und vergöttert? Vergöttert wohl, aber nicht vermenschlicht, sonst würde er das Zölibat als ein ruchloses, dem Wesen und Willen Gottes widerstreitendes Institut längst verdammt oder vielmehr gar nicht eingeführt haben. Erst im Protestantismus wurde das, was im Katholizismus nur ein theologisches Bild und Sakrament war, anthropologisches Wesen, anthropologische, d. h. wirkliche, lebendige, Wahrheit. „Gott ist die Liebe", aber er liebt nur, wenn er liebt mit demselben Herzen, mit derselben Innigkeit und Wahrhaftigkeit, womit der Mensch den Menschen, der Vater, die Mutter das Kind liebt. Ist aber Gott Vater und Sohn – der Stellvertreter des Menschen in und vor Gott, der göttliche Mensch –, so werde auch du Vater, aber nicht mit einer Köchin oder subintroducta [heimlich eingeführten (Frau)] im Rücken deines geistlichen Berufs, sondern mit einem dir ebenbürtigen, in Übereinstimmung mit deinem öffentlichen Wesen, deinem heiligen Prinzip und Beruf stehenden Weibe. Nur wenn du selbst Vater bist, nur aus der leibeigenen Empfindung und Erfahrung weißt du, was die himmlische Vaterliebe ist. Diese Folgerung, diese

Vermenschlichung und Verwirklichung der göttlichen Liebe ist die Tat der Reformation.

Die Liebe, welche keine bloße geistliche oder spiritualistische Phrase, keine mit dem actus purus, dem reinen Denkakt, der mittelalterlichen und modernen Scholastik identische, ebendeswegen nur Gedankenliebe ist, die wirkliche, wahre, menschliche Liebe ist wesentlich pathologische, d. h. von den materiellen, wirklichen Leiden der Menschheit ergriffene Liebe. Die theologische, die geistliche Liebe foltert, ja, verbrennt selbst den lebendigen Leib, um die Seele von den Flammen der Hölle zu erretten; aber die wirkliche Liebe pflegt aufs zärtlichste den Leib des Geliebten und um des Geliebten willen den eigenen Leib. Die wirkliche, die fruchtbare, die Menschen, nicht Mönche und Pfaffen erzeugende und erziehende Liebe weiß nichts von dem Zwiespalt zwischen Leib und Seele, nichts von einer von der Anatomie und Physiologie getrennten oder gar unabhängigen Psychologie. Und diese Liebe, dieser Gott, dem nicht nur unser Seelenheil, sondern auch unser leibliches Wohl und Leben am Herzen liegt, der nicht in der priesterlichen Hostie, sondern in unserm natürlichen Leib gegenwärtig ist, der nicht nur einst sich inkarnierte, sondern jetzt noch mit unserm Fleisch und Blut sich vereinigt, sich wirklich in unser Hirn und Herz begibt, im Hirne das Licht der Erkenntnis, im Herzen die Glut der Affekte, wenigstens der guten, solcher „Affekte, wie er selbst ist", anzündet — dieser Gott ist der Vater des Materialismus.

Der deutsche Materialist ist also kein Bankert, keine Frucht der Buhlschaft deutscher Wissenschaft mit ausländischem Geiste, er ist echter Deutscher, der bereits im Zeitalter der Reformation das Licht der Welt erblickte; er ist sogar ein unmittelbarer, leiblicher Sohn Luthers. Paul Luther, der Sohn des Reformators Martin Luther, versinnlicht und bestätigt aufs schönste diesen genealogischen Zusammenhang des Materialismus mit dem Protestantismus. Dieser Sohn Luthers wurde nämlich nicht ein Theolog, wie man doch hätte erwarten sollen, und zwar zu seiner Zeit wirklich erwartet hatte, sondern ein Physikus, ein Arzt, kein Spiritualist, denn der Arzt als Arzt weiß, wie der berühmte Mediziner des siebzehnten Jahrhunderts, C. Hofmann, sagt, nichts von der Seele. Und zwar wurde er dies nicht nur, weil er, wie er selbst in seiner Erklärung eines Aphorismus des Hippokrates erzählt, schon als Knabe Liebe zur Naturwissenschaft hatte, sondern auch, weil sein Vater selbst, der auch diese Liebe mit ihm teilte, ihn zu diesem Studium riet und ermunterte. In derselben Erklärung des sechsten Aphorismos des zweiten Teils spricht der Protophysikus Paul Luther von „den mit dem Gehirn verbundenen Wirkungen oder Handlungen der vernünftigen Seele wie von Wirkungen des Gehirns allein", tanquam de solius cerebri actionibus, natürlich nur als Arzt, more medicorum [in der Art der Ärzte] und unbeschadet der kirchlichen Lehre von der Selbstwesenheit, der Substanz der vernünftigen Seele. Es versteht sich überhaupt von selbst, daß der Materialismus der Lutherschen Ärzte noch völlig im Bunde und Dienste des kirchlichen Glaubens stand, daß sein letzter Zweck ein religiöser – die Erkenntnis Gottes und das Verständnis der Kirchenlehre – war. Aber ebenso versteht es sich auch von selbst, daß, sowie die Naturwissenschaft, die Wissenschaft überhaupt, selbständig wurde und sich vervollkommnete, auch dieser halbe, abhängige, kindliche, mit seinem Gegensatz verbundene Materialismus ganzer, selbständiger, mannhafter Materialismus wurde, daß die denkende Seele des in einen Physikus verwandelten Dr. Martin Luthers in demselben Maße, als sie sich in die Natur, in die Körperwelt vertiefte und verliebte – denn was ist alles Studium ohne Neigung, ohne Liebe? –, folglich mit dem Leibe sich identifizierte, mit der Kirche und ihrem Glauben sich entzweite, daß sie daher nicht mehr nur so redete, so sich stellte, als wären ihre Wirkungen nur Wirkungen des Gehirns, sondern diese Redeweise in vollem Ernste zu bitterer Wahrheit machte.

9
Der Streit der medizinischen und philosophischen Fakultät

Es verrät einen höchst beschränkten Gesichtskreis, wenn man den Streit zwischen Spiritualismus und Materialismus nur zu einem Streite der philosophischen Fakultät macht. Und doch liefert selbst für diejenigen, die sich nur für die

Philosophie interessieren, die Geschichte der neuern Philosophie in dem Gegensatz von Sömmering, „Über das Organ der Seele", und Kants Antwortschreiben darauf ein sehr naheliegendes Beispiel zur Warnung, daß man bei diesem Streite nicht innerhalb der Mauern der Philosophie im engern Sinne stehenbleiben dürfe, um sich von vornherein zu orientieren und zu erkennen, daß dieser Streit ein Streit zwischen verschiedenen Fakultäten des Menschen – ein Streit zwischen der medizinischen und philosophischen Fakultät – ist, daß der Materialismus, welchen beschränkte Schulphilosophen als eine Mißgeburt der neuesten Zeit betrachten und bereits „totgeschlagen" zu haben wähnen, schon so lange auf Erden existiert und existieren wird, als es Patienten und Ärzte gab und geben wird, daß daher, wer die Leiden der Menschen ins Auge und Herz faßt, notwendig zum Materialisten wird, wenigstens solange er auf Erden weilt, denn nur im Himmel der Religion ist der Materialismus der Leiden und Beschwerden, wenn auch nicht der Freuden und Genüsse, aufgehoben.

Solange ein Organ gesund ist, so geht seine Verrichtung so leicht, so lustig vor sich, daß der Mensch das Organ derselben gar nicht fühlt und folglich gar nicht weiß, daß sie von organischen Bedingungen abhängig ist; er fühlt keinen Widerspruch und Widerstand, er hält daher im Genusse dieser ungehemmten Tätigkeit dieselbe für eine unbedingte, an nichts gebundene, reine Tätigkeit, actus purus. Der Philosoph als solcher hat zu seiner Voraussetzung, seinem Standpunkt das Denkorgan in diesem gesunden, normalen Zustand – das glückliche Denken, das Denken, das, von keinen organischen Leiden unterbrochen, nur an seinen Gegenstand oder, wenn auch an sich, nur an sich in diesem seinem leidlosen Zustande denkt. Wird der Mensch in dieser Tätigkeit von seinem Leibe unterbrochen, so geschieht es in der Regel nicht vom Denkorgan, sondern von andern Leibesorganen, die ihm wider Willen den Zusammenhang seines Denkens mit dem Leibe in Erinnerung bringen, den Leib daher in seinen Augen zu einem denkfeindlichen, geistwidrigen Ballast des Menschen machen. Der Philosoph als solcher sondert sich ab – und muß sich, wenigstens während des Denkens, absondern – von allen unmittelbar materiellen, sinnlichen Beschäftigungen und Vergnügungen;

er hat es nur mit dem von den Sinnen abgezogenen Denken zu tun; er macht daher das Denkende zu einem abstrakten, vom Leibe, von der Materie getrennten Wesen – *ὁ νοῦς χωριστὸς* [der Geist ist abtrennbar] –, das, was das Denken für ihn ist, eine organlose Tätigkeit, zu seinem Wesen an sich.

Die für den Philosophen oder Psychologen immateriellen, für sich selbst gedachten und betrachteten Geistestätigkeiten werden aber für den Arzt zu Gegenständen der Pathologie; für ihn gehören, ganz abgesehen von den eigentlichen Geisteskrankheiten, die geistigen Zustände – die Zustände des Gemüts, der Urteilskraft, des Bewußtseins, des Gedächtnisses – ebensogut wie die rein körperlichen zu den Kennzeichen der Krankheiten, wie schon Hippokrates im dreiunddreißigsten Aphorismos des zweiten Buchs bemerkt; für ihn gibt es keinen vom Körper abgesonderten und unabhängigen Geist, für ihn ist vielmehr der Geist ein, ebenso wie der Körper, Leiden und Krankheiten ausgesetztes Wesen – „*ἡ γνώμη νοσέει*, mens aegrotat [die Geisteskraft ist krank]", sagt Hippokrates im sechsten Aphorismos desselben Buchs. Für ihn ist das Subjekt, das Grundwesen des Empfindens und Denkens, kein Eins, kein einfaches, sondern mehrfaches, zusammengesetztes Wesen; denn wenn der Mensch, sagt Hippokrates bei Galenus, eins wäre, so würde er niemals Schmerz empfinden; denn woher sollte der Schmerz in diesem Falle entspringen? Da wir nun aber Schmerzen haben, sagt Galen, den Ausspruch des Hippokrates weiter ausführend – wider die materialistischen Atomisten, aber der Satz ist ebenso gegen die psychologischen spiritualistischen Atomisten gültig –, „so ist offenbar, daß unsere Substanz weder einfach noch einförmig ist". Kurz, für den abstrakten Denker, welcher sich nur um das kümmert, was er denkt und wie er denkt, ob logisch richtig oder unrichtig, aber nicht um das, womit er denkt, ist das Denken ein hirnloser Akt, für den Arzt aber eine Tätigkeit des Hirns. Aristoteles, obwohl selbst großer Beobachter und Entdecker, selbst in der Anatomie, und Galenus, der ebenso weit und so lange die Geister auf dem Gebiete der Medizin beherrscht hat als jener auf dem Gebiete der Philosophie, sind die klassischen Repräsentanten dieses Unterschiedes oder – übrigens keineswegs unvereinbaren – Gegensatzes zwischen Philosophie und Medizin.

Nach Aristoteles ist das Hirn das blutloseste und kälteste Eingeweide des Körpers und hat daher keine andere Bestimmung, als die Hitze des Herzens, welches der Sitz und Ursprung des Lebens, der Empfindung und Bewegung, zu mäßigen, weswegen der Mensch, weil er das heißeste und blutreichste Herz hat, auch das größte Hirn im Verhältnis zur Größe seines Körpers hat. Der berühmte arabische Arzt und Philosoph Avicenna half sich mit der Unterscheidung, daß nach Aristoteles wohl im Herzen die Sinneskraft wurzle, im Hirn aber sich offenbare; der berühmte spanische Arzt Vallesius, in seiner „Schrift der medizinischen und philosophischen Kontroversen", dagegen widerlegt ihn: Aristoteles schreibe dem Hirn keine solche Verrichtung zu, es fehle nicht viel, so gebe er ihm nur die Bedeutung eines Exkrements, wie das siebente Kapitel des zweiten Buchs von den Gliedern der Tiere beweise. Nach Galen aber ist das Hirn der Ursprung aller Empfindung und willkürlichen Bewegung, der Sammelpunkt aller Sinne, aller Vorstellungen und Begriffe, der Sitz der Vernunft, das Organ des Denkens; Hirnverletzung, Hirnleiden überhaupt sind daher die Ursache von Geisteskrankheiten, von Seelenleiden.

Sehr interessant ist, wie sich der seinerzeit so berühmte, schon früher erwähnte Caspar Hofmann in seinen „Medizinischen Institutionen" über das Verhältnis der Medizin zur Philosophie ausspricht. „Galen sagt immer: Das richtige Maßverhältnis oder die gehörige Mischung und Beschaffenheit (temperamentum) des Körpers ist die Seele, verstehe: die medizinische. Er stellt die Frage an Plato: ‚Wenn die vernünftige Seele unsterblich ist, warum wird sie dann vom Körper getrennt, wenn die gehörige Mischung und Beschaffenheit des Hirns aufgehoben wird?' Ich antworte für den Plato: Weil sie eine in die Materie versenkte Form ist, welche, solange das Leben dauert, solange den Körper zu ihrem Instrument braucht. Daher nennt der Arzt *καταχρηστικῶς* (uneigentlich) die Seele die gehörige Mischung, nicht als wenn die Seele es wirklich wäre, sondern weil, wenn jene erhalten wird, auch die Seele erhalten wird; denn diese, weil sie unveränderlich, entgeht der Natur des Mediziners. Und das ist es, was so oft der hochberühmte Scherb sagte: In den vermischten Dingen ist die Form nichts anderes als die richtige Mischung. Weil aber der Arzt nicht über das Gemischte hinausgeht, sondern mit der Erhaltung der Mischung die Seele erhält, was ist es denn für ein Verbrechen, wenn er die Seele die gehörige Mischung nennt – nennt, sage ich als Arzt, nicht als Philosoph?" „Ich habe gelehrt", sagt er an einer andern Stelle, „daß die medizinische Seele (animam medicam) eine ganz andere ist als die aristotelische, ja, wenn wir die Wahrheit lieben: ‚Dem Arzt als Arzt ist die Seele unbekannt'; anderswo: ‚Der Arzt als Arzt weiß nichts von der Seele' (ignorat animam). Aber es ist nicht erlaubt, kann man mir einwenden, anders als Mediziner, anders als Philosoph zu reden, folglich zu behaupten, eine andere sei die philosophische Wahrheit, eine andere die medizinische. Ich aber antworte darauf: Es ist erlaubt und wird immer erlaubt sein, denn dies verlangt die Weise, der Charakter der Wissenschaft. Und dies bestätige ich mit einer Stelle des berühmten Sennert, wo er lehrt, daß anders der Arzt, anders der Philosoph die Seelenkräfte betrachtet, denn dieser will wissen, jener handeln. Der Arzt betrachtet daher nicht sowohl die Seelenkräfte, welche verletzt werden, als vielmehr die Werkzeuge, womit sie ihre Verrichtungen ausüben. Sie üben sie aber aus, setze ich hinzu, hauptsächlich durch ihre gehörige Mischung und Beschaffenheit." Alter Caspar! Es lastet zwar ein unverzeihlicher Makel auf deinem Namen und Gewissen; du hast aus verstockter Anhänglichkeit an das Alte, aus dünkelhafter Autoritätsgläubigkeit[1] selbst dem Zeugnis deiner Sinne widersprochen, als dir der geniale Harvey seine Entdeckung vom Kreislauf des Blutes zu Altdorf ad oculos [vor den Augen] demonstrierte; aber hier hast du eine, wenn auch nicht neue, doch heute noch, nur mit einigen Einschränkungen, gültige Wahrheit ausgesprochen, hier bewiesen, daß du nicht zu den rohen, plumpen Köpfen gehörst, die nicht zu unterscheiden vermögen zwischen den verschiedenen, nicht nur der Zeit nach, sondern auch an und für sich, durch die Natur der Sache verschiedenen Standpunkten, auf welchen ein und derselbe Mensch von einer und derselben Sache handelt und spricht, und es daher nicht begreifen, daß man als Physiker oder Arzt – denn „beide betrachten ihre Gegenstände mit der Materie", cum

[1] *Im Original:* Auctoritätsgläubigkeit

materia, „die Seele, inwiefern sie versenkt ist in die Materie, ohne welche keine Tätigkeit geschieht" – Materialist, als Philosoph, als Denker überhaupt oder schlechtweg Idealist sein kann, wenn auch nicht in der von Caspar Hofmann angegebenen Weise. Es ist ein nicht mit der Wahrheit verträglicher Widerspruch, von der Seele an sich als Philosoph zu verleugnen, was ich von ihr als Arzt behaupte, aber wohl verträgt es sich mit der Wahrheit, wenn ich von der subjektiven, von der philosophischen Seele verneine, was ich von der objektiven, der medizinischen gelten lasse.

Die philosophische Seele fragt: Was ist Gott? Was das Recht? Was der Geist, das Denken? Aber *das* Denken eben, das mit diesen Fragen sich beschäftigt, das sein Wesen nur nach dem Wesen seines Gegenstandes bestimmt, das sich nur als Erkenntnismittel und Erkenntnisakt Gegenstand ist, sich selbst daher als ein unorganischer Akt erscheint. „Die Physiologie", sagte ich im Jahre 1838 in der Beurteilung einer materialistischen Schrift, „für sich selbst weiß nichts vom Geiste, ja, der Geist ist für sie nichts, weil seinerseits der Geist das Nichts der Physiologie ist. Das Denken ist nur durch sich selbst bestimmt und bestimmbar, d. h. nur aus und durch den Gedanken erkennbar ... daher nur der Denker als Denker das Denken erkennt." Ich unterschreibe noch heute diese Worte: Der Geist ist das Nichts der Physiologie, aber mit dem Zusatze: für sich oder für mich, den im Akte der Geistestätigkeit von der Physiologie nichts wissenden und auch nichts wissen wollenden Denker; denn nur als Pathologie, als empfindliche Geistesstörung und Gedankenhemmung, kommt im Denken die Physiologie desselben mir zu Bewußtsein: „Die Seele ist viel mehr da, wo sie liebt, als wo sie lebt", plus ibi est, ubi amat, quam ubi animat. So ist sie auch viel mehr in dem, was sie denkt, als womit sie denkt; Denken heißt in Gedanken sein, abwesend sein, außer dem Leibe sein – aber, wohlgemerkt, nur in Gedanken –, gleichwie auch im Sehen in die Ferne ich mich außer meinem hier befindlichen Körper – aber, wohlgemerkt, nur optisch – in den Gegenstand meiner Augenweide versetze. Sowenig das Auge sehen könnte, wenn im Sehakt die Körper sichtbar und fühlbar wären, welche erst vermittelst der Anatomie und Physiologie Gegenstand des Bewußtseins werden, sowenig könnte das Hirn denken, wenn im Denken die organischen Gründe und Bedingungen desselben Gegenstand des Bewußtseins wären, wenn nicht vielmehr sich der Mensch der Wirkung ohne Ursache, der Kraft ohne Stoff, der Verrichtung ohne Organ, des Denkens also ohne Hirn bewußt werden könnte. Ich denke, also bin ich, sagt die philosophische Seele, ich denke mich aber ohne Leib, also bin ich ohne Leib. Aber, wie gesagt, nur in Gedanken, nicht in Wirklichkeit, denn das „Ich bin ohne Leib" heißt nichts anderes als: Ich denke nicht an den Leib; ich bin so sehr in Gedanken, daß ich nichts von meinem Körper weiß, auch nichts zu wissen brauche; denn wie das Auge da ist, nicht um in sich hinein-, sondern außer sich herauszuschauen, so ist auch das Hirn da, nicht um an sich, sondern an anderes, an Gegenständliches zu denken. Das Organ verliert, vergißt, verleugnet sich in dem opus fervet [die Arbeit brennt] seiner Tätigkeit, die Tätigkeit in ihrem Gegenstande. Die philosophische Seele hat also recht, wenn sie sagt: Cogito ergo sum, scilicet Philosophus, ich denke, also bin ich, nämlich Philosoph oder res cogitans, denkendes Wesen; aber sie hat unrecht, wenn sie vom Denken unmittelbar auf das Sein, das wirkliche Sein, schließt, wenn sie die Logik auch zur Physik der Seele macht oder vielmehr an deren Stelle setzt, wenn sie, weil der Philosoph mit dem Denken beginnt, nichts als das Denken für sich voraussetzt, das Denken an und für sich zu einer nichts voraussetzenden Tätigkeit macht und dadurch in den schneidendsten Widerspruch mit der medizinischen, insbesondere pathologischen Fakultät des Menschen setzt.

„Den Mathematiker, der in den Regionen des Unendlichen schweift und in der Abstraktionswelt die wirkliche verträumt, jagt der Hunger aus seinem intellektuellen Schlummer empor; den Physiker, der die Mechanik des Sonnensystems zergliedert und den irrenden Planeten durchs Unermeßliche begleitet, reißt ein Nadelstich zu seiner mütterlichen Erde zurück; den Philosophen, der die Natur der Gottheit entfaltet und wähnt, die Schranken der Sterblichkeit durchbrochen zu haben, kehrt ein kalter Nordwind, der durch seine baufällige Hütte streicht, zu sich selbst zurück und lehrt ihn, daß er das unselige Mittelding von Vieh und Engel ist." So spricht der Dichter und Denker Schiller als „Kandidat der Medizin".

Die Medizin, die Pathologie vor allem, ist die Heimat und Quelle des Materialismus. Und diese Quelle kann leider nicht durch philosophische Gründe verstopft werden; denn solange noch die Menschen leiden, wenn auch nur Hunger und Durst, und diese Leiden nicht durch idealistische Machtsprüche, durch wunderwirkende Worte, durch kategorische Imperative geheilt werden können, solange werden sie auch, wenn auch wider Wissen und Willen, Materialisten sein. Die Medizin ist aber nicht die Quelle und Residenz des extravaganten und transzendenten, des über den Menschen hinausschweifenden, sondern des immanenten, im und beim Menschen stehenbleibenden Materialismus. Aber gerade dieser ist der Archimedische Standpunkt in dem Streite zwischen Materialismus und Spiritualismus, denn es handelt sich hier in letzter Instanz nicht um die Teilbarkeit oder Unteilbarkeit der Materie, sondern um die Teilbarkeit oder Unteilbarkeit des Menschen, nicht um das Sein oder Nichtsein Gottes, sondern das Sein oder Nichtsein des Menschen, nicht um die Ewigkeit oder Zeitlichkeit der Materie, sondern um die Ewigkeit oder Zeitlichkeit des Menschen, nicht um die außer dem Menschen in Himmel und Erde zerstreute und ausgedehnte, sondern um die in den menschlichen Hirnschädel zusammengepreßte Materie. Kurz, es handelt sich in diesem Streit, wenn er nicht kopflos geführt werden soll, nur um den Kopf des Menschen. Er allein ist, wie der Ursprung, so das Ziel und Ende dieses Streits. Sind wir einmal mit der merkwürdigsten und schwierigsten Materie des Denkens, mit der Materie des Hirns, im reinen, so werden wir es bald auch mit den andern Materien, mit der Materie überhaupt sein. „Das Altertum", sagt vortrefflich der Engländer Thomas Willis, ein Mediziner des siebzehnten Jahrhunderts in der Vorrede zu seiner „Anatomie des Hirns", „hat ein richtiges Vorgefühl gehabt, wenn es sagte, daß die Minerva aus dem vom Vulkan mit den Messern der Hebammenkunst geöffneten Gehirn entsprungen sei. Denn entweder auf diesem Wege, nämlich durch Tod und Wunden und gleichsam durch den Kaiserschnitt, wird die Wahrheit ans Licht springen oder ewig verborgen bleiben." Aber gleichwohl sagt uns die Anatomie nur die tote und ebendeswegen nicht die ganze, volle Wahrheit. Die Wissenschaft kann nun und nimmermehr den Standpunkt des Lebens zu ihrer Ergänzung entbehren oder ersetzen. Leben, Empfinden, Denken ist etwas absolut Originales und Geniales, Unkopierbares, Unersetzliches, Unveräußerliches – ist in Wahrheit das nur durch sich selbst erkennbare, aber nicht mystifizierte, nicht travestierte Absolute der spekulativen Philosophen und Theologen.

10
Das Wesen des Spiritualismus

Die dem Materialismus entgegengesetzte Lehre, der Spiritualismus, wenigstens der geschichtliche, denkwürdige, der sozusagen klassische, der nicht, soweit dies überhaupt möglich ist, mit fremdartigen Bestandteilen vermischte Spiritualismus, wie der charakterlose Spiritualismus der Gegenwart, ist die Lehre, daß die geistige Tätigkeit des Menschen, das Denken und Wollen, nach vielen selbst auch das Empfinden, in einem vom Körper desselben wesentlich unterschiedenen und unabhängigen, also, weil der Körper ausgedehnt, sichtbar, kurz, sinnlich und materiell ist, nicht sinnlichen, nicht materiellen, darum Geist (spiritus) oder auch Seele genannten Wesen seinen Grund habe.

Daß der Geist oder die Seele – zum Unterschiede von der tierischen Seele auch die vernünftige Seele genannt – nicht bloß ein vom Körper unterschiedenes, sondern auch unabhängiges Wesen [ist], d. h. ohne den Körper sein und wirken kann, das ist eine notwendige Folge ihrer Unkörperlichkeit und Immaterialität und daher ausdrückliche, charakteristische, sein Wesen kennzeichnende Behauptung des Spiritualismus. So sagt Plato in „Phädon“: „Die Seelen waren schon eher, als sie in Menschengestalt waren, ohne Körper und hatten Verstand oder Einsicht.“ „Wenn die Seele den Körper gebraucht, um etwas zu betrachten, sei es vermittelst des Sehens oder irgendeines andern Sinnes (denn vermittelst des Körpers heißt eben vermittelst der Sinne etwas betrachten), so wird sie von dem Körper in das Veränderliche hineingezogen; wenn aber sie *selbst für sich* etwas betrachtet, dann begibt sie sich in das Reine und Immerseiende und Unveränderliche.“ Die Seele *für sich selbst* ist aber bei Plato soviel als die Seele nicht mit dem

Körper oder ohne den Körper, wie er denn ausdrücklich z. B. im neunten Kapitel das vom Körper getrennte oder befreite Sein der Seele mit ihrem Fürsichselbstsein identifiziert. So sagt Cartesius in der sechsten Meditation: „Es ist gewiß, daß ich von meinem Körper wirklich unterschieden bin und *ohne ihn existieren kann*", in der vierten Antwort auf seine Gegner: „Man muß nicht glauben, daß die Denkkraft so an das körperliche Organ gebunden sei, daß *sie nicht ohne dasselbe existieren könne.*" Antilucretius im fünften Gesang: „Der Geist ist mit dem Körper verbunden, aber er kann ohne den Körper leben." B. Bekker in seiner „Bezauberten Welt": „Die Seele kann auch ohne den Körper bestehen, weil sie ohne ihn wirkt oder tätig ist." A. Heerebord, ein holländischer Professor der Philosophie, in seinem ethischen Kollegium: „Die vernünftige Seele hängt nicht vom Körper ab, weder indem sie entsteht, noch indem sie ist, noch indem sie wirkt", in seinem physischen Kollegium: „Die vernünftige Seele kann außer dem Körper existieren und kann wirken unabhängig vom Körper, widrigenfalls hinge sie von der Materie ab, aber sie ist ja immateriell ebenso in betreff ihrer Entstehung als in betreff ihres Seins und Wirkens." Baronius, ein englischer Philosoph, in seiner „Philosophie, die Magd der Theologie": „Die menschliche Seele existiert und wirkt nach dem Tode des Menschen außer der Materie, also hängt sie nicht von der Materie ab. Die Form oder Seele des Tiers kann zwar ebensowenig ohne ihre Materie, d. h. ihren Körper, existieren, als ohne ihn empfinden oder begehren. Aber die menschliche Seele existiert nicht nur nach dem Tode außer der Materie (extra materiam), sondern sie wirkt auch außer derselben in der Tätigkeit des Erkennens und Wollens." Gassendi in seinen „Anmerkungen zum zehnten Buch des Diogenes L.": „Der Geist oder der Verstand, die Wurzel des Willens, ist immateriell oder unkörperlich und ohne Organ (inorganicus), nicht vermischt mit der Materie, sondern von ihr frei. Und dies ist so sehr der bloßen natürlichen Vernunft bekannt, daß, um von den übrigen Philosophen zu schweigen, es sowohl Anaxagoras behauptet als Aristoteles bestätigt hat." Aristoteles, dessen Lehre übrigens in diesem Punkt trotz aller Kommentatoren höchst dunkel ist, behauptet nämlich zwar nicht von der Seele überhaupt, von der er vielmehr eine materialistische Definition gibt, indem er in ihren Begriff den Körper aufnimmt, den Körper ihr voraussetzt, aber von der Seele, inwiefern sie denkt, erkennt, vom νοῦς, der Vernunft oder dem Verstand, daß er, weil er alles erkennt, notwendig unvermischt, d. h. unkörperlich, sei, daß er kein Organ habe, wie die Empfindung, daß zwar die Empfindung nicht ohne Körper, der Verstand aber getrennt (nämlich vom Körper) sei. Dasselbe behaupteten ihrem, wenn auch oft mißverstandenen, Meister zufolge die scholastischen Philosophen und Theologen. So sagt z. B. Thomas Aquino im ersten Teil seiner „Summa": „Die Seele ist getrennt (nämlich vom Körper) der Denk- oder Erkenntniskraft nach, welche nicht die Kraft irgendeines körperlichen Organs ist, gleichwie die Sehkraft die Tätigkeit des Auges ist; denn das Denken ist eine Tätigkeit, welche nicht durch körperliche Organe kann ausgeübt werden ... Die menschliche Seele ist wegen ihrer Vollkommenheit keine in die körperliche Materie versenkte oder gänzlich von ihr umfaßte Form, und es steht daher nichts im Wege, daß sie nicht eine Kraft habe, welche kein körperlicher Akt ist"; ferner: „Das denkende oder erkennende Prinzip, welches Geist oder Verstand genannt wird, hat eine Tätigkeit durch sich selbst, woran der Körper nicht teilnimmt. Nichts kann aber durch oder für sich selbst (per se) tätig sein, was nicht durch sich selbst besteht." Endlich: „Das Denken ist eine gänzlich immaterielle Tätigkeit." Doch wozu einzelne Stellen? Es war ja allgemeine und ausdrückliche Glaubenslehre der christlichen Kirche und folglich auch der philosophia ancillans theologiae [der Theologie als Magd dienenden Philosophie], daß die durch den Tod vom Leibe geschiedenen Seelen noch existieren, ohne Körper wollen, denken, ja, selbst empfinden, Leiden und Freuden empfinden, daß sie erst am Jüngsten Tage, am Auferstehungsfeste, wieder mit ihren Körpern vereinigt werden. Nur über den Ort und Zustand der abgeschiedenen Seelen unmittelbar nach dem Tode war Streit, namentlich zwischen der katholischen und protestantischen Kirche.

Einige Spiritualisten behaupteten jedoch, daß die Seelen oder Geister auch nach dem Tode einen Leib hätten, wenigstens einen „subtileren Leib, der aus dem gröberen, in die

Erde verscharrten wie ein Branntwein aus der Weinhefen herausgezogen wird", wie der im vorigen Jahrhundert berühmte Philosoph und Theolog Canz in seinem „Überzeugenden[1] Beweis von der Unsterblichkeit" sich ausdrückt. Ja, Leibniz behauptete, daß alle erschaffenen Geister, also auch die lieben Engelein, nicht und nie ohne Leib seien. Allein ob mit, ob ohne Leib ist ganz gleichgültig. Die Seele ist, wie aus den angeführten Stellen erhellt, wie aus dem Begriffe eines immateriellen Wesens notwendig folgt, auch *im* Leibe *außer* dem Leibe, in der Verbindung mit dem Körper ohne Verbindung mit ihm. Alle Versuche der Spiritualisten, den Zusammenhang zwischen Leib und Seele zu erklären oder auch nur einigermaßen verständlich zu machen, sind gescheitert und mußten scheitern, weil der wahre Sinn und Wille des Spiritualismus nicht die Verbindung der Seele mit dem Leibe, wenigstens dem nicht phantastischen, materiellen, wirklichen, sondern die Scheidung derselben vom Leibe ist. Der Spiritualismus ist die für ein anderes, zukünftiges Leben, nicht für dieses gegenwärtige Leben bestimmte und berechnete Seelenlehre. Die Seele wird schon im Leibe ohne Leiblichkeit gedacht, um nach dem Tode ohne Leib existieren zu können. Der Wunsch eines vom Tode des Leibes unabhängigen Lebens ist der Vater eines vom Leibe unterschiedenen Wesens. Unsterblichkeit und Unkörperlichkeit ist eins. „Alles, was geistig und frei von der befleckenden Gemeinschaft der Materie (a materiae contagio), ist unsterblich." Der historische Beweis davon, daß die logische Trennung der Seele vom Leibe, von der Materie überhaupt, nur die physische, wirkliche Trennung derselben vom Leibe im Tode, also die Unsterblichkeit, zum Zwecke habe, ist Plato, der erste, der die Immaterialität der Seele, aber auch der erste, der die Unsterblichkeit der Seele demonstriert hat, ist überhaupt der Unsterblichkeitsbeweis von Platons „Phädon" an bis herab zu Mendelssohns „Phädon", als welcher sich stets auf die Unkörperlichkeit oder Immaterialität der Seele gestützt hat. Nur Kant erst hat dieses Band zerrissen, die Unsterblichkeit nur zu einer moralischen Forderung und Folgerung gemacht, weil er sei-

[1] *Im Original:* Überzeugender

nem Idealismus oder vielmehr Skeptizismus gemäß das, was dem Spiritualismus für das wirkliche, objektive Wesen der Seele an sich gilt, nur für das subjektive, denkbare Wesen oder, richtiger, für einen bloßen gegenstandslosen Gedanken von dem an sich unbekannten Wesen der Seele erklärte, zugleich aber mit der Unzulänglichkeit des Spiritualismus auch die des Materialismus behauptete, und zwar aus dem Grunde, weil das Materielle den äußeren Sinnen, die Seele aber nur dem innern Sinn Gegenstand sei. Eine Abfertigung des Materialismus, die sich übrigens eigentlich schon bei Malebranche findet, wenn er im dritten Buche seines Hauptwerkes sagt: „Da ich gewiß bin, daß jeder seine Seele nur durch den Gedanken oder das innere Gefühl von allem, was in seinem Geiste vorgeht, kennt, so bin ich auch gewiß, daß, wenn einer über die Natur seiner Seele urteilen will, er nur dieses innere Gefühl, welches ihn stets ihm selbst so, wie er ist, darstellt, um Rat fragen und nicht gegen sein eigenes Bewußtfein sich einbilden darf, daß er ein unsichtbares Feuer, eine feine Luft oder eine Harmonie sei."

11

Die Einheit der Seelen- und Gotteslehre

Wie aus der Seele, wenigstens der Seele des Spiritualismus – aber nur um diese allein handelt es sich, nicht um die skeptische Seele Kants –, nur das Leben nach dem Tode, aber nicht das Leben vor dem Tode, das wirkliche, gegenwärtige Leben, Denken und Empfinden erklärt und abgeleitet werden kann, so kann man überhaupt aus ihr nur auf die Theologie, nicht aber die Anthropologie schließen, nur Götter, nicht aber Menschen heraus- und hervorbringen. „Die Psychologie gibt der Theologie ihre Prinzipien", sagt Wolff – derselbe, der zuerst zwischen empirischer und rationaler Psychologie unterschied. Aber die Psychologie überhaupt, auch die sogenannte rationale, ist in der Tat nichts anderes als die empirische Theologie, die Theologie erst die rationelle Psychologie; denn die Verbindung der Seele mit dem Leibe, die in der rationellen Psychologie erklärt, in der empirischen als Tatsache angenommen wird, ist im Widerspruch mit der

Vernunft, weil im Widerspruch mit dem Wesen oder Begriff der Seele. Die Theologie erst ist die wahre, die widerspruchlose Psychologie, denn die Gottheit ist nichts anderes als eben die von dem Widerspruch ihrer Verbindung mit dem Leibe, mit der Materie befreite Seele, die Seele nichts anderes als eine gebundene, latente, mit fremdartigen Bestandteilen vermischte und verunreinigte Gottheit.

Die Seele ist, wie die Gottheit, unkörperliches, folglich auch, wie jene, unörtliches, unräumliches Wesen, und doch ist sie durch ihre unselige Verbindung mit dem Körper an den Ort desselben gebunden. So heißt es z. B. in de la Forges „Traktat vom menschlichen Geist" im zwölften Kapitel: „Man kann nicht sagen, daß der Geist aus sich selbst in irgendeinem Orte sei, denn da er nicht ausgedehnt ist, so kann er keinen Raum erfüllen. Wenn wir indessen den Geist betrachten als verbunden mit dem Körper, so können wir sagen, daß er mehr in diesem Orte ist als in einem andern rücksichtlich dieser Verbindung; denn es ist unmöglich, daß der Körper, mit dem er verbunden, keinen Raum erfülle, keine bestimmte Ordnung und Lage unter den übrigen Körpern habe; wenn wir aber sagen, daß der Geist an irgendeinem Orte sei und nicht an einem andern, so darf dies nichts anderes bedeuten, als daß der Geist verbunden sei mit einem bestimmten Körper und nicht mit einem andern; denn außer dem Stande der Verbindung ist es undenkbar, daß eine Substanz, deren ganzes Wesen im Denken besteht, in einem Orte sein könne." Inwiefern die Seele verbunden ist mit einem Leibe, ist sie natürlich an einem Orte; aber wie reimt sich eben das Nirgendwosein – ein von den Cartesianern und Wolff gebrauchter Ausdruck – mit dem Irgendwosein zusammen? Wie kann man zugleich in einem Orte und in keinem Orte sein? Die Seele verliert ja auch in der Verbindung mit der Materie nicht ihre Immaterialität, folglich auch nicht ihre Illokalität, ihr Nirgendwosein. „Die Seele", sagt z. B. Gregor von Nyssa in seiner Schrift „Von der Seele" im zehnten und elften Kapitel, „wird in der Vereinigung mit dem Leibe nicht verändert, sie bleibt ohne Verwirrung und Vermischung mit ihm." Was ist also die göttliche Allgegenwart anders als die von der Opposition, dem Widerspruche des Körpers befreite Nichtörtlichkeit der Seele? Verwirft der Spiritualismus die Vorstellung von der Unörtlichkeit der Seele, schreibt er derselben Ausdehnung zu, wenn auch nur eingebildete, nicht materielle, wirkliche, nun, so schreibt er auch der Gottheit eine solche Ausdehnung zu. Wie die Psychologie, so die Theologie. Die Scholastiker machten die kostbare Entdeckung, daß die Seelen nicht in irgendeinem Wo, in aliquo ubi, sondern gleichsam an einem Orte, ut in loco, aber doch nicht wirklich in irgendeinem Orte existieren. Natürlich ist nun auch Gott überall, an jedem Orte, aber nur ut in loco. Selbst Wolff noch behauptet und demonstriert selbst weitläufig in seiner „Natürlichen Theologie" diesen scholastischen Unsinn.

Was von der Nichtörtlichkeit der Seele, das gilt selbst schon von ihrer Unkörperlichkeit oder Immaterialität. Die Seele mit einem Leibe verbinden heißt in Wahrheit nichts anderes, als ihr die Unkörperlichkeit absprechen. Sage ich: Die Seele hat einen Körper, so sage ich in Wahrheit: Die Seele ist körperlich, sie hat Ausdehnung und Gestalt. In der Tat ist es auch so: Die menschliche Seele hat menschliche Gestalt, die Ochsenseele Ochsengestalt. Will man also die immaterielle Seele behaupten, so verneine man ihre Verbindung mit dem Leibe oder leugne lieber gleich die Existenz der Leiber. Es ist mit der Seele wie mit der Gottheit. Man kann wohl von der Welt zu Gott, vom Körper zur Seele kommen, aber man kann nicht aus Gott auf die Welt, nicht aus der Seele auf den Körper herabkommen, wenn man nicht vom Gaul auf den Esel kommen will. Habe ich Gott, so brauche ich keine Welt, denn ich habe an ihm unendlich mehr; habe ich eine immaterielle Seele, so brauche ich keinen Körper. Also weg mit ihm! Verneint öffentlich, laut, was ihr im geheimen, im Wesen der Seele verneint, in der Unkörperlichkeit derselben schon für ein Unding erklärt habt, und gesteht, daß erst in der Gottheit die immaterielle, unkörperliche Seele widerspruchslose Wahrheit ist.

„Die Seele", sagt derselbe Gregor im zwölften Kapitel der angeführten Schrift, „ist unkörperlich, aber Gott ist wahrhaft und unvergleichbar mehr unkörperlich", gleich als gäbe es Grade der Unkörperlichkeit und als wenn die Immaterialität der Seele nur Schein oder Lüge wäre. Dasselbe gilt von der Einfachheit. Die Seele, heißt es, ist einfach, aber doch ist erst „Gott allein, wie Augustin sagt, wahrhaft und im höchsten Grade einfach", denn der Einfachheit der Seele widerstreitet ihre „Vielfachheit", ihre Veränderlichkeit, die Verschiedenheit ihrer Kräfte, die aber selbst wieder nur in der Vielfachheit und Verschiedenheit der körperlichen Organe ihren Grund hat. Dasselbe von der Unsterblichkeit. Die Seele ist unsterblich, ewig, aber nur, wie man sich ausdrückte, a parte post, d. h. hintennach, nachdem man einmal geboren ist, aber nicht a parte ante, von vornherein oder vordem, was allein Gott ist. Aber beide Unsterblichkeiten, die von vorher oder ohne Anfang und die nachher oder die ohne Ende, gehören zusammen; jene ist die Voraussetzung und Ergänzung von dieser; daher viele an eine Präexistenz, eine der leiblichen Existenz vorhergehende Existenz der Seele glaubten. Aber diese Annahme ist phantastischer Luxus. Die präexistierende Seele ist die Gottheit. Daher heißt es auch von dieser Eigenschaft wieder: „Gott allein Unsterblichkeit hat." Nichts ist daher köstlicher, als wenn man glaubt, man könne den lieben Gott fahrenlassen, ohne zugleich die liebe unsterbliche Seele fahrenzulassen; man könne die Gottheit in Natur und Menschheit auflösen, ohne zugleich den Spiritualismus und Psychologismus, der zuletzt doch nichts als ein gemütlicher und phantastischer Materialismus, in den vernünftigen Materialismus aufzulösen. Gott nur entscheidet über das Schicksal der Seele, er nur ist der in voller Klarheit ausgesprochene, dargestellte, verwirklichte Begriff der Seele; er nur ist die aus den dunklen und verworrenen Vorstellungen, welche aus ihrem Zusammenhang mit dem Leibe entspringen, ans Licht hervorgezogene Seele. Die Theologie ist die wahre, die objektive, die offenbare, die vollendete Psychologie, denn die sogenannte Psychologie, versteht sich die spiritualistische, ist nur eine Mißgeburt der Theologie, entsprungen aus der unnatürlichen, sodomitischen Vermischung der göttlichen Seele mit dem gottlosen Materialismus des menschlichen Körpers.

Doch wozu an einzelnen Eigenschaften die Einheit der Seelen- und Gotteslehre nachweisen? Es liegt in der Natur der Sache, es ist ausdrückliche Behauptung der Spiritualisten und Theisten, daß zwischen den Eigenschaften des göttlichen und denen des menschlichen Geistes kein anderer Unterschied stattfindet, als daß jene als Eigenschaften des unbegrenzten und unendlichen Wesens unendlicher, diese als Eigenschaften eines beschränkten, endlichen Wesens endlicher Art und Natur sind. Aber unendlich ist nur der göttliche Geist, weil er mit keinem Körper, endlich der menschliche, weil er mit einem Körper, mit der Materie verbunden ist. *Geist mit Leib* ist und heißt *Mensch, Geist ohne Leib* ist und heißt *Gott.*

Wenn man nicht begreift oder begreifen will, daß zwischen dem Geiste oder der Seele des Menschen und *der* Seele, die Gott heißt, kein anderer Unterschied als der angegebene stattfindet, so hat dies nur – hier, wo es sich nur um das Wesen, nicht den Willen, nur die Metaphysik oder Psychologie, nicht die Moral handelt – darin seinen Grund, daß unbewußt stets die Sinnlichkeit zwischen die Seele und die Gottheit tritt, daß der Mensch aus der Sinnlichkeit, d. h. aus der Verbindung der Seele mit dem Leibe, welche er als Spiritualist im Begriffe der Seele der Einbildung und dem Gedanken nach aufhebt, nie wirklich herauskommt und herauskommen kann, daß er daher seiner Seele den sinnlichen Menschen unterschiebt, kurz, mit dem Spiritualismus vermittelst der Einbildungskraft den Sensualismus verbindet. Daher z. B. der Satz des sonst so spiritualistischen Augustin, daß die Seele Ähnlichkeit mit dem Körper und seinen Organen habe. (4) Daher also die Unvereinbarkeit der Seele und Gottheit, denn diese ist ja nur eine, aber es gibt unzählig viele einzelne Seelen. Allein die Einheit der Gottheit ist nur die rein und fest erhaltene Einheit der Seele; mit der Einzelheit, Vielheit und Verschiedenheit, kurz, mit dem Plural der Seelen, sind wir schon dem Spiritualismus der Seele untreu geworden, dem Materialismus und Sensualismus, wenn auch wider Wissen und Willen, anheimgefallen; denn die vielen verschiedenen Seelen stammen nur aus der sinnlichen Wahrnehmung der vielen verschiedenen Menschen. Das Leibnizsche Prinzip des unendlichen Unterschieds ist in Wahrheit nur das Prinzip der Sinnlichkeit, und deswegen hat man denn auch nicht lächerlicher-, sondern höchst vernünftigerweise nicht im Bücherstaub, sondern im frischen Garten der Natur, wenn auch an einem höchst unpassenden Orte, seine Bestätigung oder Widerlegung gesucht. „Jeder Menschenkörper", sagt Burdach in seiner „Anthropologie", „hat *Eigentümlichkeiten* im innern Bau", in der Verzweigung der Gefäße, im Ansatz der Muskeln usw., so daß man den allgemeinen Typus nur aus dem häufigern Vorkommen einer bestimmten Form abstrahieren kann. Am bedeutendsten sind die *Varietäten an den Windungen des Gehirns*, indem diese in Hinsicht auf Zahl, Breite und Richtung bei keinem Menschen denen eines andern völlig gleich sind. Nicht minder verschieden ist das Verhältnis der Organe zueinander in betreff ihrer Größe und Schwere, so beträgt schon das *Gewicht des Gehirns bei einigen Menschen fast ein Pfund mehr als bei andern.*" Dieser evidente und ebenso penetrante Körperunterschied berechtigt uns zu dem Schluß, daß er nur der Grund der Geistesverschiedenheiten überhaupt so gewiß ist, als es gewiß ist, daß insbesondere der Unterschied zwischen einer weiblichen und männlichen Seele nur aus dem Unterschiede zwischen einem weiblichen und männlichen Körper stammt, gewiß ist, daß selbst die unterschiedenen Geistes- oder Gemütszustände des Weibes nur von den unterschiedenen Zu- und Umständen seines Körpers herkommen. Was ist aber für die immaterielle Seele der Unterschied zwischen Mann und Weib, der Unterschied selbst zwischen menschlichem und tierischem Körper? Was sogar am eignen Leibe der Unterschied zwischen Kopf und Steiß? Ist der Körper überhaupt oder das Wesen des Körpers aufgehoben im Wesen des Geistes, verneint von ihm, so ist notwendig auch aller materielle, körperliche Unterschied, den wir zwischen Mensch und Tier, an uns selbst zwischen Kopf und Steiß mit unsern plumpen Sinnen wahrnehmen, aufgehoben, verneint. „Die Seele ist ja nicht nur ganz im ganzen Körper, sondern auch ganz in jedem Teile des Körpers"; also denkt und empfindet sie auch ebensogut im Steißbein als im Kopfe. Folgerichtig behaupteten daher aus diesem Grunde einige Theologen und Juristen, daß man ein Kind taufen könne, sowie nur irgendein Teil seines Körpers aus dem Mutterleibe hervorgetreten sei, während dagegen andere aus in die Augen fallenden, aber ebendeswegen dem Wesen der Seele widerspechenden Gründen – denn „der Körper gehört nicht zum Wesen der Seele", corpus non est de essentia animae – diese Ehre nur dem Kopfe widerfahren ließen.

Daß der Grund der vielen verschiedenen Seelen, der Grund der Verschiedenheit überhaupt, nicht die Seele, sondern der Körper, die Materie ist, dies haben übrigens sehr viele Spiritualisten selbst erkannt und ausgesprochen. So sagt z. B. Malebranche in seiner „Erforschung der Wahrheit" im ersten Buche: „Unendlich mannigfaltig sind die natürlichen Dinge, *vorzüglich* aber die *materiellen*"; Thomas Aquino in seiner „Summa": „Die Materie ist das Prinzip der Individualisierung (principium individuationis) der Formen" oder Seelen, anderswo: „Die Materie ist das Prinzip der Einzelheit." Da aber gleichwohl die Scholastiker als Theologen an eine zahllose Menge von Engeln, von körperlosen Geistern glaubten, so halfen sie sich als Philosophen damit, daß sie sagten, wie z. B. Albertus in seinem Kommentar zu der „Himmlischen Hierarchie" des Dionysius, die „Engel hätten in sich etwas Individualisierendes anstatt der Materie, woher ihre Vielheit komme". Selbst die Katholische Kirche hat auf dem Lateranischen Konzil unter Leo X. den Ausspruch getan, daß im Verhältnis zur Vielheit der Körper, denen sie eingegossen wird, auch die Seele vervielfältigt werde. Ebenso haben die Spiritualisten selbst den Zusammenhang oder vielmehr die Einheit zwischen der Unendlichkeit und Geistigkeit oder Immaterialität eingesehen und behauptet. „Die Immaterialität des menschlichen Geistes", sagt z. B. Th. Gale in seiner „Philosophia generalis", „ist der Grund, daß der Umfang seines Fassungsvermögens ein fast unermeßlicher und unendlicher ist. Daher der so oft wiederholte Ausspruch: ‚Der Verstand wird durch das Verstehen alles; die Seele ist, wie nach Aristoteles Thomas Aquinas sagt, gewissermaßen alles, durch den Sinn alles Sinnliche, durch den Verstand alles Verstehliche oder durch den Geist alles Geistige.' Daher auch der Satz: ‚Je mehr die Formen immateriell sind, desto mehr haben sie Umfang, Universalität und Unendlichkeit!'" Aber selbst auch die philosophischen Spiritualisten, wenigstens die christlichen, haben diese Einheit der Unendlichkeit und Unkörperlichkeit, folglich auch der Gottheit und Seele, nur stückweise erkannt, die Wahrheit daher auch nur bruchstückweise, nur indirekt und unbewußt gesagt, so daß man ihre verschiedenen, zusammenhanglosen Äußerungen erst verbinden und erklären muß, um die Einheit der Theologie und Psychologie als ihren wahren Sinn zu erkennen. Dies gilt auch von Cartesius und Leibniz.

12

Die Einheit der Cartesischen und Leibnizischen Seelen- und Gotteslehre

Hegel, in seiner „Philosophie des Geistes", sagt: „Descartes, Malebranche, Spinoza, Leibniz haben sämtlich *Gott* als diese Beziehung (nämlich zwischen Leib und Seele) angegeben, und zwar in dem Sinne, daß die Endlichkeit der Seele und die Materie nur ideelle Bestimmungen gegeneinander sind und keine Wahrheit haben, so daß Gott bei jenen Philosophen nicht bloß, wie oft der Fall, ein anderes Wort für jene Unbegreiflichkeit ist, sondern vielmehr als die allein wahrhafte Identität derselben gefaßt wird." Abgesehen von Spinoza eine grundfalsche Behauptung, man müßte denn diese Identität darin ausgesprochen finden, daß Cartesius als gläubiger Christ in Übereinstimmung mit dem Katechismus Gott nicht nur zum Schöpfer der Geister-, sondern auch der Körperwelt macht. Aber es handelt sich ja hier und selbst im Sinne Hegels nur um Cartesius, den Philosophen. Dieser aber kennt nur zwei Klassen von Wesen oder Substanzen, die der körperlichen oder ausgedehnten und die der denkenden oder geistigen Substanzen. Und in diese letztere gehört Gott. Dieser steht aber so wenig mit der Materie, der leiblichen Substanz, in Verbindung, daß vielmehr in ihm erst das „cogito ergo sum": ‚Ich denke mich ohne Leib, also bin ich ohne Leib,' Wahrheit und Wirklichkeit ist, in ihm erst das eigentliche Wesen des menschlichen Geistes unumwunden ausgesprochen ist, denn „eigentlich gehört es nicht, wie ausdrücklich Cartesius sagt, zum Wesen des Geistes, daß er mit einem menschlichen Körper vereinigt ist", also auch nicht, daß er mit Empfindungen und Phantasien, d. h. sinnlichen Bildern, verunreinigt ist; denn diese stammen nur aus der Verbindung des Geistes mit dem Körper. Aber eben in Gott oder vielmehr Gott selbst – denn die nicht geistigen Prädikate, wie z. B. die Macht, sind nur aus der Natur geschöpfte – ist nur „denkende Substanz", nur „Wille und Verstand", nicht Empfindung, nicht Phantasie oder Einbildungskraft, also schlechterdings kein Band, keine Identität zwischen Materiellem und Immateriellem. Allerdings ist es Gott, der die Seele mit dem Leibe verbindet, aber es ist nicht sein mit dieser Verbindung in größtem Widerspruch stehendes Wesen, denn „in Gott ist nichts, was den äußerlichen, d. h. körperlichen Dingen ähnlich wäre", es ist nur, wie die konsequenten Cartesianer ausdrücklich behauptet haben, sein zwar mit seinem Wesen identischer, aber grundloser Wille, der das Wunder dieser Verknüpfung bewirkt hat, aber ebensogut nicht hätte bewirken können.

Und diese Verknüpfung nur ist der Grund der Beschränktheit und Endlichkeit des menschlichen Geistes, wie umgekehrt nur die Auflösung dieser Verknüpfung, die Scheidung der Seele vom Leibe, die Unendlichkeit des göttlichen Geistes begründet und ausmacht. „Gott", heißt es in den „Prinzipien der Philosophie", „begreift alles in sich, was nach unserer klaren Einsicht eine unendliche oder durch keine Unvollkommenheit begrenzte Vollkommenheit ist. Denn es gibt gar vieles, worin wir zwar etwas Vollkommenes erkennen, aber auch etwas Unvollkommenes und Begrenztes erblicken und was daher Gott nicht zukommen kann. So die körperliche Natur, weil sie zugleich mit der örtlichen Ausdehnung die Teilbarkeit enthält; die Teilbarkeit ist aber eine Unvollkommenheit, und es ist daher gewiß, daß Gott kein Körper ist. Ebenso ist es in uns eine gewisse Vollkommenheit, daß wir empfinden. Aber weil in jeder Empfindung Leiden ist – und leiden heißt von etwas abhängen –, so dürfen wir Gott nicht Empfindung, sondern nur Erkenntnis und Willen beilegen." Ebenso heißt es in der „Abhandlung von der Methode": „Ich habe in mir selbst deutlich erkannt, daß die denkende Natur von der körperlichen unterschieden, aber auch bemerkt, daß in jeder Zusammensetzung ein Teil von dem andern und das Ganze von den Teilen abhängt und daß das, was irgendwovon abhängt, nicht vollkommen ist. Deswegen habe ich geurteilt, daß es in Gott keine Vollkommenheit sein könne, aus diesen zwei Naturen zusammengesetzt zu sein, er folglich auch nicht aus ihnen zusammengesetzt sei." Was anders also als der Körper ist der Ursprung der Abhängigkeit, Unvollkommenheit und Beschränktheit des menschlichen Geistes?

„Ich habe", sagt Cartesius in dem vierten Selbstgespräch, wo er nach der Ursache des Irrtums sucht, „nicht nur eine Idee von Gott oder dem im höchsten Grade vollkommenen

Wesen, sondern auch eine Idee vom Nichts oder dem, was gar keine Vollkommenheit hat, und finde mich gleichsam in die Mitte gestellt zwischen Gott und Nichts oder zwischen dem höchsten Wesen und dem Nicht- oder Unwesen, so daß ich, inwiefern ich vom höchsten Wesen erschaffen bin, keinen Grund der Täuschung und des Irrtums in mir finde, wohl aber, inwiefern ich an dem Nichts oder Unwesen gewissermaßen teilnehme, d. h., inwiefern ich nicht selbst das höchste Wesen bin." Was anders ist denn nun aber dieses Nichts als das Nichts des Geistes, der ebendeswegen von Gott und Geist verneinte und vermaledeite Körper? Was anders die Quelle des Zweifels, der Täuschung, des Irrtums als die Verbindung des Geistes mit einem nicht geistigen, des Denkens mit einem nicht denkenden Wesen? Ist denn diese Verbindung nicht an und für sich selbst schon ein Widerspruch, eine Unwahrheit, eine Sinnestäuschung? Was anders kann also aus ihr entspringen als eine fortwährende Vermengung des Wahren mit dem Falschen, des Wesens mit dem Unwesen?

„Alles, was Wesen in uns ist", heißt es in der „Abhandlung von der Methode", „kommt notwendig von Gott her. Hieraus folgt, daß unsere Begriffe oder Ideen, da sie, insofern sie klar und deutlich sind, etwas Wesentliches sind, von Gott herkommen, nicht unwahr sein können. Wenn wir daher doch viele Ideen haben, welche etwas Falsches enthalten, so kommt dieses nur daher, daß dieselben auch etwas Dunkles und Verworrenes enthalten und insofern nicht von dem höchsten Wesen, sondern vom Nichts herkommen, d. h., sie sind dunkel und verworren, weil uns etwas fehlt oder wir nicht durchaus oder ganz und gar vollkommen sind." Aber warum sind wir denn nicht ganz und gar vollkommen? Weil wir nicht ganz und gar immateriell sind. Wenn daher Gott die Quelle der Verbindung unseres Geistes mit der Materie ist, so ist Gott auch die erste Quelle unserer Irrtümer und Täuschungen.

Cartesius beruft sich auf die Wahrhaftigkeit Gottes, wenn er von der Vorstellung der körperlichen Dinge auf ihre Existenz schließt. Aber sein Gott ist ebensowenig wahrhaftig als überhaupt der Gott der christlichen Theologie und Kirche, welcher vielmehr ein Wesen voller Widersprüche, voller Lug und Trug ist, welcher z. B. nach außen behauptet, einer zu sein, während er doch nach innen ein Dreier ist, mit dem Munde leugnet, daß drei Götter sind, während er doch im Herzen drei unterschiedene Personen bekennt. Wahrhaftig ist nur Gott, wenn er nichts sagt und nichts tut, was mit seinem Wesen im Widerspruch steht. Mit seinem Wesen steht aber nur die Scheidung der Seele vom Leibe, nicht ihre Verbindung mit dem Leibe in Übereinstimmung. Aus Gott, dessen Sein und Wesen eben in der Verneinung des materiellen Seins und Wesens besteht, die Materie ableiten heißt aus der Verneinung einer Sache ihre Bejahung, aus ihrer Nichtigkeit ihre Existenz folgern. Wahrhaftig ist der Cartesische Gott oder Geist nur da, wo er aus dem Begriffe Gottes dessen Existenz ableitet, also in dem sogenannten ontologischen Beweise vom Dasein Gottes; denn dieser Beweis hängt aufs innigste mit seinem „Ich denke, also bin ich" zusammen, ja, ist nur der gegenständliche oder theologische Ausdruck dieses seines psychologischen Grundsatzes. Gott, nicht die körperliche Welt, ist der dem Wesen, das sagt: „Ich denke, also bin ich, ich bin nur ein denkendes Wesen", gemäße, gleiche Gegenstand. „Die göttlichen Vollkommenheiten", sagt Cartesius, „können wir klarer und deutlicher erkennen als die körperlichen Dinge, weil sie unser Denken mehr ausfüllen, einfacher sind und durch keine Schranken verdunkelt werden." Gleicherweise „habe ich aber auch eine viel deutlichere Idee vom menschlichen Geiste, inwiefern er nur ein denkendes Wesen, als von irgendeinem körperlichen Wesen".

Aber ebenso klar und deutlich ist es auch, daß nur der Mensch, nur der Körper, den auch Cartesius nicht von sich losbringt, selbst da, wo er sich ohne Körper denkt, weshalb er selbst auf diesem Standpunkte von seiner Abhängigkeit spricht, die doch nach seinem eigenen Geständnis nur einen körperlichen Grund hat, daß, sage ich, nur der Körper es ist, welcher die Einsicht verdunkelt und erschwert, daß zwischen dem göttlichen und menschlichen Geiste kein Unterschied ist, daß in dem Wesen, dessen Sein mit der Idee, mit dem Gedachtsein zusammenfällt, nur das Wesen, dessen Sein mit dem Denken eins ist, sich vergegenständlicht, daß die Unzertrennlichkeit der Existenz von der Idee der unendlichen denkenden Substanz nur ein Ausdruck von der vollendeten Scheidung der Seele vom Leibe, des Geistes von der Materie ist. Die wahre eben angegebene Bedeutung des ontologischen Beweises, welche nur erkannt wird, wenn man denselben nicht für sich selbst allein, nicht außer dem Zusammenhang mit dem Ich, dem Denkenden, betrachtet, hat Schreiber dieses in seinen frühern Schriften erörtert, besonders in seinen „Bemerkungen über die Leibnizsche Theologie und Theodizee", daher hier nur kurz berührt.

Wenn nun aber trotz alledem die Seele oder der Geist mit dem Leibe in Zusammenhang gebracht werden soll, was für ein Zusammenhang kann ohne Widerspruch mit dem Wesen des Geistes zwischen beiden stattfinden? Kein anderer, als der zwischen dem Bewußtsein, dem Denken und dem Gegenstand des Bewußtseins oder Denkens, und zwar irgendeinem beliebigen körperlichen Gegenstand, stattfindet; denn mein eigner Körper ist nach Cartesius ebenso unterschieden von mir, ebenso außer mir als irgendein anderer fremder Körper – ist höchstens nur eine fixe Idee von mir im Unterschied von andern gleichgültigen und vorübergehenden Ideen oder Vorstellungen körperlicher Dinge.

Cartesius sagt: „Die Natur lehrt mich durch die Empfindung des Schmerzes, des Hungers, des Durstes, daß ich nicht so in meinem Leibe gegenwärtig bin wie der Schiffer in seinem Fahrzeug, sondern aufs engste mit ihm verbunden und gleichsam vermischt, so daß ich mit ihm gewissermaßen nur eins ausmache, denn außerdem würde ich, der ich nichts als ein denkendes Wesen bin, bei einer Körperverletzung keinen Schmerz empfinden, sondern diese Verletzung mit dem reinen Verstand wahrnehmen, gleichwie der Schiffer mit dem Auge wahrnimmt, wenn etwas in seinem Schiffe zerbricht; und wenn der Körper Speise und Trank bedarf, so würde ich davon nur eine deutliche Einsicht, aber nicht die verworrenen Gefühle von Hunger und Durst haben." Jawohl, mein Einssein mit dem Körper lehrt mich die Natur, aber nicht der mit der Natur im größten Widerspruch stehende Geist des Spiritualismus, selbst auch nicht der Leibnizsche; denn auch bei Leibniz ist das Band zwischen Leib und Seele nur die Vorstellung. Die Unvereinbarkeit beider tritt nur deswegen bei ihm nicht so kraß hervor wie bei Cartesius, weil er zu dunkeln Vorstellungen seine Zuflucht nimmt und dadurch das Verhältnis von Leib und Seele selbst in Dunkel hüllt. Wo aber die Seele auf ihrem immateriellen Wesen besteht, da kann auch in der Gottheit keine Rede sein von einer Identität von Geist und Materie. Leibniz sagt ja ausdrücklich: „Gott allein ist die wahrhaft von der Materie getrennte Substanz." „Die Gottheit ausgenommen, haben alle erschaffenen Geister Leiber." Aber ebendiese Verbindung der Geister mit den Leibern ist nur eine scheinbare, nur vorgestellte, nicht wirkliche, „denn es handeln ja die Leiber, als gäbe es keine Seelen, die Seelen, als gäbe es keine Leiber". Es ist daher nur der Schein der Materie, es sind nur dunkle und verworrene Vorstellungen, welche die Seele von der Gottheit unterscheiden. Die Seele ist nur die konfuse und obskure Gottheit, die Gottheit nur die klare und deutliche Seele – der enthüllte, ohne verworrene Vorstellungen gedachte und ausgesprochene Sinn und Verstand der menschlichen Seele. „Sie vergessen", sagt Jacobi zu dem zuletzt aus Leibniz angeführten Satz in seinem Gespräch über Hume, „das per impossibile [unmöglicherweise], welches Leibniz wohlbedächtig hinzufügte. Er erlaubt sich öfter dergleichen metaphysische Fiktionen." Aber der hier ausgesprochene Gedanke Leibniz' wäre nur dann *keine* metaphysische Fiktion, wenn die Gottheit, wenigstens wie er sie faßte, bei ihm nur die Bedeutung einer metaphysischen Fiktion hätte, was aber nicht der Fall ist. Gott ist die Seele ohne Leib, ohne Materie, d. h. ohne verworrene Vorstellungen, denn „diese repräsentieren," wie Leibniz sagt, „den Körper oder das Fleisch und machen *unsere Unvollkommenheit* aus", also wird uns erst in Gott reiner Wein eingeschenkt, in ihm erst unsere Vollkommenheit, die Vortrefflichkeit (l'exellence) unserer Seele, die nach dem frommen christlichen Philosophen Malebranche in seiner Abhandlung „Von der Liebe Gottes" in diesem Leben, d. h. in der Verbindung der Seele mit dem Leibe, uns absichtlich verhüllt ist, damit wir uns nicht zu sehr mit der Vortrefflichkeit unseres Wesens (de l'excellence de notre être) beschäftigen und darauf stolz werden, geoffenbart und vergegenständlicht.

Ebendiesen Malebranche zählt Hegel auch zu den Philosophen, welche Gott als die Identität der Seele und Materie gefaßt hätten. Allerdings finden sich in ihm Äußerungen, die zugunsten dieser Behauptung Hegels sprechen, z. B. im neunten Kapitel des dritten Buchs seiner „Erforschung der Wahrheit" und in seinen „Gesprächen über die Metaphysik". Hier heißt es im dritten Gespräche: „Der Geist und der Körper haben keinen wesentlichen Zusammenhang miteinander, aber mit Gott haben sie einen notwendigen Zusammenhang. Der Geist kann denken ohne den Körper, aber er kann etwas nur in der göttlichen Vernunft erkennen. Der Körper kann ausgedehnt sein ohne den Geist, aber er kann es nur sein in der Unermeßlichkeit Gottes. Die Beschaffenheiten des Körpers haben nichts gemein mit denen des Geistes, denn der Körper kann nicht denken, der Geist nicht ausgedehnt sein. Aber beide nehmen teil am göttlichen Wesen. Die Ausdehnung ist eine Wirklichkeit oder Wesenheit (realité), und im Unendlichen finden sich alle Realitäten. Gott ist also ausgedehnt ebensogut als die Körper, weil Gott alle Wesenheiten oder Vollkommenheiten besitzt; aber er ist nicht ausgedehnt wie die Körper, denn er hat nicht die Einschränkungen und Unvollkommenheiten seiner Geschöpfe. Gott erkennt ebensogut als die Geister, aber er denkt nicht wie sie. In ihm ist keine Aufeinanderfolge und Verschiedenheit der Gedanken. Er ist immer eins und unendlich; er ist kein so oder so bestimmtes Wesen, er ist das Wesen schlechtweg, das Wesen ohne Einschränkung." (5) Allein dieses scheinbar so liberale, ebensowohl den Leib als den Geist umfassende, allgemeine, uneingeschränkte Wesen erweist sich bei näherer Betrachtung nur als [das] unbeschränkte Wesen des Geistes, des Spiritualismus; denn Gott enthält den Körper nur auf unkörperliche, die Materie nur auf immaterielle, geistige Weise. Es ist nichts weiter von der Materie in Gott als ihre Idee; die wirkliche Materie aber ist, nach Malebranche, das Niedrigste, Verächtlichste, Unvollkommenste, von Gott Entfernteste, was man sich nur immer denken kann. Aber so entfernt sie von Gott, so entfernt ist sie von uns. Gott ist es allein, mit dem unser Geist oder unsere Seele „unmittelbar und direkt" verbunden ist; mit dem Leibe ist sie es nur durch den allmächtigen Willen Gottes; aber dieser Wille ist nur der blinde Ausdruck der tatsächlichen Vereinigung von Leib und Seele trotz ihrer wesentlichen Unvereinbarkeit. Ja, die Verbindung der Seele mit dem Leibe, wenigstens dem gegenwärtigen, dem wirklichen, nicht einem eingebildeten der Vergangenheit oder Zukunft, steht so sehr in Widerspruch mit dem Wesen der Gottheit und Seele, daß sie ihre Erklärung nur findet in dem Grunde alles Übels, in dem Abfall von Gott. „Man sticht mich in die Fingerspitze, und ich leide, ich bin unglücklich; ich bin unfähig, zu denken an die wahren Güter; meine Seele kann sich nur abgeben mit meinem verwundeten Finger, sie ist ganz von Schmerz durchdrungen. Welch sonderbares Elend! Ein Geist hängt ab von einem Körper und verliert seinetwegen die Wahrheit aus den Augen! Geteilt sein, was sage ich?, mehr beschäftigt sein mit seinem Finger als mit seinem wahren Gut! Welche Unordnung! Dahinter steckt gewiß ein Geheimnis." Ein Geheimnis, antwortet darauf Malebranche in den angeführten Gesprächen, das aber die Religion der Philosophie geoffenbart hat – der Sündenfall, der die Seele so abhängig vom Leibe, so sinnlich, ja, „gleichsam körperlich" gemacht hat, daß sie über den leiblichen Schmerzen und Vergnügungen Gott und sich selbst vergißt, sich selbst sogar mit ihrem Leibe konfundiert, verwechselt. Oh, schreckliche Konfusion! Die Seele verwechselt sich mit ihrem erbärmlichen Körper – die Seele, welche, wenn sie eine klare Idee von sich hätte (wie Malebranche außer an der schon erwähnten Stelle auch noch anderswärts, z. B. in seinen „Christlichen Meditationen", versichert), so von ihrer Schönheit, Größe und Vortrefflichkeit entzückt wäre, daß sie an nichts anderes mehr als an sich dächte und so bewiese, daß der Unterschied zwischen Seele und Gottheit nur in unklaren, verworrenen Köpfen Grund und Bestand hat!

13
Der Spiritualismus der sogenannten Identitätsphilosophie oder Kritik der Hegelschen Psychologie

Wenn aber gleichwohl Hegel in Malebranche, Cartesius und Leibniz seine Lehre von der Einheit des Geistes und der Materie, der Seele und des Leibes ausgesprochen findet, so muß es mit dieser seiner Einheit eine ganz besondere Bewandtnis haben, so muß sie zugleich auch das Gegenteil der Einheit sein. Sie muß es sein und ist es wirklich, schon infolge des obersten Grundsatzes seiner Philosophie von der

Einheit der Gegensätze überhaupt; denn das Geheimnis dieser Einheit ist der Widerspruch. Eine wahre Einheit von Leib und Seele kann nur dann gefunden werden, wenn man ebenso den seelenlosen, d. h. toten, Leib – denn der Leib im Gegensatz gegen die Seele bedeutet nur den Leichnam – als die leiblose Seele des Spiritualismus aufgibt, an die Stelle der Psychologie und Pneumatologie die Zoologie und Anthropologie setzt. Allein Hegel gibt nur den Leib, aber nicht die Seele auf. Der Leib ist ihm *keine*, die Seele *alle* Wahrheit. Wie die Einheit des Denkens mit dem Sein nur die Einheit des Denkens mit nichts – denn Sein und Nichts ist ja eins – oder nur mit sich, mit dem Gedanken, bedeutet, so ist auch die Einheit der Seele mit dem Leibe bei ihm nur die Einheit der Seele mit sich selbst als dem personifizierten Nichts des Leibes. Seine Psychologie ist der zur Wahrheit gemachte, der ausgeführte Gedanke Leibniz', daß die Seele so handle, so alles aus sich tue, als hätte sie keinen Leib, ist psychologischer oder spiritualistischer Autokratismus und Absolutismus. Das audiatur et altera pars [Auch die andere Partei werde angehört], wodurch doch allein jeder Streit geschlichtet werden kann – und als die andere Partie oder Partei der Menschenseele galt doch wenigstens noch der Körper dem alten Spiritualismus –, findet in der Hegelschen Psychologie kein Gehör. „In Wahrheit", heißt es in seiner „Philosophie des Geistes", „verhält sich das Immaterielle zum Materiellen nicht wie Besonderes zu Besonderem, sondern wie das über die Besonderheit übergreifende wahrhaft Allgemeine sich zu dem Besonderen verhält; das Materielle in seiner Besonderung (warum nur in seiner Besonderung? Gibt es denn nicht auch eine materielle Einigung, wie im Blutgefäßsystem, noch mehr im Nervensystem, zumal im Hirne?) hat keine Wahrheit, keine Selbständigkeit gegen das Immaterielle." „Der Geist ist die existierende Wahrheit der Materie, daß die Materie *selbst keine Wahrheit* hat." Also kürzer: Der Geist als die existierende Immaterialität ist die existierende Unwahrheit oder Nichtigkeit der Materie, denn die Grundbestimmung der Materie ist nach Hegel „das Außersichsein" und das Außereinanderseiende „Vieles, Einzelnes", die Seele aber Innerlichkeit, Allgemeinheit, Einheit, also die Aufhebung, die Verneinung „der Äußerlichkeit, Vereinzelung und Vielheit der Materie". Aber nicht nur die Materie im allgemeinen, die nur ein Gegenstand der Metaphysik, d. h. der Abstraktion, auch die wirkliche, leibliche Materie, die Materie der organischen Chemie, Physiologie und Anatomie, hat keine Wahrheit, keine Geltung für die Seele. „Sowenig die Mannigfaltigkeit der vielen Vorstellungen ein Außereinander und reale Vielheit in dem Ich begründet, sowenig hat das reale Außereinander der Leiblichkeit eine Wahrheit für die fühlende Seele. Empfindend ist sie unmittelbar bestimmt, also natürlich und leiblich, aber das Außereinander und die sinnliche Mannigfaltigkeit dieses Leiblichen gilt der Seele ebensowenig als dem Begriffe für etwas Reales und darum nicht für eine Schranke."

Die Hegelsche Psychologie stützt sich daher auf „die Erscheinung des tierischen Magnetismus, weil in denselben das nach der Meinung des Verstandes durchaus feste Gebundensein des Geistes an Ort und Zeit sowie an den verständigen Zusammenhang von Ursache und Wirkung seinen Sinn verliert und innerhalb des sinnlichen Daseins selbst die dem Verstande ein unglaubliches Wunder bleibende Erhabenheit des Geistes über das Außereinander und über dessen äußerliche Zusammenhänge zum Vorschein kommt", und erblickt eben in diesem „Sichlosmachen" des tierischen Magnetismus „von den Schranken des Raums und der Zeit und von allen endlichen Zusammenhängen etwas, was mit der Philosophie Verwandtschaft hat", natürlich mit der „spekulativen Philosophie, für welche allein der tierische Magnetismus kein unbegreifliches Wunder ist". Kein Wunder ist es daher auch, daß die Hegelsche Seele, für welche alle Schranken des Leibes, alle endlichen Zusammenhänge verschwunden sind, auch ohne Zusammenhang mit einem Sehnerven und dem übrigen mit ihm zusammenhängenden empirischen Plunder der Hornhaut, der wäßrigen Feuchtigkeit, des Sehlochs, der Linse, des Glaskörpers, also „unmittelbar, ohne die Hilfe der Augen und ohne die Vermittlung des Lichtes, das *Sehbare* wahrnehmen kann". Auffallend ist es nur, daß die Seele ihren mystischen „Gemeinsinn, der selbst die Seele des Gesichts, des Gehörs oder auch des Geschmacks vertritt, vorzüglich in der Herzgrube" äußert. „So behandelte ein französischer Arzt in Lyon zu der Zeit, wo der tierische Magnetismus noch nicht bekannt war, eine kranke Person, welche nur an der Herzgrube hörte und *las* und die in einem Buche *lesen* konnte, welches in einem andern Zimmer jemand hielt, der mit dem an der Herzgrube der kranken Person stehenden Individuum auf Veranstaltung des Arztes durch eine Kette dazwischen befindlicher Personen in Verbindung gesetzt war." Die allgegenwärtige Seele, für welche das körperliche Außereinander- und Unterschiedensein vom Scheitel bis zur Ferse nicht vorhanden ist, könnte ja ihren wohltätigen Gemeinsinn auch einem Hühnerauge mitteilen oder die Spitze eines Haares zum Schauplatz ihrer Wundertätigkeit wählen, so gut als der allgegenwärtige Gott der Scholastiker samt der ganzen Dreieinigkeit, samt Vater, Sohn und Heiliger Geist, in jedem noch so kleinen und verächtlichen Punkte, selbst in der Spitze *eines* Haares, wesentlich und persönlich gegenwärtig ist. Wozu, frage ich abermals bei dieser Gelegenheit, eine Welt, wenn ein Gott existiert, ein Wesen, welches alles in Vollständigkeit und Einheit besitzt, was in der Welt nur in zerrissenen Lumpen existiert, und dieses Allwesen in jedem Atom ganz und gar gegenwärtig ist? Aber wozu auch ein Körper, wie z. B. das Auge, wenn eine Seele existiert, die auch ohne Augen sieht? Wozu dieser künstliche Bau, diese „Spezifikation", diese Ausführlichkeit, diese Spitzfindigkeit der Materie, wenn mit dem *einen* simpeln Worte „Seele" alles gesagt und getan ist? Wozu diese Ausdehnung in die Länge, Breite und Tiefe für ein nicht ausgedehntes Ding? Diese Gliederung, diese Teilung bis ins Unabsehbare für ein einfaches, unteilbares, gliederloses Wesen? Wozu das Hirn, diese ausgezeichnete, diese nicht nur von allen übrigen Organen, sondern auch in sich selbst so unterschiedene, so verwickelte, so labyrinthische Materie, wenn die Ehre diese[r] Auszeichnung nicht ihm selbst, sondern einem andern, einem immateriellen Wesen gilt?

Doch was kümmert sich um solche Fragen *die* Seele, welche, unabhängig von Raum und Zeit, als „schauende oder fühlende Seele" selbst räumlich und zeitlich Abwesendes schaut oder zu schauen sich einbildet und, unbedürftig jeder materiellen Bedingung und Vermittlung, eine magische, auf deutsch: zauberische, Macht über den Körper ausübt? Und schrecklich! Schon das Kind im Mutterleib unterliegt der Macht der Zauberei, denn es ist

„dem *unmittelbaren* Einwirken der Seele der Mutter völlig geöffnet". Diese Einwirkung, diese „Verleiblichung der innern Affektionen der Mutter offenbart sich in denjenigen Erscheinungen, welche man *Muttermale* nennt, wovon allerdings manche eine bloß organische Ursache haben können, viele aber unzweifelhaft durch die Empfindung der Mutter gesetzt sind, also eine *psychische* Ursache haben. So wird z. B. berichtet, daß Kinder mit beschädigtem Arm zur Welt gekommen sind, weil die Mutter sich entweder wirklich den Arm gebrochen oder wenigstens denselben so stark gestoßen hatte, daß sie ihn gebrochen zu haben fürchtete, oder endlich, weil sie durch den Anblick eines Armbruchs erschreckt worden war." Aber wie ist es möglich, die „ungetrennte Seeleneinheit" zwischen Mutter und Kind plötzlich durch den groben Materialismus eines Armbruchs zu bestätigen? Wie kann die Unwahrheit des „sinnlichen und materiellen Außereinander- und Vermitteltseins" plötzlich zu einer chirurgischen Wahrheit werden? Wie da der Zusammenhang der Knochen aufgehoben werden, wo selbst der „Zusammenhang mit der Mutter durch den Nabelstrang, den Mutterkuchen als äußerliche anatomische und physiologische Existenz für das Wesentliche, das psychische Verhältnis gar nicht in Betracht kommt"? Die Seele ist ja selbst das Aufgehobensein des materiellen Außereinanderseins des Körpers, folglich auch der Knochen. Warum teilt denn die Mutter, die doch „als fühlende" ungetrennt auch wollende und denkende oder glaubende Seele ist, dem Kinde in ihrem Leibe nicht lieber statt der Furcht vor einem Beinbruch die Höllen- oder Gottesfurcht mit? Ist denn bei diesem psychischen Einssein, bei diesem *„unmittelbaren* Einwirken" der Übergang von den Vorstellungen und Glaubensartikeln der Mutterseele in die Kindesseele nicht viel leichter und natürlicher als der Übergang von der mütterlichen Vorstellung eines Armbruchs zum wirklichen Armbruch des Kindes? Und wenn einmal die anatomischen Abgrenzungen des Embryos im Organismus der Mutter, die „besondern Häute", in denen er zur Wahrung seiner Selbständigkeit eingeschlossen ist, keine Schranken für die menschliche Einbildungskraft sind, warum wollen wir nicht, wie das gläubige Altertum und Mittelalter, die Kinder schon im

Mutterleibe vor Glaubensfreude hüpfen oder Ave-Marias singen lassen?

Die absolute Identität oder vielmehr Konfusion der Gegensätze und Gegenstände hat übrigens auch in dieser Materie, wie anderwärts, die streitige Sache, statt ins wahre Licht, nur in mystisches Dunkel gesetzt, denn es handelt sich hier, wie schon anno 1785 Richerz in seinen Zusätzen und Anmerkungen zu Muratori, „Über die Einbildungskraft", lichtvoll gezeigt hat, nur darum, „ob die Einbildungskraft – denn nur diese Kraft ist die geheimnisvolle Kraft der Magie – der Mutter ihrer Frucht ein Bild desjenigen Dings eindrücken oder irgend einige Ähnlichkeit mit demjenigen Gegenstande mitteilen könne, wovon sie selbst einen sehr lebhaften Eindruck bekam, welchen sie, die Mutter, z. B. heftig verlangte oder verabscheute oder worüber sie sich entsetzte, in Furcht oder Zorn geriet". Nach Hegel übt jedoch die Seele nicht nur über einen fremden Körper, sondern auch über ihren eigenen Leib eine magische Gewalt aus, und natürlich ist diese Magie als die „vermittelungsloseste" auch die allerstärkste. Wenn nun aber schon in einem fremden Leibe die Seele solche Wirkungen hervorbringt, wie die Muttermale sind, warum soll die Seele eines närrischen Mannes, der z. B. von der Einbildung gepeinigt wird, er sei schwanger – wie es wirklich Narren mit dieser Einbildung gegeben hat –, nicht ihren Leib mittelst der Magie wirklich schwängern oder die berühmten gläsernen Füße – es spielt indes auch ein gläserner Podex in der Geschichte der menschlichen Narrheiten eine namhafte Rolle – nicht in wirkliches Glas verwandeln können? Was ist der Magie unmöglich? Sie macht ja den Leib zum „unterwürfigen, widerstandslosen Vollstrecker des Willens", d. h. des Vermögens, die menschlichen Einbildungen zu verwirklichen und zu vergegenständlichen. Was ist aber der Einbildung unmöglich? Sie ist ja die psychologische Allmacht. Ein auffallender Widerspruch, ein wahres Wunder von Inkonsequenz ist es daher, daß Hegel, der doch die psychologischen Wunder nicht nur geglaubt, sondern auch demonstriert, aus der Natur der Seele abgeleitet hat, in seiner Religionsphilosophie uns nicht auch die theologischen Wunder und Wunderwesen, die körperlosen Geister, die Engel und Teufel samt ihrem

Hexenanhang, welche doch nur die Aufklärung um ihren Kredit gebracht, als spekulative Wahrheiten vordemonstriert hat. Ist doch seine „Logik" selbst nur die *logische* Schöpfung aus nichts, die Verneinung des alten Satzes: „Aus nichts wird nichts". Aber die Schöpfung aus nichts ist die erste Ursache der Wunder, das Urwunder, jedes Wunder eine Schöpfung aus nichts im besondern.

Doch genug von den Krankheitserscheinungen der Hegelschen Psychologie und Hegelschen Zeit und Wohnstätte, denn diese drei Dinge sind unzertrennlich, zum schlagenden Beweis, daß gerade da, wo der Geist seine Unabhängigkeit von Raum und Zeit im allgemeinen mit Bewußtsein demonstriert, er unbewußt seine Abhängigkeit von den allerspeziellsten Örtlichkeiten und Zeitlichkeiten beweist. Lassen wir Hegel die Ehre, die ihm für seine Zeit gebührt, die Zeit transzendenter, romantischer Reaktion; aber vergessen wir nicht, daß auch der „absolute Geist" an Zeit und Ort gebunden ist! Wenden wir uns zu erfreulicheren psychologischen Erscheinungen, um unsern Ausspruch zu rechtfertigen, daß in der Hegelschen Psychologie von einer Identität des Leibes und der Seele keine Rede sein könne, daß hier die Seele die Rechnung ohne den Wirt, d. h. den Leib, mache, daß sie demselben ebenso selbstgenügsam und feindlich gegenüberstehe wie in dem sogenannten dualistischen Spiritualismus, daß seine absolute Identität nur eine absolute Einseitigkeit sei.

Hegel erklärt zwar für „vollkommen leer und hohl die Vorstellung derer, welche meinen, eigentlich sollte der Mensch keinen organischen Leib haben, weil er durch denselben zur Sorge für die Befriedigung seiner physischen Bedürfnisse genötigt, somit von seinem rein geistigen Leben abgezogen und zur wahren Freiheit unfähig werde. Die Philosophie hat zu erkennen, wie der Geist nur dadurch *für sich selber* ist, daß er sich das *Materielle* teils als seine *eigene* Leiblichkeit, teils als eine Außenwelt überhaupt entgegengesetzt und dies so Unterschiedene zu der durch den Gegensatz und durch Aufhebung desselben vermittelten Einheit mit sich zurückführt. Zwischen dem Geiste und dessen *eigenem* Leibe findet natürlicherweise eine noch innigere Verbindung statt als zwischen der sonstigen Außenwelt und dem Geiste. Eben wegen dieses notwendigen Zusammenhangs meines Leibes mit meiner Seele ist die von der letztern gegen den ersteren unmittelbar ausgeübte Tätigkeit keine endliche, keine bloß *negative.* Zunächst habe ich mich daher in dieser *unmittelbaren* Harmonie meiner Seele und meines Leibes zu behaupten . . ., darf ihn nicht verächtlich und feindlich behandeln . . . Verhalte ich mich den Gesetzen meines leiblichen Organismus gemäß, so ist meine Seele in ihrem Körper frei" – ein vollkommen wahrer Satz. Aber es heißt gleich darauf: „Dennoch kann die Seele bei dieser *unmittelbaren* Einheit mit ihrem Leibe nicht stehenbleiben. Die Form der *Unmittelbarkeit* jener Harmonie widerspricht dem Begriffe der Seele – ihrer Bestimmung, sich auf sich selber beziehende Idealität zu sein. Um diesem [1] ihrem Begriffe entsprechend zu werden, muß die Seele ihre Identität mit ihrem Leibe zu einer durch den Geist *gesetzten* oder vermittelten machen, ihren Leib in *Besitz* nehmen, ihn zum *gefügigen* und *geschickten* Werkzeug ihrer Tätigkeit bilden, ihn so umgestalten, daß sie in ihm sich auf sich selber bezieht."

Das Wort „unmittelbar" wird unzählige Male von Hegel gebraucht, und doch fehlt das, was dieses Wort bezeichnet, das Unmittelbare, gänzlich seiner Philosophie, weil er nie aus dem logischen Begriffe herauskommt, indem er von vornherein das Unmittelbare zu einer Eigenschaft, in seiner Sprache: einem Momente, des Allervermittelsten, des abstrakten Begriffes, macht. So ist es auch hier. Die Seele ist in unmittelbarer Einheit, aber diese unmittelbare Einheit muß aufgehoben, eine durch den Gegensatz von Leib und Seele vermittelte, durch den Geist gesetzte, d. h. gemachte, werden, ist also *an sich* schon eine mittelbare, eine nur als unmittelbar gedachte. Aber gibt es denn um's Himmels willen nicht eine ewige, d. h. bis ans Ende des Lebens und Bewußtseins unmittelbare, eine für alle dialektischen Vermittelungskünste unauflösliche, eine nicht nur logisch, sondern physisch unmittelbare, leibhafte Einheit der Seele mit dem Leibe? Auf welche Weise kann daher allein diese unmittelbare Einheit der Seele und des Leibes aufgehoben werden? Nur auf physische, leibliche Weise, nur durch den Selbstmord. Aber hebt nicht die Seele, indem

[1] *Im Original:* diesen

sie den Leib aufhebt, sich selbst auf? Bestätigt sie nicht hiedurch, und zwar ebenso durch die Ursache der Tat – denn der Selbstmörder will nicht mehr leben, nicht mehr denken und empfinden, weil er nur noch Widerwärtiges denken und empfinden kann – als durch die Tat selbst, ihre unmittelbare, unauflösliche Einheit mit dem Leibe? Wie kann überhaupt bei Hegel eine Rede sein von einer unmittelbaren Einheit mit dem Leibe, da ja der Leib keine Wahrheit, keine Realität für die Seele hat, da die Seele nur ein durch die Aufhebung, die Nichtigkeit der Leiblichkeit vermittelter Begriff oder vielmehr, nach Hegel, der Begriff selbst ist? Wo ist auch nur eine Spur der Unmittelbarkeit?

„Die Seele muß ihren Leib in Besitz nehmen." Aber steht denn die Seele nur in juristischem Verhältnis zu ihrem Leibe? Setzt das juristische Verhältnis nicht ein physiologisches voraus? Heißt es doch selbst im Römischen Recht: Animo et corpore, mit Geist (Wille, Absicht) und Körper, wird der Besitz erworben. Wo ist denn nun aber in der Hegelschen Psychologie das corpus, womit die immaterielle Seele sich in den Besitz ihre Leibes setzt? Nirgends; warum? Weil, wie im Idealismus und Spiritualismus überhaupt, der Leib der Seele, auch des Denkers, nur Gegenstand ist, wie er Gegenstand, aber nicht, wie er zugleich Grund des Willens und Bewußtseins [ist], und daher gänzlich übersehen wird, daß wir nur mit einem uns nicht gegenständlichen Leiblichen den Leib zu unserm Gegenstand machen oder nur mit einem Leiblichen hinter unserm Bewußtsein das Leibliche vor unserm Bewußtsein wahrnehmen, daß die für den Willen und das Bewußtsein „vermittelungslose Magie" eine an sich oder der Natur nach höchst vermittelte, ja, durch unzählige Nervenfasern vermittelte ist, daß alles, was wir über unsern Leib vermögen, wir nur im innigsten und geheimsten Einverständnis mit ihm, nur kraft des Leibes über ihn vermögen, nur daß die Leibeskraft, wodurch wir etwas vermögen, eine andere ist als die Leibeskraft, worüber wir etwas vermögen, daß aber die *unmittelbare*, also nichts zwischen sich in der Mitte lassende, keiner Unterscheidung oder gar Entgegensetzung zwischen materiellem und immateriellem Wesen Raum gebende Einheit von Seele und Leib, folglich der Punkt, wo die Materie denkt, der Leib Geist ist, umgekehrt der Geist

Leib, das Denken Materie ist, gerade *der* Punkt ist, wo der bewußten Tätigkeit dieser Einheit nichts Leibliches, nichts Materielles als Grund dieser Tätigkeit Gegenstand ist, wo darum der Mensch, welcher das Bewußtsein zum Maß und Wesen der Wesen macht, das Denken für eine absolut immaterielle, organlose Tätigkeit hält und erklärt. Dieses punctum saliens [dieser springende Punkt] ist das Hirn.

„Das Hirn? Ei, was wissen wir denn vom Hirn, was gar vom Zusammenhang des Denkens mit ihm?" Nichts Näheres oder meinetwegen gar nichts, aber eben weil wir nichts wissen, füllen wir infolge oder nach Analogie des bekannten horror vacui [Abscheus vor dem Leeren] die Leere unseres Wissens mit einem erdichteten und erdachten Wesen aus, machen wir das Nichts unseres Wissens von einem materiellen Grunde und Prozesse zu einem *nicht* materiellen Wesen, eine Wirkung also zur Ursache ihrer selbst. Und daß wir noch wenig oder gar nichts, wenigstens [nichts] Bestimmtes von dem uns Nächsten wissen, das ist wahrlich kein Wunder. Jahrtausende waren die Menschen nur bedacht auf die Scheidung der Seele vom Leibe, um sich ein Leben nach dem Leben zu assekurieren, Jahrtausende haben sie, ohne sich um die Erkenntnis der Materie zu bekümmern, ja, selbst ohne nur die körperliche Selbsterkenntnis, die Anatomie des menschlichen Leibes, zu gestatten (6), nur darauf studiert, den Geist von der Materie zu unterscheiden. Und noch heute ist dieser Unterschied ein religiöses und philosophisches Dogma, dessen Leugnung selbst unsere, freilich teils bewußt, teils unbewußt unter dem Pantoffel der Geistlichkeit, für welche die immaterielle Seele der größte materielle Gewinn ist, stehende Staatsweisheit mit ungnädigen Blicken ansieht. Wenn aber einst die Menschen ebensoviel Zeit, Mittel und Geist auf die Erkenntnis der Einheit von Leib und Seele verwendet haben werden, als sie bisher auf den Beweis vom Unterschied derselben verwandt haben, dann werden sie gewiß auch den näheren Zusammenhang des Denkens mit dem Hirn ermitteln. Aber auch dann, wenn für die Erkenntnis, die Wissenschaft dieser Zusammenhang er- und vermittelt ist, wird er doch an sich selbst ewig ein unmittelbarer bleiben, sogut als der Zusammenhang des Hirns vermittelst des Sehnerven mit dem Auge, trotz dieser und anderer erkannten Vermittelungen des Sehens, im Sehen selbst für den größten Physiologen ebenso wie für den größten Idioten ein schlechterdings unmittelbarer bleibt, und zwar aus dem Grunde, weil diese unauflösliche und unaufhebbare, durch keine dialektischen Zauberkünste in ihr Gegenteil verwandelbare Unmittelbarkeit das unveräußerliche Eigentum, das Wesen selbst des Lebens im Unterschied vom Denken und Wissen ist.

Allerdings ist „mein Leib von Natur", richtiger von Geburt [an] – oder ist denn nur der Vogel, der noch nicht fliegen kann, von Natur, der Vogel aber, der Meister in der Kunst zu fliegen ist, von sich selbst, nicht von Natur? – nicht geschickt, nicht „gefügiges Werkzeug der Seele", er muß erst durch Übung und Bildung als solches von ihr „gesetzt" werden. Die Tätigkeit, die Verrichtung eines Organs ist, handwerksmäßig gedacht und gesprochen, der Zweck, d. h. der Sinn, der Geist die Seele desselben. Die Seele hängt ab vom Organ; ist seine Form und Mischung nicht die gehörige, so ist es auch die Verrichtung, die Tätigkeit [nicht]. Aber auch das Organ hängt von seiner Verrichtung ab; es erschlafft, es magert ab, stirbt endlich gänzlich ab, wenn es nicht gehörig gebraucht und verbraucht wird; denn Ernährung und Verzehrung, Produktion und Konsumtion sind auch hier unzertrennlich. So ist das Denken die Bewegung, die Motion des Hirns, die es verzehrt, aber zugleich ernährt, indem gesteigerte Hirntätigkeit auch den Zudrang der ernährenden Flüssigkeit steigert. Übung macht den Meister. Erst durch das Denken wird das Hirn zum Denkorgan ausgebildet, ans Denken gewöhnt und durch die Gewohnheit, dies oder jenes, so oder so zu denken, auch so oder so modifiziert, bleibend bestimmt, gleichwie durch die Gewohnheit, in die Nähe oder Ferne zu sehen, die Gestalt des Sehorgans bleibend bestimmt wird. Allerdings also bildet und bestimmt der Geist den Leib, und zwar so sehr, daß der Mensch, der einen geistigen Beruf hat und diesem gemäß seine Lebensweise, sein Schlafen, Essen, Trinken regelt, mittelbar selbst auch seinen Magen und Blutlauf nach seinem Sinne und Berufe bestimmt. Aber vergessen wir nicht über der einen Seite die andere, vergessen wir nicht, daß, wozu der Geist den Leib mit Bewußtsein bestimmt, dazu er selbst schon unbewußt von seinem Leibe bestimmt wird, daß ich also z. B. als Denker meinen Leib meinem Zwecke gemäß bestimme, weil die konstruierende Natur im Bunde mit der destruktiven Zeit mich zum Denker organisiert hat, ich also ein höchst fataler Denker bin, daß überhaupt wie und als was der Leib gesetzt oder bestimmt, so und als das der Geist gesetzt und bestimmt wird. „Der Mensch hat sich", sagt Hegel, „im Gegensatz zu den Tieren" – ein Gegensatz, dessen Wahrheit, wenigstens Allgemeingültigkeit selbst schon von den jungen Katzen und Hunden bestritten wird – „durch seine eigene Tätigkeit zum Herrn seines Leibes erst zu machen." Allein, indem er Herr seines Leibes, wird er auch erst Herr seiner selbst; indem er im eigentlichen Sinne auf seinen eigenen Beinen stehen lernt, wird er auch im uneigentlichen Sinne erst selbständig. Leibesbildung ist Selbstbildung, Leibesabhärtung Selbstabhärtung, Leibesübung Geistesübung, die nur dadurch eine himmelweit verschiedene wird, je nachdem dieses oder jenes Organ oder ein und dasselbe Organ in dieser oder jener Richtung und Beziehung eingeübt und ausgebildet wird. Erst durch das Denken wird das Hirn zum wirklichen Denkorgan gebildet, aber durch das ausgebildete Denkorgan wird auch erst das Denken selbst gebildetes, geläufiges, gesichertes. Was ist hier ausschließliche Ursache oder ausschließliche Wirkung? Was Wirkung [ist], wird zur Ursache, und umgekehrt.

„Der Leib ist das Werkzeug der Seele", aber auch umgekehrt die Seele das Werkzeug des Leibes. Wo z. B. der Leib zum gefügigen Werkzeug der Tanzkunst gemacht wird, da wird auch zugleich die Seele zum willfährigen Werkzeug des „Tanzteufels" gemacht, so sehr von dem tanzenden Körper in Bewegung und Entzückung, „schwindelnden Un- oder Wahnsinn" versetzt, daß sie nichts weiter fühlt und denkt, als daß der Tanz ein göttliches Vergnügen sei, da wird das Denk- und Empfindungsorgan so sehr von „Muskelsinntäuschungen" eingenommen, daß man nach „einer durchlebten Tanznacht des Morgens noch immer, obgleich man im Bette liegt, stets eine Empfindung hat, als tanze man noch", wie Gruithuisen in seiner „Anthropologie" bemerkt. Was du deinem Leibe antust, das tut der Leib dir wieder an kraft des heiligen Naturrechts der

Wiedervergeltung. Wo ist aber von diesem Naturrecht eine Spur bei Hegel? Wie kann also bei ihm von einer noch dazu „unmittelbaren Einheit oder Harmonie" der Seele und des Leibes die Rede sein? Und wenn auch die Rede davon ist, was sind Worte, die durch die Tat widerlegt werden? Überall nimmt Hegel nur für die Seele Partei; nirgends, wenigstens nirgends, wo es sich darum handelt, die Wahrheit des Leibes nicht nur in zweideutigen „Zeichen", sondern in deutlichen Worten auszusprechen, läßt er den Leib zu Wort und Recht kommen. Überall tut er, als hätte er keinen Leib, ähnlich dem Neuplatoniker Plotin, der sich seines Leibes schämte, und zwar mit vollem Rechte und ehrenwerter Konsequenz, denn der Leib ist die Scham und Schande der immateriellen Seele. Was ist für die kraft ihrer Immaterialität alle körperlichen Unterschiede aufhebende Seele für ein Unterschied zwischen den Hoden und Hinterbacken des Hirns und den eigentlichen, offiziellen Hoden und Hinterbacken des Körpers? Für die immaterielle Seele ist ja das Hirn eine ebenso obszöne und schmutzige Materie – squalida cerebri materia – als *das* körperliche Organ, welches dem Namen nach von der guten Gesellschaft nach neuester „echt wissenschaftlicher" Methode „totgeschwiegen" wird, wenn es gleich dem Wesen nach weltgeschichtliche Bedeutung hat, weltbeherrschende Macht ausübt.

So bringt denn Hegel selbst da, wo er auf die Empfindung zu sprechen kommt, über seine Lippen, weil sie sich in Beziehung auf die immaterielle Seele nicht von den Schamlippen unterscheiden, nicht das obszöne Wort „Leib", sondern definiert, ja, deduziert selbst, absehend vom Leibe, die Empfindung aus ganz abstrakten, allgemeinen, nichtsbestimmenden Formeln, während doch selbst vom Standpunkte des Spiritualismus, selbst schon nach Plato, nur der Körper es ist, wodurch die Seele zur Empfindung kommt, weshalb eben von dem keusch erhaltenen und konsequent ausgeführten Begriff der Seele, der Gottheit, weil der Leib, auch die Empfindung verneint wird und es daher unumgänglich ist, den Körper mit in die Genesis und Definition der Empfindung aufzunehmen, wenn anders eine solche überhaupt möglich ist, die wenigstens mehr als eine bloße Wortdefinition sein will.

So betrachtet auch Hegel die Gewohnheit als „eine von der Seele *gesetzte zweite* Natur" oder „Unmittelbarkeit", erklärt sie daher für einen „schweren Punkt in der Organisation des Geistes", ja, für eine „der schwersten Bestimmungen in der wissenschaftlichen Betrachtung der Seele und des Geistes". Allerdings ist sie ein schwerer Punkt, aber nur deswegen, weil bei der Gewohnheit die Schwere des Körpers, ja, selbst auch seine Trägheit, aber auch Elastizität ins Gewicht fällt und wer sie daher zu einer Sache der immateriellen Seele macht, ohne den Faktor, wo nicht gar das Faktotum des Leibes zu berücksichtigen, die Rechnung ohne den Wirt macht, eine solche idealistische Rechnung aber viele und leider auch vergebliche Anstrengung kostet. Daß aber die Gewohnheit nicht, oder wenigstens nicht nur, eine Sache des Geistes, sondern auch eine Sache des Körpers ist, das beweist z. B. die Erfahrung, daß man sich selbst an Gifte gewöhnen kann, deren tödliche oder nichttödliche Wirkungen doch offenbar nicht von unserm guten Willen und Wissen abhängen, jenseits jener Tätigkeiten liegen, als deren Grund wir uns eine Seele denken, daß wir dagegen uns an ganz unschuldige Dinge nicht gewöhnen können, sosehr wir uns daran gewöhnen wollen, wenn nun einmal diese Dinge unser Körper schlechterdings nicht verträgt, ferner die Erfahrung, daß auch die Tiere, ja, selbst auch schon die Pflanzen sich akklimatisieren, sich an eine „zweite andere Natur" gewöhnen, daß bei fleischfressenden Tieren, welche an Pflanzenkost gewöhnt werden, sich sogar der Darmkanal verlängert. Schon die alten Ärzte bemerkten, daß „nicht nur die animalen, sondern auch die von ihnen sogenannten vitalen und natürlichen Kräfte des Körpers Gewohnheiten annehmen".

Hegel kommt nun freilich auch bei der Gewohnheit auf den Leib zu reden, aber nur in *dem* Sinne, daß „die *an sich* seiende Idealität (d. i. Aufgehobenheit, Unwirklichkeit) des Materiellen überhaupt und der bestimmten Leiblichkeit als Idealität *gesetzt* werde, damit die Seele nach der Bestimmtheit ihres Vorstellens und Wollens als Substanz in ihrer Leiblichkeit *existiere*", d. h. der aufgestellte Begriff der immateriellen Seele verwirklicht, als wahr bewiesen werde, also nur im Sinne und Geiste der „vermittelungslosesten Magie". Daher heißt es gleich darauf: „Die äußerliche, die räumliche Bestimmung des Individuums, daß es aufrecht steht, ist durch seinen Willen zur Gewohnheit gemacht, eine unmittelbare, bewußtlose Stellung, die immer Sache seines fortdauernden Willens bleibt; der Mensch steht nur, *weil und sofern er stehen will*, und nur so lange, als er *es bewußtlos will*." Aber er steht auch nur, weil er stehen kann und selbst stehen muß, hiermit ein Gesetz seiner Organisation, eine Naturnotwendigkeit vollstreckt. Allerdings hängt die aufrechte Stellung und Bewegung des Körpers von seinem Willen ab, aber nur, weil dieser Wille selbst von seinem Organismus abhängt, dieser Wille also ein organisch begründeter, nur eine Erscheinung, ein lebendiger Ausdruck von seinem innigen, aber ebendeswegen geheimen Zusammenhang mit dem Hirn, den Nerven und Muskeln ist. Ein aus dem Zusammenhange des Nerven- und Muskelsystems herausgerissener Wille ist kein Wille, ist nur ein phantastischer Wunsch, denn Wille ist vollziehende Gewalt; aber ich vermag nur, ich kann nur vollziehen, was ich auf Grund und Geheiß meines Hirns, meines Organismus überhaupt will.

Wenn es nur auf den Willen, nicht auf den Organismus ankommt, so darf ich nur fliegen wollen, und ich kann fliegen, und zwar ohne Flügel oder künstliche Flugorgane, so darf ich nur in einem Augenblick mich von Europa nach Amerika oder von der Erde in den Mond versetzen wollen, und ich bin auch mit einem einzigen Schneller dort. „Ja, so ist es nicht gemeint; solcher Wille ist Absurdität, Unvernunft." Allerdings ist er es, aber gleichwohl zeigt sich der Wille der immateriellen Seele, der nicht vom Organismus abhängige und bedingte Wille, in diesen Beispielen nur in seiner unverschämten Blöße, wird hier nur die Unvernunft dieses Willens, welche im Inkognito unseres Leibes durch das hier waltende Dunkel geschützt und verhüllt ist, eine augenfällige und nur deswegen verleugnet. Was ist denn Raum und Zeit für die immaterielle, an sich selber raum- und zeitlose Seele? Und heißt es denn nicht hier ausdrücklich: „Ich kann, was ich will"? Warum soll ich also nicht in einem Nu mich von hier nach Amerika versetzen wollen und können? Etwa weil der Wille, der kann, was er will, nur auf das Moralische sich bezieht? Aber ich will auch nur aus moralischen Gründen mich dorthin versetzen. Es ist Gefahr im Verzug; nur meine augenblickliche Anwesenheit kann den Sieg der Freiheit und Humanität entscheiden. Warum ist dieser gute Wille ohnmächtiger Wunsch? Weil auch der moralische Wille vom Organismus abhängt, ohne ihn nichts vermag, weil ich auch in der Moral „kann, was ich will", aber, wohlgemerkt, nur in der Einbildung, weil der allmächtige Wille im Himmel sowohl als auf Erden nur der untertänigste Diener der menschlichen Einbildungskraft ist. Fichte – man erlaube diese Abschweifung von dem Nachfolger auf den Vorgänger – ändert den Satz: „Ich kann, was ich will", dahin ab, daß er sagt in seinem „System der Sittenlehre": „Wir können eigentlich alles, was wir nur *wollen können.*" Hier wird ganz richtig das Wollen und Können abhängig gemacht oder in einem durch das Können eingeschränkten Sinne genommen, so daß das hyperbolische „alles" auf ein höchst bescheidenes „nur" zurückläuft: Ich kann nur, was ich kann, oder ich kann nur wollen, d. h. hier: bewirken wollen, was ich den Gesetzen der Physik und den Kräften des Organismus gemäß bewirken kann. Allein diese Beschränkung stammt nicht aus dem Ich, sondern dem Nicht-Ich Fichtes und ist deswegen eine widerwillige und widerwärtige, den Grundbestimmungen seines Willens widersprechende. Denn wenn ich als Wollender, „jenseits der Naturnotwendigkeit, nicht mehr ein Glied ihrer Kette bin", wenn im Willen nicht nur der Zusammenhang mit der Natur, sondern auch jeder Zusammenhang selbst abgebrochen wird – „eine Reihe von Freiheitsbestimmungen aus Sprüngen besteht", wo „bei jedem Gliede der Zusammenhang abgebrochen wird" –, so ist nicht abzusehen, warum diese Sprünge über den Kausalzusammenhang der Natur sich nicht in wirklichen Sprüngen von der Erde auf den Mond oder von Europa nach Amerika äußern und bewähren sollen, wenn wenigstens diese Sprünge im Interesse der moralischen und politischen Fortschrittspartei geschehen, welcher Fichte zu seinem bleibenden Ruhme angehörte. Nichts weniger als ein Widerspruch war es daher auch, daß die „Wissenschaftslehre" zur Gotteslehre überging. Wie die Gottheit überhaupt nur die von ihren Schranken und Widersprüchen erlöste Seele, nur die konsequente Seele ist, so ist auch der göttliche Wille nur der konsequente, der unverschämte, der von den unausstehlichen Widersprüchen mit seinem Begriffe, den unnatürlichen Einschränkungen, die er scheinbar freiwillig, in Wahrheit aber nur aus Zwang, aus falscher Scham und Scheu vor der Natur und Leiblichkeit, sich auferlegt hat, befreite menschliche Wille der „Wissenschaftslehre" und spiritualistischen Psychologie überhaupt.

Doch wieder zurück zur Hegelschen Gewohnheit und „Verrücktheit", um noch mit einem Beispiel unsere Ausstellung der Hegelschen Psychologie zu beleuchten und rechtfertigen. Wie die Gewohnheit, so macht Hegel auch selbst die Verrücktheit, welche doch die Abhängigkeit unsers Geistes vom Organismus, leider nicht die gesunde, einige, glückliche, ebendarum als Unabhängigkeit erscheinende Abhängigkeit, uns nicht nur zu Bewußtsein, sondern auch zum Gemüte, zum Gefühle bringt, nur zu einer Sache des Geistes oder vielmehr der Seele. Zwar sagt er, sie ist „eine Krankheit des Psychischen, ungetrennt des Leiblichen und Geistigen", aber dieses Leibliche ist wieder eins oder gleichbedeutend mit dem „Seienden". „Der Wahnsinn enthält wesentlich den Widerspruch eines leiblich, *seiend* gewordenen Gefühls gegen die Totalität der Vermittelungen, welche das konkrete Bewußtsein ist. Der Geist, als nur *seiend* bestimmt, insofern ein solches Sein *unaufgelöst* in seinem Bewußtsein ist, ist krank." Es ist also dieses Leibliche wieder ein Aufhebbares, in der Seele an sich Aufgehobenes und Auflösliches. Überdem bestimmt er ja die Verrücktheit sogar als eine „in der Entwickelung der Seele notwendige", wenngleich deswegen nicht bei jedem Menschen in ihrem Extrem zum Vorschein kommende „Stufe oder Form" und leitet sie teils aus moralischen oder vielmehr immoralischen „selbstsüchtigen Bestimmungen", teils aus dem theoretischen oder geistigen Grunde ab, daß „ich zunächst ganz *abstraktes*, vollkommen unbestimmtes, allem beliebigen Inhalt, den leersten Vorstellungen, wie z. B. der Vorstellung, daß ich ein Hund bin, offenstehendes Ich bin", schreibt daher auch dem Menschen, weil nur er zu dieser vollkommenen Abstraktion des Ich kommt, das „*Vorrecht*" der Narrheit und des Wahnsinns zu, gleich als wenn nicht auch schon die Tiere das unglückselige Recht hätten, „närrisch", unsinnig, toll, wütend zu werden. Zwar steckt auch bei Hegel, wie überall, hinter der Seele nur der Leib, denn wenn es heißt bei ihm: „Der Geist ist nur als Ding, d. i. als Natürliches und Seiendes, der Verrücktheit, der sich in ihm festhaltenden Endlichkeit fähig", was soll denn dieses anders heißen als: Der Geist ist nur als Leibliches oder wegen und kraft der Leiblichkeit krankheitsfähig? Aber wenn wir anders bei der grenzenlosen Sprach- und Begriffsverwirrung, die in der Hegelschen Philosophie herrscht – und damit machen wir ihr keinen Vorwurf, denn eben in dieser „Verwirrung der festen Verstandesunterschiede" feiert die spekulative Philosophie im Bunde mit dem Somnambulismus ihren höchsten Triumph –, dem zwischen Sein und Nichts unbestimmt hin- und herschwankenden Seienden die Solidität des Leiblichen unterlegen dürfen, welche Ungerechtigkeit, welche Einseitigkeit, dem Leibe nur die Geisteskrankheiten aufzubürden und vorzuwerfen, demselben nicht zugleich auch die Gesundheit des Geistes verdanken zu wollen! Doch bleiben wir bei den Worten „Natürliches und Seiendes" stehen. Seiendes stammt vom Sein, Natürliches von der Natur, sprachlich und sächlich. Also wäre die Natur – die Natur, der allein wir es verdanken, daß wir über den Narrheiten der Menschenwelt, über den Verrücktheiten unserer Philosophen, über den studierten Rechts- und Vernunfttäuschungen unserer Gottes- und Staatsmänner nicht bereits um allen Verstand gekommen sind – nur die Quelle unserer Krankheiten und Narrheiten, nicht auch unserer Gesundheiten und Weisheiten? Das Natürliche wäre das Verrückte? Und die Verrücktheit also eigentlich die Natur des Menschen, die „seiende" Menschheit? Wie stimmt aber dieser illegitime, eine offenbar aufrührerische Unzufriedenheit mit den bestehenden Zuständen ausdrückende Gedanke mit der legitimen Vernünftigkeit des Wirklichen überein? Doch [bitte ich] um Vergebung! Ich habe den großen Unterschied zwischen Sein und Wirklichkeit vergessen; meine nur auf das Evangelium der fünf Sinne, nicht auf den apokryphen Gemeinsinn oder Unsinn des Somnambulismus gestützte Philosophie, die ebendeswegen, wie bekannt, eigentlich soviel wie keine Philosophie ist, weiß in ihrer Geistesarmut nur von *einem einzigen* Sein – dem wirklichen, natürlichen Sein – und ist noch überdies – gräßlich! – mit diesem einzigen und einmaligen Sein vollkommen zufrieden, so daß sie hierin in Übereinstimmung mit der Bibel freudig ausruft: „Selig sind die geistesarmen", aber naturbegabten Menschen.

Mit dieser Unnatur in der Sache hängt nun auch bei Hegel die unnatürliche, die Ordnung der Natur geradezu umkehrende Methode, die er, wie anderwärts, so auch im Stufengang seiner Psychologie – höchstens mit Ausnahme ihres letzten Teils – befolgt, aufs innigste zusammen. So geht Hegel von der Verrücktheit zur Gewohnheit über und sucht selbst „die Notwendigkeit" dieses „dialektischen Fortganges" nachzuweisen, während doch der Mensch, lange bevor er das „Lob der Narrheit" singt, ja, schon gleich nach der Geburt, mit dem zweiten, wiederholten Atemzuge in die Mysterien „der süßen Gewohnheiten des Daseins" eingeweiht wird und es daher viel naturgemäßer und folglich auch vernunftgemäßer, logischer ist, von der Gewohnheit – wie viele verrückte Gewohnheiten hat in der Tat nicht fast jeder Mensch! – zur Verrücktheit überzugehen, wie dies denn auch längst vor Hegel schon Psychologen getan haben. Jacob z. B., in seiner „Erfahrungsseelenlehre", wo er von der Gewohnheit handelt, sagt, daß „man aus ihr erklären könne, wie nach und nach eine Vorstellung zur fixen Vorstellung werden könne und wie diese immer fester werde, je länger sie dauert", und Hoffbauer in seiner Schrift „Über den Wahnsinn", daß „eine lang unterhaltene oder oft wiederholte Furcht uns das Übel hinterher als wirklich geschehen vorstellen könne, ob es gleich nicht zur Wirklichkeit gekommen sei". Und wenn auch diese Erklärung keine erschöpfende ist, so steht doch soviel fest, daß in der Entwickelungsgeschichte der Seele und folglich auch des Leibes die Gewohnheit der Verrücktheit vorausgeht. So setzt Hegel das Geschlechtsverhältnis dem Gegensatz oder Wechsel von Schlafen und Wachen voraus, da doch zum Heile der Menschheit in der Natur gerade das Umgekehrte stattfindet, erst auf den Schlaf der Beischlaf folgt, die noch keusche Seele daher auch erst im Traume, wo sie die im Wachen sich angetanen Schranken fallenläßt, die ersten verstohlenen Blicke in das noch unbekannte Jenseits des andern Geschlechts wirft. So setzt er auch das Wachen wieder als eine besondere Stufe der Empfindung voraus. Was ist denn aber das Wachen für sich selbst, im Unterschiede von dem Empfinden, gedacht? Die Empfindung ist nicht nur eine „Vergewisserung" des Wachseins; sie ist das Wachsein selbst. „Ich wache" heißt: Ich sehe – denn mit geschlossenen Augen kann ich ja nichts sehen, außer Traumgesichte –, ich höre, empfinde, wenigstens mit energischer Bestimmtheit und Deutlichkeit und ebendeshalb mit Bewußtsein, widrigenfalls würde ja der Unterschied zwischen Wachen und Schlafen oder Träumen wegfallen. Schon Aristoteles, auf den sich doch so gerne Hegel beruft, sagt in seiner Schrift vom Schlafen und Wachen: „Wer wacht, eben der empfindet. Wachen besteht in nichts anderm als im Empfinden. Wo keine Empfindung, ist weder Schlafen noch Wachen." Diese Fort- und Übergänge der Hegelschen Methode haben nun allerdings nur logische oder dialektische Bedeutung, aber was ist denn der Gang des Philosophen, welcher mit dem natürlichen Gange des Menschen im Widerspruch steht? Gibt es überhaupt einen Gang ohne äußere Gangwerkzeuge? Wie kommt also der Denker vom Flecke, wenn er seine Bewegungsorgane nicht außer seinem Kopfe, nicht einmal, wie die Kephalopoden, am Kopfe, sondern nur *im* Kopfe hat? Übrigens müssen wir noch schließlich der Gerechtigkeit gemäß nicht verschweigen, daß in Hegels Anmerkungen zu seiner Psychologie, da, wo er seinen Geist nicht in die Unnatur seiner Systematik und Dialektik einzwängt, aus der Tiefe gesunder Anschauung und Beobachtung hervorgeholte Perlen sich finden.

14

„Die Macht der Seele über den Leib"

„Die Materialisten stützen sich einseitig und geflissentlich nur auf solche Tatsachen, welche zeigen, daß der Geist, wenigstens in seinen Äußerungen, vom Körper abhängig ist. Aber es gibt ebenso viele Tatsachen, welche das Umgekehrte, die Abhängigkeit des Körpers vom Geiste, die Gewalt des Geistes über sein körperliches Gehäuse, beweisen – beweisen, daß bloße Willensentschlüsse, Vorstellungen oder Einbildungen, Gemütsbewegungen, wie Freude, Hoffnung, Liebe, Furcht, Zorn, Ärger, Schrecken,

Kummer, über unser körperliches Wohl- und Übelbefinden, über Gesundheit und Krankheit, Leben und Tod entscheiden können und wirklich entscheiden." Die Tatsachen sind richtig, aber sind es auch die Folgerungen, welche die Spiritualisten daraus ziehen? Sind es auch die Voraussetzungen, die sie den Tatsachen selbst schon zugrunde legen? Setzen sie denn nicht voraus, daß die bloße Seele, die Seele für sich selbst ohne Leib, wolle, vorstelle, empfinde? Wie könnten sie denn sonst die Wirkungen der Affekte, der Einbildungskraft, des Willens für Beweise der Macht der Seele über den Leib ansehen, wenn sie nicht zuerst von der Seele den Leib weggedacht hätten? Ist denn aber die Seele, solange sie Macht über den Körper hat, nicht zum allerwenigsten im Körper oder, wenn man dieses „im" als ein zu sehr an räumliche Verhältnisse Erinnerndes verschmäht, verbunden, aufs innigste verbunden mit dem Körper, also eine beleibte Seele? Wie ist es also möglich, diese Verbindung aufzulösen, die Seele zu isolieren, im Untrennbarsten die politische Scheidung zu machen: hie Seele, hie Leib? Wie möglich, als eine bloße Wirkung auf den Leib zu fassen, was nur Wirkung mit dem Leibe und durch den Leib ist? Nur von der Seele „gesetzt" werden zu lassen, was schon in der Seele selbst den Leib voraussetzt? Denn wie ist es nur möglich, mit einer immateriellen, einer un- und an sich selbst außerkörperlichen Seele Affekte wie Liebe, Zorn, Ärger, Furcht, Schrecken zusammenzureimen? (7) Allerdings ist es ein großer Unterschied, ob ich auf psychische, geistige oder physische, körperliche Weise, ob ich durch die Furcht vor der Ansteckung oder den ansteckenden Krankheitsstoff selbst erkranke, ob ich durch einen äußern Druck auf das Hirn mein Bewußtsein verliere oder durch eine niederschlagende Nachricht oder Anschauung in Ohnmacht sinke. Aber die Vorstellung ist ja an und für sich selbst nur unter der Voraussetzung, nur auf Grund eines Hirns möglich, und es steht daher im schönsten Einklang damit, daß eine Gemütsbewegung als eine Hirnbewegung auch in dem übrigen Körper eine entsprechende Wirkung äußert. Wollüstige Phantasiebilder können dieselben Wirkungen in den ihnen entsprechenden Organen hervorbringen als wirkliche körperliche Berührungen. Warum? Weil diese Bilder die Organe, auf welche sie wirken, selbst schon zu ihrer Voraussetzung haben, weil sie nur da möglich sind, wo ein Zusammenhang zwischen einem Denkorgan und Geschlechtsorgan stattfindet. Wie kommen aber diese Bilder in eine immaterielle Seele, wo dieser Zusammenhang gänzlich abgeschnitten ist?

„Ein kerngesunder Mann starb plötzlich vor Freude, als er eben zur Umarmung eines längst gewünschten Mädchens gelangen sollte." Die Umarmung ist ein körperlicher, materieller Akt, in dem selbst die Spiritualisten und Idealisten die Wahrheit und Existenz des Körpers außer der Vorstellung anerkennen müssen, so lange wenigstens, als sie uns nicht beweisen, daß sie sich bloß in der Vorstellung umarmen, bloß durch die Vorstellung Kinder zeugen. Wie kann man daher die freudenvolle Erwartung und Vorstellung dieses Akts zur Sache eines immateriellen Wesens machen? Woher die Gewalt dieser Freude, wenn nicht aus der Gewalt des Verlangens nach körperlicher Vereinigung? Ist aber nicht dieses Verlangen selbst schon etwas Körperliches, selbst schon eine Wirkung der Materie?

„Man weiß, daß ein italienischer Missetäter, der durch die grausamste Folter nicht zum Geständnis gebracht werden konnte und sie ohne die geringste Verzuckung aushielt, während derselben immer ausrief: Io ti vedo [ich sehe dich]. Er ward freigesprochen. Als man ihn nach der Bedeutung seines Ausrufs fragte, antwortete er: *den Galgen*. Die lebhafte Anschauung der schrecklichen Folge seines Geständnisses erstumpfte in ihm allen Schmerz."

Welch ein Beweis von der Macht der Seele, der Vorstellung über den Körper! Aber dürfen wir bei dieser Macht stehenbleiben? Müssen wir nicht vom vorgestellten Galgen zum wirklichen, außer der Vorstellung existierenden Galgen über- und zurückgehen? Ist die Macht der Vorstellung nicht eine Folge, ein Ausdruck von der Macht des materiellen Gegenstandes, ihre Macht also nur eine mittelbar, eine immateriell materielle? Ich fürchte ja den Galgen nicht, weil ich ein nur vorstellendes Wesen bin – was kümmert der Galgen ein immaterielles Wesen? –, sondern deswegen, weil ich ein leibliches Wesen bin, welches nicht nur gemartert, sondern, was noch weit schrecklicher ist, totgedrosselt werden kann. Die furchterregende Vorstellung kann daher nicht herausgerissen werden aus dem Zusammenhang mit einem Leibe, der noch auf ganz andere als vorgestellte Weise, der leiblich mit dem Gegenstande der Vorstellung in Berührung kommen kann. Wenn „der Anblick einer köstlichen Speise bei dem Hungrigen die Absonderung des Speichels so sehr vermehrt, daß ihm der Mund wässert", können wir diese Wirkung nur auf Rechnung des Blickes setzen? Hat sie nicht darin ihren Grund, daß dieser Anblick schon zugleich ein Vorgeschmack, im Unterschiede von dem vollen körperlichen Genuß ein immateriell-materieller Genuß der Speise ist? Stammt also die Wirkung der sichtbaren Speise nicht von der Eßbarkeit derselben? Verhält sich aber das optische Essen zum mündlichen, leiblichen nicht genau so wie die vorgestellte Sache zur wirklichen?

Der fromme Schubert führt in seiner „Geschichte der Seele" unter den Beweisen von „der Macht der Seele über den Leib" oder vielmehr von „der eigentümlichen Macht der Seele, den Leib festzuhalten" selbst eine Geizige an, „welche aus einer tödlich scheinenden Schlafsucht erwachte, als ihr der Arzt einige neue Taler in die Hand gelegt". Ist aber dieser Beweis von der Macht der Seele nicht vielmehr ein Beweis von der Macht des Geldes und daher nur gültig, wenn man unter dem „Geld die Seele des Menschen" versteht? Sollte sich das eigentümliche Wesen der Seele, wenn einmal von einem solchen die Rede ist, nicht vielmehr darin äußern, daß sie, statt den Leib festzuhalten, ihn beliebig fahrenzulassen vermöchte? Ist die angebliche Macht, womit die Seele den Leib festhält, nicht in Wahrheit nur eine Erscheinung von der Macht, womit der Leib die Seele festhält, selbst noch in den letzten Zügen an das Irdische, das Materielle fesselt? Allerdings hat das Geld nur Macht und Existenz für eine Seele, welche Bewußtsein vom Werte des Geldes, berechnenden Verstand, Phantasie, wenn auch nur vom Glanze des Goldes und Silbers bezauberte, vor allem aber Willen – den Willen zu erwerben, zu besitzen, den römischen animus habendi – hat.

„Ich will, also habe ich", sagt der Jurist von „Erlangung des Eigentums ohne Berührung und körperliche Bewahrung"; aber dieser Wille, der das Haben zur Folge hat, setzt das körperliche Habhaftwerden voraus, wenn dieses gleich der Zeit nach später ist, hat nur Wirkung und Geltung, weil das Haben-Wollen schon apriorisches, geistiges, beabsichtigtes Haben ist. Mein Wille erstreckt sich nicht über den Bereich meiner geistigen und körperlichen Fassungskraft hinaus. Was ich ohne irgendeine, sei's nun gleichzeitige oder nachfolgende, körperliche Wirkung will, das bleibt nach wie vor res nullius, Sache niemandes, weil solcher wirkungsloser oder körperloser Wille gleich Null ist, soviel als ein Wille von niemand; denn es ist nun einmal nur das corpus – „das corpus will ich ins Himmelreich mit haben", aber auch ins Himmelreich der „Geistesphilosophie" – es ist, wiederhole ich, nur das corpus, was den jemand vom niemand unterscheidet. Daher findet man auch nur den wahren Sinn des Corpus juris, wenn man die Worte umkehrt, statt den Rechtskörper im bildlichen Sinne das jus corporis, das Recht des Körpers, im eigentlichen Sinne geltend macht trotz des juristischen Unterschieds zwischen körperlichen und unkörperlichen Dingen, denn obgleich das Recht selbst als Vorstellung, als Begriff etwas Unkörperliches, so ist doch der Verstand, der Inhalt desselben ein selbst peinlich körperlicher. So ist denn auch die Vorstellung eines neuen Talers, welche im Kopfe des Geizhalses einen solch mächtigen Eindruck auf sein Hirn macht, daß sie ihn aus seiner Schlafsucht erweckt, eine res incorporea, etwas Unkörperliches, gleichwohl stammt aber die Macht dieser Vorstellung nur von dem corpus ab, das der Geizhals in seinen Händen hat. Nimm dem Geizhals sein Geld aus der Hand oder der Kiste, und er schreit, wie bei Molière, Zetermordio nicht über den Dieb, sondern über den Mörder. „Ich bin verloren, ich bin ermordet. Man hat mir die Gurgel abgeschnitten, man hat mir mein Geld gestohlen." So sehr hängt er an seinem Gelde, daß die Aufhebung dieses Zusammenhangs die Aufhebung des Zusammenhangs zwischen Leib und Seele ist. Wo findest du aber überhaupt während des Lebens des Menschen auch nur einen einzigen Punkt, wo du diesen Zusammenhang oder vielmehr die Ununterscheidbarkeit von Leib und Seele aufheben, eine isolierte Wirkung der Seele, eine Wirkung ohne Gemeinschaft, ohne Voraussetzung des Körpers nachweisen könntest?

„Im angestrengten, tiefen Denken sieht und hört man nicht, wenngleich Licht- und Schallwellen die körperlichen

Organe berühren, ja, man vergißt selbst Körperschmerzen." Aber man vergißt auch körperliche Schmerzen über Affekten, und man hört auch nicht, wenn man in eine sinnliche Anschauung verloren ist, und sieht hinwiederum nicht, wenn man in Tönen schwelgt oder auch nur gespannt auf etwas horcht. Daher schließen wir auch selbst absichtlich unsere Augen, um ungestörter zu hören. Im Hören, versteht sich im interessanten, ist oder will wenigstens der Mensch ganz und allein Ohr sein, im Sehen ganz und allein Auge, im Denken ganz und allein Kopf, wenn er nämlich ein ganzer, vollkommener Denker oder Rechner ist, denn nur ein Nepper wird über seinen Kopfrechnungen die Schmerzen des Podagras vergessen können. Freilich ist ein Unterschied zwischen dem Ganz-Auge- oder Ohr- und dem Ganz-Kopf-Sein des Menschen; denn ich kann denken ohne zu sehen, ja, selbst sehen zu können, aber ich kann nicht sehen, ohne an das, was ich sehe, zu denken, ohne es mit Aufmerksamkeit zu fixieren, und zwar aus dem einfachen, selbst sinnlich wahrnehmbaren Grunde, weil die Sinneswerkzeuge nur Organe des Kopfes, ihre Nerven Ausläufer des Hirns sind, nur das Hirn oder der Verstand es ist, welcher sieht und hört und daher, wenn dieser schon anderweitig oder in sich selbst beschäftigt ist, trotz des offenen Auges oder Ohres nichts gesehen und gehört wird. Aber trotzdem ist doch auch das in das Auge oder Ohr versenkte Hirn nicht fähig, zugleich in abstracto zu denken, d. h. mit abgezogenen, sei's auch nur von ebendiesen Sinnen abgezogenen, Bildern und Gedanken sich zu beschäftigen; es ist in diesem Falle, wenn auch nur augenblicklich, nichts im Kopfe, außer was im Auge oder Ohr ist; die Verrichtung des Sehens oder Hörens hat alle andern Hirnverrichtungen unterdrückt. Als ich einst beim Anblick des Sternenhimmels plötzlich eines prachtvollen Meteors ansichtig wurde, wollte ich die in der Nebenstube Befindlichen zum Mitgenuß herbeirufen, aber ich konnte nicht rufen; ich war sprachlos. Was aber von Sehen und Hören, das gilt auch von den übrigen Sinnen und Affekten. So empfindet der Mensch im Affekte des Zornes nicht die Schmerzen einer Verwundung, sowenig als der Krieger in der Hitze des Kampfes, aber wieder nur aus dem einfachen Grunde, weil der Spruch: „Man kann nicht zwei Herren zugleich dienen", ebenso in der Physiologie als Moral

Geltung hat. Sowenig ich an zwei Orten zugleich sein kann, sowenig kann ich zugleich auf dem Tummelplatze der Leidenschaft oder im Schauspielhaus des Auges und im Studierzimmer des Hirns anwesend und tätig sein. Wo ich bin und was ich bin, da und das muß ich ganz, ungeteilt, mit Leib und Kopf oder Seele sein. Selbst zur Leibesöffnung gehört ein diesem Akt entsprechender, also offener Kopf, wie freilich umgekehrt zum offenen Kopf ein offener Leib; selbst die niedrigste Leibesverrichtung geht nur viribus unitis [mit vereinten Kräften] vonstatten, erfordert Geistesgegenwart. Kein Wunder daher, „wenn während wichtiger Geistesbeschäftigungen das stärkste Purgiermittel seine Wirkung versagt".

Aber der Wille, um auf den schließlich noch einmal zurückzukommen, der ist doch unleugbar eine rein immaterielle Macht? „Die Wirkungen des freien Willens sind nicht nur von den Organwirkungen unabhängig, sondern sogar denselben entgegengesetzt. Denn eine gewisse Veränderung in den Organen bringt eine angenehme Empfindung und diese einen Trieb hervor. Der freie Wille aber widersetzt sich diesem Triebe." Aber er widersetzt sich diesem Triebe, diesem Organe nur durch einen andern Trieb und ein anderes Organ. „Oh, die Esel", muß ich hier mit einem schon früher angeführten Arzte aus dem Zeitalter der Reformation ausrufen, „welche vom freien Willen handeln, ohne die Kräfte des Menschen zu unterscheiden, ohne die Funktionen der verschiedenen Leibesglieder zu beachten, wodurch sie allein unterschieden werden können!" „Man kann selbst durch festen, kraftvollen Vorsatz nicht nur Krankheitsgefühle unterdrücken, sondern zuweilen auch Krankheiten aus dem Wege räumen." Aber der kraftvolle Vorsatz, nicht zu erkranken oder zu genesen, ist selbst ein Zeichen von Gesundheit, von einer noch unverletzt erhaltenen Körperkraft, die durch den Willensakt nur aus ihrem latenten Zustande entbunden wird. Wer einem Triebe, d. h. diesem oder jenem Gelüste, einem Schmerz oder Übel keinen körperlichen Widerstand mehr entgegensetzen kann, der hat auch nur noch fromme Seufzer in petto, aber keinen tatkräftigen Willen mehr zur Hand. Ein Wille, der keinen gesunden Nerven, keinen gesunden Blutstropfen, kurz, keinen materiellen Fonds mehr im Hintergrunde hat und doch aus nichts eine materielle Heilung oder Wirkung überhaupt hervorbringen soll, ist selbst ein Unding. Überwinde auch nur Empfindungen, wenn du krank bist. Tischbein erzählt von einem Freunde, der an Podagra und Chiragra furchtbare Schmerzen litt: „Wenn er auch nur eine Fliege gegen sein Bett summen hörte, jammerte er schon, als wenn ihm die Gebeine zerschmettert würden." Welch ein schreckliches Los, wenn die geringste Gehörerschütterung wirkt wie eine grobmaterielle Knochenzerschmetterung! Wie glücklich wäre der Mensch, wenn sein Wille keine seinem Organismus immanente, sondern transzendente, d. h. übernatürliche und überkörperliche, an keine Materie, folglich auch keine materia medica gebundene Kraft wäre! Dann brauchte er ja nur zu wollen, gesund zu sein – und er wäre gesund.

15
Kritik des Idealismus

Der moderne philosophische Spiritualismus, welcher sich Idealismus nennt, macht dem Materialismus den ihn in seiner Meinung vernichtenden Vorwurf, daß er Dogmatismus sei, d. h., daß er von der sinnlichen Welt als einer ausgemachten objektiven Wahrheit ausgehe, dieselbe als eine an sich, d. h. ohne uns, bestehende Welt voraussetze, während doch die Welt nur ein Produkt des Geistes sei. „Du setzest", sagt der klassische Idealist Fichte, „die Dinge als wirklich, als außer dir vorhanden, nur weil du siehst, hörst, fühlst. Aber Sehen, Fühlen, Hören sind nur Empfindungen, nur Affektionen von dir, nur Bestimmungen deines Bewußtseins, denn du siehst nur, fühlst nur, wenn du deines Sehens und Fühlens und deiner selbst bewußt bist. Du empfindest also nicht die Gegenstände, sondern nur die Empfindungen. In aller Wahrnehmung nimmst du immer deinen eigenen Zustand wahr." Wie kommt denn nun aber nach dem Idealismus der Mensch dazu, daß er seine Empfindungen auf ein außer ihm Befindliches überträgt? Dadurch, daß er vermöge des ihm eingeborenen, in seinem Geiste oder Wesen liegenden Gesetzes der Kausalität oder des Satzes des Grundes seine Empfindungen als Folge oder

Wirkung auffaßt, folglich sich eine Ursache oder einen Grund derselben denkt, vermöge der gleichfalls ihm eingeborenen, in seinem, nicht aber geistigen, sondern sinnlichen Wesen liegenden Anschauungsform von Raum und Zeit diesen Grund außer sich setzt, außer sich anschaut oder vorstellt. Dieses als Grund seiner Empfindung Gedachte oder Erschlossene, in Raum und Zeit Versetzte, als außer ihm Befindliches Vorgestellte oder Angeschaute ist die gegenständliche Welt. Der Materialismus hat daher nach dem Idealismus zu seinem Ausgangspunkte einen ganz verkehrten Standpunkt, indem er das Abgeleitete, das Zweite, zum Ersten macht, vom Objekt statt vom Subjekt, vom Gegenstande statt vom Ich, welches doch das einzige Gewisse, ausgeht.

Ich stimme dem Idealismus darin bei, daß man vom Subjekt, vom Ich ausgehen müsse, da ja ganz offenbar das Wesen der Welt, die und *wie* sie für mich ist, nur von meinem eigenen Wesen, meiner eigenen Fassungskraft und Beschaffenheit überhaupt abhängt, die Welt also, *wie* sie mir Gegenstand, unbeschadet ihrer Selbständigkeit, nur mein vergegenständlichtes Selbst ist; aber ich behaupte, daß das Ich, wovon der Idealist ausgeht, das Ich, welches die Existenz der sinnlichen Dinge aufhebt, selbst keine Existenz hat, nur ein gedachtes, nicht das wirkliche Ich ist. Das wirkliche Ich ist nur das Ich, dem ein Du gegenübersteht und das selbst einem andern Ich gegenüber Du, Objekt ist; aber für das idealistische Ich existiert, wie kein Objekt überhaupt, so auch kein Du. „Ich bin nicht die Seele, sondern der Mensch", sagt schon ein griechischer Philosoph in den Fragmenten der verlorenen Bücher Plutarchs. „Ich denke", aber ich, dieser Mensch, nicht „das Ich oder die Ichheit, die Intelligenz überhaupt." Ich bin wesentlich Individuum. „Ich ist allgemein, ist jeder", aber jeder ist Individuum. Wenn ich unter dem „Ich denke" nicht mich, dieses Individuum, verstehen soll, so fällt das Denken ganz außer die Sphäre der Gewißheit, womit ich mir überhaupt etwas, was ich tue oder leide, zuschreibe, so bleibt mir nur ein unbestimmtes Das oder Nichts übrig, das denkt. Ich ist nur eine sprachliche Ellipse, die bloß der Kürze halber ausläßt, was sich von selbst versteht, nämlich Ich: dieses Individuum, das hier denkt, hier in diesem Leibe, insbesondere diesem Kopfe außerhalb dem deinigen, denkt. Es heißt nicht nur: „Hier ist Rhodus, hier tanze", es heißt auch: Hier ist Athen, hier denke. Ich bin nicht nur ein außer dem andern seiendes Wesen, ich denke auch nur als ein außer dem andern denkendes Wesen. Der Raum ist, wie die Zeit, eine „Anschauungsform", aber nur, weil er meine Seins- und Wesensform, weil ich ein an sich selbst räumliches und zeitliches Wesen bin und nur als ein solches empfinde, anschaue, denke. Was weiß ein an sich unräumliches und unzeitliches Wesen oder Ding von Zeit und Raum? Ich setze nur ein Objekt, ein Du außer mich, weil an und für sich mein Ich, mein Denken ein Du, ein Objekt überhaupt voraussetzt. Ich bin und denke, ja, empfinde nur als „*Subjekt-Objekt*", aber nicht in dem identischen oder, um Kantsche Ausdrücke zu gebrauchen, analytischen Sinne Fichtes, in welchem Ich, der Denkende, und der Gegenstand, der Gedachte, derselbe bin, sondern in dem Sinne, in welchem der Mann, das Weib ein synthetischer Begriff ist; denn ich kann mich nicht als Mann oder Weib fühlen und denken, ohne über mich hinauszugehen, ohne mit dem Gefühle oder Begriffe meiner selbst zugleich den Begriff von einem andern, unterschiedenen, aber gleichwohl mir entsprechenden Wesen zu verknüpfen. Wenn ich daher zuerst von der Gegenständlichkeit abstrahiere und dann frage: Wie komme ich denn zur Annahme eines Gegenstandes außer mir?, so ist das gerade soviel, als wenn ich als Mann zuerst vom Wesen abstrahiere, es hinwegphilosophiere und dann frage, wie komme ich denn zur Annahme eines andern Geschlechts, eines weiblichen Wesens außer mir? Gewiß eine sonderbare Frage, denn ich bin ja nur Mann, weil ein Weib ist, bin nicht nur „a posteriori", bin „a priori", vom ersten und letzten Grund meines Daseins aus, bin wesentlich ein mich auf ein anderes Wesen außer mir beziehendes Wesen, bin nichts ohne diese Beziehung. Und ich denke nur vermittelst meines Verstandes als Grund meiner Geschlechtsempfindung ein Wesen andern Geschlechts außer mir, weil an und für sich schon von Natur aus, unbewußt, vor dem Verstande mein Wesen als Grund seines Daseins ein anderes Wesen voraussetzt. Mein verständiges Außermichsetzen ist nur eine Folge dieser physikalischen Voraussetzung; das Sein geht dem Denken vorher; im Denken bringe ich mir nur zu Bewußtsein, was ich ohne Denken schon bin: kein grundloses, sondern ein auf anderes gegründetes Wesen.

Aber was hat denn um's Himmels willen der profane Geschlechtsunterschied mit dem Heiligen Geiste, mit dem absoluten Ich zu schaffen? Mit diesem freilich nichts, denn in dem absoluten, d. h. abstrakten, Ich abstrahiere ich von allen Unterschieden, folglich auch vom Geschlechtsunterschiede, wohl aber mit dem wirklichen, dem existierenden Ich. Das wirkliche Ich ist nur weibliches oder männliches Ich, kein geschlechtsloses Das, denn der Geschlechtsunterschied ist nicht nur auf die Geschlechtsteile beschränkt – nur in diesem Falle wäre ich berechtigt, von ihm zu abstrahieren –, er ist ein Mark und Bein durchdringender, allgegenwärtiger, unendlicher, nicht da anfangender, dort endender Unterschied. Ich denke, ich empfinde nur als Mann oder Weib, und ich bin daher vollkommen berechtigt, die Frage: Ist die Welt nur eine Vorstellung und Empfindung von mir oder auch eine Existenz außer mir? mit der Frage: Ist das Weib oder der Mann nur eine Empfindung von mir oder ein Wesen außer mir? auf gleichen Fuß zu stellen.

Aber um's Himmels willen, wird abermals der Idealist entsetzt ausrufen, wie kann man das keusche, reine Objekt der Spekulation mit einem Gegenstand der Begierde, der Lust, der Liebe zusammenstellen! Warum denn nicht? Ist denn nicht auch das Licht ein Gegenstand der Begierde und Lust für das Auge, das Tastbare nicht auch ein Gegenstand der Lust und Begierde für das Tastvermögen? Machen wir denn die Hand nur zur „reizenden Gefährtin süßer Schmeicheleien" gegen das andere Geschlecht? Streicheln wir nicht auch Tiere, Hunde, Katzen, Pferde und selbst leblose Dinge außer uns mit Vergnügen? Will das Kind nicht haben, was es sieht? Ist ihm der Gegenstand des idealistischen Auges nicht also zugleich ein Gegenstand der realistischen oder materialistischen Habsucht?

Das eben ist der Grundmangel des Idealismus, daß er die Frage von der Objektivität oder Subjektivität, von der Wirklichkeit oder Unwirklichkeit der Welt nur vom theoretischen Standpunkte aus sich stellt und löst, während doch die Welt ursprünglich, zuerst, nur weil sie ein Objekt des

Wollens, des Sein- und Haben-Wollens, ist, Objekt des Verstandes ist. Wie richtig steht dagegen in dieser Beziehung der religiöse Mensch, welcher die Wirklichkeit und Gegenständlichkeit der Welt nicht vom Verstande, sondern vom Willen, von der Liebe Gottes ableitet! In der Tat, nicht der Verstand, nur die Liebe ist es, welche Wesen außer sich setzt, und zwar nicht nur der Vorstellung nach, sondern wirklich, wahrhaft, leibhaftig, wie die Geschlechtsliebe sinnfällig beweist. „Schaffe mir Kinder, wo nicht, so sterbe ich." Kinder existieren nun allerdings zunächst nur „inner- oder unterhalb der Haut" der Mutter, aber der wesentliche Sinn und Trieb, das eigentliche Ziel und Objekt dieser verzwickten Existenz ist das direkte Gegenteil der Schopenhauerischen Philosophie – ist die Existenz außer der Haut. Aber nicht weniger energisch und deutlich als die Sprache der Geschlechtsliebe ist die Sprache der Selbstliebe. „Schaffe mir Licht, wo nicht, so sterbe ich", sagt die Selbstliebe des Sehnerven, schaffe mir Wasser, schaffe mir Nahrung, wo nicht, so sterbe ich, sagt die durstige und hungrige Selbstliebe.

Warum streckt denn die Katze ihre Krallen, statt nach der Maus, nicht lieber nach ihren eigenen Augen aus, wenn die Maus, die sie sieht, nur in ihren Augen existiert, nur eine Affektion ihres Sehnerven ist? Weil sie nicht den Idealisten zuliebe, sich selbst aber zum Leide verhungern will, weil sie ohne die Existenz der Maus, des Objekts, die Leerheit und Nichtigkeit der eigenen Existenz fühlt, weil sie ebendeswegen außer den subjektiven, den empfindenden Organen nichtempfindende, objektive Organe, Bewegungsnerven, Knochen und Muskeln hat, um die unerträgliche Hohlheit der gegenstand- und inhaltslosen Ichheit überwinden, der Wahrheit der Objektivität inne und habhaft werden zu können.

„Tötet denn aber nicht die Katze die Maus? Verhält sich nicht der Wille überhaupt nur negativ, vernichtend gegen das Objekt? Haben nicht die Idealisten gerade dieses Verhalten zum Ausgangspunkte ihres Beweises von der Nichtigkeit des Objekts genommen?" Wohl tötet die Katze die Maus; aber sie tötet nur einige, nicht alle Mäuse, weil sie mit der Aufhebung aller für sie genießbaren tierischen Objekte sich selbst aufhöbe, weil sie, um selbst leben zu können, anderes muß leben lassen. Doch abgesehen davon, daß der Mutwille des Subjekts an der massenhaften Ausbreitung des Objekts die Schranke seiner Zerstörungswut findet, ist die Macht der Begierde, mit der ich den Gegenstand mir aneigne und verzehre, nicht zugleich ein Ausdruck von der Macht desselben über mich, meiner Abhängigkeit von ihm, nicht ein Ausdruck davon, daß er für mich ein unentbehrlicher und wesentlicher ist, daß ich nur durch ihn lebe und bestehe, daß ich also zu ihm als einem Objekt meiner Selbstliebe nicht nur in einem negativen, sondern auch positiven, nicht nur herrischen, sondern auch untertänigen, mich zu Dank verpflichtenden Verhältnis stehe. Wir können nicht essen, was wir verabscheuen, aus demselben Grunde, aus welchem wir uns mit einem abscheulichen Wesen nicht begatten können, weil auch das Essen eine Begattung, eine fleischliche Vermischung ist, weil nicht nur der Gegenstand des Geschlechtstriebes, sondern auch *der* des Selbsterhaltungstriebes, wenn auch nur mittelbar, Fleisch von unserm Fleisch und Gebein von unserm Gebein ist; daher auch nur die Wesen sich geschlechtlich vereinigen, die im Geschmack der Speise einig sind, nicht de gustibus [über Geschmäcker] miteinander streiten, sondern friedlich von derselben Fauna oder derselben Flora sich nähren. Wir können nicht genießen, wenigstens nicht verdauen, was schlechterdings unserer Natur widerspricht, kein Gift zu uns nehmen, ohne von ihm vergiftet, vernichtet zu werden, zum deutlichen Beweise, daß das Subjekt das Wesen des Objekts zur Schranke seines Willens hat, daß alles, was wir über das Objekt vermögen, ebensosehr im Vermögen des Objekts als in unserm eigenen liegt, daß wir nur verdauen kraft der „Negativität" unseres Magens oder Willens, was positiv, kraft seiner eigenen Naturbeschaffenheit verdaulich ist, nur also essen, was eßbar, nur sehen, was sichtbar, nur tasten, was tastbar, daß folglich das schlechthin sogenannte Objekt ebensogut *Objekt-Subjekt* als das schlechthin sogenannte Subjekt wesentlich und unabsonderlich *Subjekt-Objekt*, d. h. das Ich Du-Ich, der Mensch *Welt-* oder *Natur*mensch, gleichwie die Katze wesentlich Mauskatze, die Raupe, die von der Wolfmilchsstaude lebt, Wolfmilchsraupe, die Laus, die von den Blättern der Pflanzen lebt, Blattlaus ist und heißt. Die Frage, wie der

Mensch oder das Ich, welches schon in seinem Begriffe oder Wesen das Dasein einer Welt oder eines Dus außer sich in sich schließt, zur Vorstellung oder Annahme eines solchen Außersich kommt, ist daher die Frage der Mauskatze, wie sie zur Annahme einer Maus, die Frage der Blattlaus, wie sie zur Annahme eines Blattes außer ihr komme.

Allerdings weiß und behauptet auch der Idealismus – wie sollte er sich einer so sinnfälligen Wahrheit verschließen können? –, daß ohne Objekt kein Subjekt, ohne Du kein Ich ist; aber dieser Standpunkt, wo es ein Ich und Du gibt, ist ihm nur der *empirische*, nicht der transzendentale, d. h. wahre, nicht der erste und ursprüngliche, sondern ein untergeordneter, abgeleiteter, ein für das Ich an sich aufgehobener, ein nur für das Leben, aber nicht für die Spekulation gültiger Standpunkt. Allein eine Spekulation, die mit dem Leben in Widerspruch steht, die den Standpunkt des Todes, der vom Leibe geschiedenen Seele zum Standpunkt der Wahrheit macht, ist selbst eine tote und falsche Spekulation – eine Philosophie, welche der Mensch schon mit dem ersten Lebenshauche und Schrei außer Mutterleib zum Tode verurteilt; denn mit demselben Schrei, womit er sein Dasein verkündigt, kündigt auch zugleich der Mensch, wenn auch unbewußt, das Dasein einer von ihm unterschiedenen Welt an. Wie kann denn ein Wesen überhaupt seine Empfindung äußern, wenn kein Äußeres, wie sie vergegenständlichen, zur Empfindung eines andern Wesens machen, wenn nichts anderes, nichts Gegenständliches existiert? Wenn die Empfindung ein in sich verschlossenes, karthäuserisches, gnostisches, buddhistisch-nihilistisches Wesen wäre, so wäre es allerdings unmöglich, ja, unsinnig, von ihr aus zu einem Objekt, einem Etwas außer ihr einen Übergang finden zu wollen; aber die Empfindung ist das gerade Gegenteil der asketischen Philosophie: *außer sich* vor Wonne oder Schmerz, leut- und redselig, lebenslustig, genußsüchtig, d. h. objektsüchtig, denn ohne Objekt kein Genuß.

„Die Empfindung jeder Art", sagt Schopenhauer, ein übrigens selbst von der „Epidemie" des Materialismus angesteckter Idealist, „bleibt auf das Gebiet *innerhalb* der Haut beschränkt, kann also selbst nie etwas enthalten, das *jenseits* dieser Haut, also *außer uns*, läge." Das Objekt ist aber für uns nicht nur Gegenstand der Empfindung, es ist auch die Grundlage, die Bedingung, die Voraussetzung der Empfindung; wir haben innerhalb der Haut eine objektive Welt, und nur diese ist der Grund, daß wir eine ihr entsprechende außer unsre Haut hinaussetzen. Wir empfinden „innerhalb der Haut" – aber innerhalb einer Haut, welche *porōs* ist, und zwar derart, daß auf der gesamten Oberfläche eines erwachsenen Mannes nicht weniger als ungefähr sieben Millionen Poren, d. h. Öffnungen, Ausgänge ins Jenseits der Haut sich befinden. Sage: sieben Millionen Poren in der Haut, durch welche wir atmen, und dazu noch unterhalb der Haut in einem besondern, nur zum Atmen bestimmten Organ, der Lunge, nicht weniger als sechshundert Millionen lufterfüllte Zellen! Was ist aber das Atmen? Nichts als eine fleischliche Vermischung unseres Blutes mit der äußern Atmosphäre, eine Begattung insbesondere mit dem Sauerstoff der Luft. Die Lunge ist aber kein Empfindungsorgan, die Luft, die wir durch Haut und Lunge einatmen, keine Affektion unserer Nerven, keine Empfindung oder Vorstellung von uns; wir nehmen die wirkliche Luft in uns auf, so, wie sie ist, auf materielle, objektive, chemische Weise; wir atmen, ehe wir sehen, hören, tasten, riechen, schmecken; wir atmen, weil wir ohne Luft nicht leben, nicht empfinden können. Ohne Atmen ist kein Sauerstoff, wenigstens für uns und in uns, ohne Sauerstoff kein Feuer, keine Wärme, ohne Wärme keine Empfindung, keine Begeisterung. Die Glut der Empfindung, der Begeisterung – wir empfinden ja nur im Zustande nervöser Aufregung – ist keine poetische Phrase, sondern sinnfällige, selbst mit dem Thermometer nachweisbare Wahrheit. Fast alle Sprachen und Denker des Altertums identifizieren sogar geradezu Seele, Geist, Lebensprinzip mit Luft, Äther (feinster, oberster Luft), Wärme, Feuer.

Luft ist das erste Empfindungs- und Lebensbedürfnis; wir leben von der Luft, aber nicht allein, sondern noch [von] unzähligen andern Dingen und Stoffen; wir atmen nicht nur, wir essen und trinken auch. Was wir trinken, was wir essen, das müssen wir auch sehen, hören, fühlen, riechen, schmecken, aber wir bleiben nicht bei diesem nur sentimentalen Verhältnisse stehen; wir zerkauen und zermalmen es mit unsern unästhetischen Zähnen, nicht, um es nur zu schmecken – der Geschmack, wie die andern Sinnesempfindungen, ist hier nur Mittel –, sondern um es uns förmlich einzuverleiben, in Fleisch und Blut zu verwandeln, sein Wesen zu unserm Wesen zu machen. Mit Wesen derselben Gattung, aber andern Geschlechts zeugen wir uns gleiche Wesen außer uns, mit Wesen anderer Gattung, mit denen wir uns nur vermittelst unserer Eßorgane vermischen, zeugen wir uns selbst. Der Zeugungsprozeß sowohl in letzterem als ersterem Sinne ist aber die wahre, wirkliche, sinnlich begründete, nicht transzendente, nicht phantastische Identität von Subjekt und Objekt. Was ist der Hunger, was der Durst anders als das Leibnizsche, aber von Leibniz nur gedachte, nicht in seiner Wahrheit und Wirklichkeit erkannte und nachgewiesene vinculum substantiale, wesentliche Band, zwischen den Durst und Hunger empfindenden oder leidenden Wesen und andern dieser Empfindung entsprechenden, dieses Leiden heilenden Wesen? Wie abgeschmackt, der Empfindung das Evangelium, die Verkündung eines objektiven Heilandes, abzusprechen – zu behaupten, daß sie nichts Gegenständliches beweise, nichts Gegenständliches enthalte! Ist denn die Empfindung des Hungers, des Durstes eine leere, gegenstandlose? Ist der Durst etwas anderes als empfundener Wassermangel? „Ich empfinde nur mich selbst", sagt der Idealist. Ja, wohl empfinde ich mich, auch wenn ich Durst empfinde, aber als ein ohne Wasser höchst mangelhaftes, unglückliches, elendes Ich, also als ein wasserbedürftiges, die Notwendigkeit des Wassers, wenn auch nur für mich, empfindendes und beweisendes Wesen. Meine Empfindung ist subjektiv, aber ihr Grund ein objektiver. Ich empfinde Durst, weil das Wasser außer mir ein wesentlicher Bestandteil in und von mir, Grund selbst oder Bedingung meiner Existenz und Empfindung selber ist – ich sage Grund oder Bedingung, weil das Wasser nicht der einzige, der zureichende, sondern nur einer unter vielen andern, Bedingung, wenigstens Lebensbedingung, aber nichts anderes als solch ein Grund ist. Ohne Wasser also keine Empfindung, am wenigsten eine Empfindung von Wasserbedürfnis – denn wenn kein Wasser überhaupt ist, ist auch kein Durst –, am allerwenigsten Empfindung des Wohlseins. Wohlsein ist aber nichts anderes als Identität, Einigkeit von Subjekt und Objekt, darum sind Hunger und Durst peinliche

Empfindungen, Empfindungen des Unwohlseins, weil hier diese Einheit unterbrochen ist, weil ich ohne Speise und Trank nur ein halber, kein ganzer Mensch bin. Warum aber nur ein halber Mensch? Weil das, was ich esse, was ich trinke, selbst mein alter ego, mein anderes Geschlecht, meines Wesens ist, wie ich umgekehrt seines Wesens bin. So ist das trinkbare Wasser, das Wasser als möglicher Bestandteil des Blutes, menschliches Wasser, menschliches Wesen, wie und weil der Mensch selbst ein wenigstens teilweises Wassergeschöpf, wässerigen Blutes und Wesens ist. Essen und Trinken ist die alltägliche, deswegen nicht bewunderte, ja, mißachtete Inkarnation, Menschwerdung der Natur, aber sie wird nur Mensch infolge der Identität von Subjekt und Objekt, die sich uns im Gefühle des Wohlseins offenbart. Warum würzt der Mensch seine Speisen mit Salz? Weil sie ihm ohne Salz nicht wohlschmecken und wohl bekommen. Warum aber nicht? In letzter Instanz geurteilt, weil das Salz auch ein notwendiger, zum Wohlsein, d. h. zum wahren, gesunden, normalen Sein, unentbehrlicher Bestandteil unseres Blutes ist. Was hat also den Menschen bestimmt, Salz zu sich zu nehmen, was ist das Band, das vinculum substantiale zwischen dem uns notwendigen Salz und dem wirklichen Salze außer uns, das Verbindende also zwischen Subjekt und Objekt? Die Empfindung des Unwohlseins ohne Salz – die Empfindung, sage ich, nicht der Instinkt; denn mit diesem Wort bezeichnen wir nur das unbekannte und verkannte Wesen der Empfindung.

Also ums Essen und Trinken handelt es sich auch bei der Frage von der Idealität oder Realität der Welt?, ruft entrüstet der Idealist aus. Welche Gemeinheit! Welcher Verstoß gegen die gute Sitte, auf dem Katheder der Philosophie ebenso wie auf der Kanzel der Theologie über den Materialismus in wissenschaftlichem Sinne aus allen Leibeskräften zu schimpfen, dafür aber an [der] table d'hôte von ganzem Herzen und von ganzer Seele dem Materialismus im gemeinsten Sinne zu huldigen! Es handelt sich hier nur von der Sinnenempfindung, vom Fühlen, Hören, Sehen, und daß diese Empfindungen, wie ihre Gegenstände, wie der Schall, das Licht, nur subjektiv, nur Nerven- oder Hirnaffektionen sind, das behaupten und beweisen nicht nur die philosophischen, sondern auch die modernen physiologischen

Idealisten. „Es ist ganz gleichgültig", sagt z. B. Joh. Müller in seiner Schrift „Zur vergleichenden Physiologie des Gesichtssinnes", „von welcher Art die Reize auf den Sinn wirken; ihre Wirkung ist immer in den Energien des Sinnes. Druck, Erschütterung, Friktion, Kälte und Wärme, der galvanische und elektrische Gegensatz, chemische Reagentien, die Pulse des eigenen Körpers, die Entzündung der Netzhaut, die Sympathien endlich des Auges mit andern Teilen des Körpers, kurz, alle nur denkbaren Reize, welche in was immer für einer Form auf die Sehsinnsubstanz zu wirken vermögen, wirken auf diese nur so, daß ihre dynamis, die Empfindung des Dunkeln, welche sie auch ohne Reiz hat, zu ihren Energien, zur Empfindung des Lichten und des Farbigen treiben." „Dasjenige, was, wenn es nach den Gesetzen seiner Bewegung durch durchsichtige Medien auf der Netzhaut Unterschiede der Affektion in den Energien des Sehsinns setzt, Licht genannt wird, ist also nicht der erste und vornehmste Impuls zur Erzeugung der Empfindung des Lichtes und der Farbe, sondern unter vielen andern, welche das Gemeinsame haben, daß sie in dem Auge ein von ihnen selbst Unterschiedenes, dem Sinn selbst Angehöriges, Lichtempfindung, wecken, der gewöhnlichste!" Wirklich nur der gewöhnlichste, nicht der erste normale, maßgebende, über alle andern Lichterscheinungen entscheidende? Wie verträgt sich dieser Gedanke mit gesunden Sinnen? Der Sehsinn ist nur für das Licht empfänglich, für das Licht von der Natur prädestiniert; das Licht ist sein Eins und Alles; für ihn existiert nur Licht, darum ist alles andere für ihn auch nur Licht, oder er nimmt jeden Eindruck auf sich, welcher Art er auch sei, als Lichterscheinung auf; aber ebendeswegen hat die phantastische oder überhaupt subjektive Lichtempfindung nicht gleiche Bedeutung mit der objektiven, jene ist eine dieser untergeordnete, von ihr abzuleitende. Wie kann ich eine ohne äußeres Licht entstandene Sehsinn-Affektion als feurigen Kreis, als Funken oder Flammen wahrnehmen und bestimmen, wenn ich nicht schon unter dem Beistand des göttlichen Lichtes in natura Feuer, Funken und Flammen gesehen habe? (8) Wie also die subjektiven Lichterscheinungen, die ich selbst ohne Auge habe, mit denen auf gleiche Linie stellen, die ich nur durch das Auge, das ausdrückliche, das offenbare, das objektive Lichtorgan, habe? Licht ohne Auge oder, was eins ist, ohne äußeres Licht ist ein Licht, das nicht leuchtet und erleuchtet, das nur ich, aber kein anderer wahrnimmt, mit dem ich selbst nichts sehe und wahrnehme. Also ist dieses subjektive, dieses nichtsnutzige, dieses äffische Licht himmelweit verschieden von dem wahren, dem allgemeinen Lichte, worin nicht nur ich [sehe], sondern zugleich auch der andere sieht, worin ich nicht nur sehe, sondern auch gesehen werde, nicht nur Subjekt, sondern auch Objekt des Sehens bin.

Nicht Ich, nein, Ich und Du, Subjekt und Objekt, unterschieden und doch unzertrennlich verbunden, ist das wahre Prinzip des Denkens und Lebens, der Philosophie und Physiologie. Der Unterschied zwischen Ich und Du ist der Unterschied zwischen phantastischem und wirklichem Licht. Nervenlicht ohne Sonnenlicht ist soviel als ein Ich ohne Du, ein Weib ohne Mann, oder umgekehrt. Die subjektive Lichtempfindung der objektiven gleichsetzen heißt die Pollution mit der Zeugung identifizieren. Ich empfinde Geschlechtsreize auch ohne das andere Geschlecht auf Einwirkung der verschiedensten Ursachen, aber gleichwohl beziehen doch alle diese Reize auch ohne Anwesenheit und Berührung des andern Geschlechts sich nur auf dasselbe; solange wenigstens der Mensch gesund, nicht lasterhaften oder krankhaften Neigungen verfallen ist, wird er jeden Geschlechtsreiz nur unter der Form, unter der Vorstellung des andern Geschlechts empfinden. Keine Empfindung ist subjektiver als die geschlechtliche, und doch verkündet keine lebhafter und energischer die Notwendigkeit und das Dasein des ihr entsprechenden Gegenstandes, denn jeder einseitige geschlechtliche Reiz ist ja eigentlich nur ein das andere Geschlecht vertretender, nur ein kryptogamischer Reiz. Warum soll es nicht dieselbe oder doch eine ähnliche Bewandtnis mit den einseitigen Lichtempfindungen haben? Wenn der geschlechtlich Erregte auch andere, neutrale, geschlechtslose Reize, selbst einen bloßen Händedruck, als Geschlechtsreiz empfindet, warum soll nicht auch der lichtbedürftige, lichtbegierige Sehnerv oder überhaupt Sehsinn einen mechanischen Druck oder sonstigen Eindruck als Licht empfinden, d. h. jedem abnormen Eingriff gegenüber seine normale Naturbestimmung, seine Lichtbestimmung zu augenfälliger Erscheinung bringen? Desperater Durst macht selbst den eigenen Urin zu einem Getränke. Wer sollte aber deswegen dieses selbstfabrizierte, von unsern Nieren ausgeschiedene Wasser mit dem Quellwasser der Natur außer uns auf gleichen Fuß stellen – schließen, daß das Wasser nur der gewöhnlichste, nicht der normale, naturgemäße Gegenstand unseres Durstes, d. h. unseres Wasserbedürfnisses, ist [?]

Doch auch zugegeben, daß das Licht nur eine „Energie", ein Produkt oder Fabrikat des Sehsinns sei, so ist doch sogleich die Einschränkung notwendig, daß dies eben nur von dem Lichte gilt, welches und wie es Gegenstand des Sehsinns für sich allein ist, denn das Licht existiert für uns auch noch auf andere Weise, es ist außer dem Auge auch Objekt des Gefühls – blendendes Licht z. B .schmerzt –, Objekt der Empfindung unseres Wohlseins, unseres Gesundheits-, unseres Glückseligkeitstriebes. Nur im Lichte hauchen die Pflanzen unsere Lebensluft, den Sauerstoff, aus; Licht beschleunigt den Blutlauf, befördert den Stoffwechsel; Mangel an Licht, „dunkle Wohnungen machen bleichsüchtig und gedunsen" (Moleschott, „Licht und Leben"). Ohne Licht kein Leben, kein Sein, geschweige gesundes und glückliches Sein, wenigstens für uns. Darum steht auch das Sehorgan selbst in Verbindung mit Gefühlsnerven und Bewegungsorganen, womit wir nach Bedarf und Befund unseres Willens, d. h. unseres Glückseligkeitstriebes, das Auge öffnen und schließen können, um in ersterem Falle das Licht in unsere Haut hinein-, im andern Falle aber außer unsere Haut, wenigstens unsere Netzhaut, hinauszusetzen und so zu beweisen, daß das Licht, wenn es auch für den Sehsinn nur in ihm selbst existiert, so daß er als judex in propria causa dreist behaupten darf: „La lumière c'est moi [das Licht bin ich]", doch für andere, unparteiische Organe und Sinne auch eine Existenz außer dem Sehsinne hat. Hat man doch selbst aus chemischen Wirkungen erschlossen, daß es *unsichtbare Lichtstrahlen* gibt, Lichtstrahlen, die nicht mehr als solche empfunden werden, weil sie jenseits der Grenzen der roten und violetten liegen. (9)

Anmerkungen und Belegstellen

(1) Gewisse Indianer essen die Läuse. Auf die Frage, warum er sie äße, antwortete ein Indianer: „weil sie ihn bissen und es seinem Rachegefühl wohltäte, sie wieder zu beißen“ (P. Kane, „Wanderungen unter den Indianern Nordamerikas“, 1862, S. 86).

(2) „Durch ihren eigenen Mutwillen“, heißt es ausdrücklich in dem bekannten „Theatrum Diabolorum“ von 1569, „haben sich die Teufel“ – die Urheber vom Sündenfall des Menschen – „von dem höchsten und einigen Gut abgewandt“ usw. Und dieser teuflische Mutwille ist die Grundlage der rechtgläubigen Theologie.

(3) Die moralische Heilkraft des Ortswechsels hat übrigens schon der Heilige Isidor, ein spanischer Bischof im siebenten Jahrhundert, erkannt und angepriesen. Er sagt in seinen „Gedanken vom höchsten Gute“ (l. 2, c. 10, § 7): „Der Ortswechsel hat für die Bekehrten bisweilen die Wirksamkeit eines Seelenheilmittels, denn insgemein ändert sich mit der Ortsveränderung auch die Stimmung des Geistes“ usw.

(4) Wie sehr der Spiritualist gerade da die Wahrheit der Sinne bejaht, wo er sie verneint oder zu verneinen glaubt, wie er in die un- und übersinnliche Seele stets den sinnlichen Menschen einschmuggelt, das zeigt sich unter anderm auch in dem Verhältnis, in welchem er die Seele zum Leibe denkt. Er denkt sich nämlich den Leib als ein Werkzeug, als ein Instrument, die Seele als einen Künstler; er denkt sich also die Seele unter und in demselben Verhältnis zu ihrem Leibe, in welchem der Mensch vermittelst seines Leibes, seiner Sinne und Hände zu den Dingen außer ihm steht, und findet es daher natürlich ebenso ungereimt als unbegreiflich, wie man Leib und Seele identifizieren könne. „Der Orgelspieler hängt von seinem Instrument ab, er kann nicht darauf spielen, wenn es nicht die gehörige Beschaffenheit hat, soll aber deswegen der Orgelspieler und die Orgel für *ein* Ding gelten?“ ruft triumphierend Antilucretius aus, ohne zu bedenken, daß er mit diesem un-

gereimten Gleichnis nur beweist, daß der Spiritualismus ein phantastischer und verrückter Materialismus ist.

(5) Dasselbe, wahrscheinlich selbst aus Malebranche geschöpft, sagt Fenelon in seinem „Traité de l'existence de Dieu", ed. par M. Danton, Paris 1860 (II P., ch. 5): „Da das unendliche Wesen nicht auf irgendeine Art des Wesens eingeschränkt sein kann, so folgt, daß Gott nicht mehr Geist als Körper, nicht mehr Körper als Geist, daß er, eigentlich zu reden, weder das eine oder das andere ist." – Und vorher: „Er hat das ganze Wesen des Körpers, ohne auf den Körper beschränkt zu sein, das ganze Wesen des Geistes, ohne auf den Geist beschränkt zu sein. Er ist so ganz Wesen, daß er das ganze Wesen jedes seiner Geschöpfe hat, aber mit Weglassung der Grenze, die es einschränkt" – eine Stelle, die in den frühern Ausgaben geschwächt und entstellt wurde, um den frommen Mann nicht in den Verdacht des Pantheismus fallen zu lassen. Aber er korrigiert sich ja selbst gleich darauf, wenn er sagt: „Warum sagt denn die Heilige Schrift, daß Gott ein Geist ist? Um den plumpen Menschen begreiflich zu machen, daß Gott unkörperlich und kein durch die materielle Natur beschränktes Wesen, daß er ferner verständig (intelligent) ist wie die Geister und daß er in sich alles Positive, d. h. alle Vollkommenheit des Gedankens, ohne dessen Schranken, hat." Aber alle diese Schranken laufen zuletzt nur auf die Sinnlichkeit oder Materie, nur auf den Körper hinaus: Der Mensch ist ein endlicher, d. h. durch den Körper beschränkter, Geist, Gott aber der unendliche, d. h. von den Schranken des Körpers befreite, Geist. So wird z. B. von Gott die Sukzession der Gedanken verneint. Warum ist denn aber das menschliche Denken ein sukzessives? Weil es ein materieller Vorgang ist, weil jeder Gedanke notwendig mit irgendeiner Bewegung oder Veränderung der Bestandteile des Denkorgans, des Hirns, verbunden ist, keine Bewegung, keine Veränderung aber ohne Zeit stattfindet. Was man jetzt als die größte Erniedrigung des menschlichen Geistes mit Schimpfworten bezeichnet – das Bestreben nämlich, das Denken als eine materielle Tätigkeit zu begreifen, das wird man einst bei größeren Fortschritten auf diesem dunkeln Gebiete als den höchsten Triumph des menschlichen

Geistes feiern – so gewiß feiern, als man jetzt die ehemals auch das „sittliche und religiöse Gefühl" entrüstende Herabsetzung der Gestirne aus himmlischen, überirdischen Wesen zu irdischen Körpern als einen solchen feiert.

(6) „Bis in den Anfang des vierzehnten Jahrhunderts widerstand der Aberglaube von der Unverletzlichkeit der Leichen und die Kirche dem Studium der Naturgeschichte des Menschen und des innern Baues seines Körpers. Umsonst hatte der über die Vorurteile seiner Zeit erhabene Kaiser Friedrich II. seinen Ärzten zu Neapel und Salerno zu ihrer Bildung häufige Leichenöffnungen empfohlen. Die Kirche widersetzte sich jedem Versuch der Art, und noch Bonifatius VIII. untersagte (c. 1300) unter Androhung harter Strafen die Verfertigung der Skelette" (Eichhorn, „Geschichte der Literatur", II. B., S. 435). „Vor Vesalius bestand die Anatomie noch so wenig, daß Karl V. (bei dem Vesalius Leibarzt war) den Theologen zu Salamanca die Gewissensfrage vorlegte, ob es nicht auf jeden Fall gottlos sei, einen menschlichen Körper zu zergliedern" (ebend., 3. Bd., 1. Abt., S. 897). Welche Gewissenhaftigkeit und Zärtlichkeit gegen die menschlichen Leichname, während man sich doch kein Gewissen daraus machte, die lebendigen Menschen zu zerstücken und zu verbrennen!

(7) Schon Cardanus bemerkt in seiner Schrift „De Subtilitate" (lib. 14: De anima et intell.): „Es ist notwendig, daß der Körper in Gemütsbewegungen leidet, weil sie nicht ohne den Körper stattfinden." – Es sei hier auch zugleich bemerkt, daß die angeführten Beispiele von der Macht der Seele über den Leib teils aus der schon erwähnten Schrift Zimmermanns, „Von der Erfahrung in der Arzneikunst", teils aus Moritz' „Magazin zur Erfahrungsseelenkunde" geschöpft sind.

(8) Wenn wirklich Blindgeborene oder in den ersten Tagen ihres Lebens Erblindete, also jenen gleich zu Achtende, angeben, daß sie Traumgestalten sehen, so ist doch gewiß, ehe man daraus auf innerliche phantastische Gesichtserscheinungen der Blinden schließt, die Frage erlaubt, ob nicht diese Angaben den Suggestivfragen der

Sehenden ihre Entstehung verdanken. Weiß der Blindgeborene aus sich selbst, daß er blind, daß er nicht sieht? Weiß man, was sehen heißt, wenn man nicht sehen kann, was dunkel ist, wenn man nichts vom Lichte weiß? Wenn man also dem Blindgeborenen die Empfindung wenigstens der Dunkelheit des innern Sehraumes zuschreibt, legt man nicht seinen Zustand im Sinne des Sehenden aus?

(9) Warum nimmt man denn aber überhaupt bei der Frage von der Realität oder Idealität, der Gegenständlichkeit oder Nichtgegenständlichkeit der Sinne statt des gründlichen Wesen- oder Körpersinns, des Gefühls- oder Tastsinns, nur den oberflächlichen Scheinsinn des Sehorgans zum Ausgangspunkte und selbst zum Muster? Für den einseitigen Gesichtssinn existieren selbst die Geister, die Gespenster, aber nicht für den Tastsinn. Daher sagt selbst in der Bibel der zum Leben wiedererstandene Gottmensch zu seinen Jüngern nicht nur, „sehet", sondern auch „fühlet" oder betastet mich, um euch zu überzeugen, daß ich kein Geist bin, „denn ein Geist hat nicht Fleisch und Bein". Über phantastische Gesichtserscheinungen kann man daher Bücher schreiben, aber nicht über phantastische Erscheinungen des Gefühls- oder Tastsinns. „Phantastische Gefühlsempfindungen", sagt Joh. Müller in seiner Schrift „Über die phantastischen Gesichtserscheinungen", „sind im Traume häufig genug, sonst aber selten. Aber von einem hämorrhoidalischen Greis wird erzählt, daß es ihm zuweilen vorkam, als faßte ihn jemand bei der Schulter u. dgl. Bei Irren sind sie sehr häufig." Aber diese Gefühlsphantasmen des Irren, des Kranken, des Träumenden kann man doch nicht dem Gefühlssinne selbst zum Vorwurf machen.

Zur Unsterblichkeitsfrage vom Standpunkte der Anthropologie. Oder Kritik der gewöhnlichen Erklärungen von den, insbesondere volks- und altertümlichen, Unsterblichkeitsvorstellungen[1]

Vorwort

Zum Behufe des nicht mit meinen frühern Schriften bekannten Lesers habe ich hier nur zu bemerken, daß die „Unsterblichkeitsfrage vom Standpunkte der Anthropologie" die Überschrift einer von mir bereits im Jahre 1846 geschriebenen, in meinen „Gedanken über Tod und Unsterblichkeit" (Sämtl. W., III. Bd., 1847[2]) enthaltenen Abhandlung ist. Ebenso bezieht sich die zunächst darauf folgende Arbeit „Zur ‚Theogonie'" auf meine 1857 erschienene Schrift „Theogonie", d. h. der Ursprung der Götter „nach den Quellen des klassischen, hebräischen und christlichen Altertums"[3]. Beide haben den Zweck, die Wahrheit der in diesen Schriften ausgesprochenen Gedanken in neuen oder wenigstens eingehender als früher behandelten Beispielen zu veranschaulichen und zu bestätigen.

Zur Unsterblichkeitsfrage, vom Standpunkte der Anthropologie

Wie der Glaube an einen Gott nur da vorhanden ist, wo das „Gott" genannte Wesen nicht nur die menschliche Unwissenheit und Einbildungskraft, sondern zugleich auch das menschliche Wollen und Wünschen uns vergegenwärtigt, so ist auch der Glaube an Unsterblichkeit nur da zu finden, nur da als vorhanden anzuerkennen, wo er der Ausdruck eines Wunsches, wo er das Sein nach dem Tode als ein erwünschtes darstellt. Wo dagegen das Leben nach dem Tode vorgestellt wird als ein unerwünschtes, ja, schrecklich

[1] *Im Original steht diese Überschrift auf einem besonderen Titelblatt vor dem Text.*

[2] *Vgl. GW 10, S. 192–323.* [3] *Vgl. GW 7.*

trauriges, als ein Leben, vor dem sich der Mensch ebenso entsetzt als vor dem Tode selbst, als ein Leben, dem der Tod alles genommen hat, was dem Menschen erst das Leben zum Leben macht, da ist die (angebliche) Unsterblichkeit nur der maskierte, der verblümte Tod, „der unsterbliche Geist" nur der personifizierte, der von der Phantasie als lebend vorgestellte Tote. Klassische Aufschlüsse hierüber gibt Homer. „Die Seelen der abgeschiedenen Toten" existieren noch; aber, oh wehe, sie existieren nur da, wo der Tod herrscht – ohne Licht, d. h. ohne Leben – „leben und das Licht der Sonne schauen" ist ja eins – ohne Leib, d. h. ohne Selbst, ohne Bewußtsein und Verstand, ohne Kraft, nur also als Existenzen ohne Existenz, als wesenlose Schatten, als nichtige Traumbilder. Zwar heißen sie Seelen, und Seele, psyche, bedeutet bei Homer den Lebenshauch, den Atem, ja, das Leben selbst; aber es ist nicht diese psyche, die nach dem Tode vom Menschen übrigbleibt. Nein, die Seele des Toten ist, wie augenscheinlich die Seele des Patroklos beweist, welche dieselbe Größe, dieselben Augen, dieselbe Stimme, dieselbe Kleidung sogar, wie Patroklos selbst hatte, nur das eidolon, das Bild des Lebenden vom Toten. Daher heißt es ausdrücklich in der „Odyssee" (24, 14), desgleichen in der „Ilias" (23, 72): „die Seelen, die *Gebilde* (eidola, Bilder, Schattenbilder) der Toten", und ebendaselbst (Vers 104): „Seel' und Schattenbild"; daher stehen gleichbedeutend mit diesen Seelen „die besinnungslosen *Tote*[*n*], die Gebild' ausruhender, d. i. verstorbener, Menschen" („Od." 11, 475). Zwar gebraucht häufig Homer für den Tod, d. h. den Akt des Sterbens, die Redensart: Die psyche stieg zum Hades hinab, z. B.: „Der Nacken brach ihm aus dem Gelenke, die psyche, die Seele, aber ging in den Hades hinab." Aber daraus darf man nicht folgern, daß „dieselbe Seele, die wir auf der Oberwelt als Luft und Lebensprinzip, als Prinzip des animalischen Lebens, kennengelernt haben, nach dem Tode im Hades fortdauere". Im Momente des Sterbens entfliegt freilich mit dem letzten Lebenshauche die psyche „durch den Mund" oder „eine Wunde", aber sie kommt in den Hades nur *als* eidolon, als Bild.

Wenn nun aber gleichwohl diesen wesenlosen Bildern „Flattern" und „Schwirren", selbst „Geschrei" in der

„Odyssee" zugeschrieben wird, so hat dies doch keinen andern Sinn und Grund, als wenn die abgeschiedene Seele ausdrücklich von Homer mit einem Traume oder Traumgesicht und doch zugleich wieder mit einem Rauch oder Schatten verglichen wird. Der Schatten, der Rauch ist nur die verkörperte, veranschaulichte Bestandlosigkeit des Traumgebildes. Wenn aber einmal das Wesenlose als Wesen außer dem Menschen von der Einbildungskraft vorgestellt wird, so versteht es sich von selbst, daß demselben auch noch weitere sinnliche Eigenschaften beigelegt werden. So geht das Traumbild der Isthime in die Kammer der Penelope hinein am Riemen des Schlosses und verschwindet endlich wieder in „sanft wehende Luft". Wenn daher die Toten in der „Odyssee" trotz ihrer Besinnungslosigkeit, die meisten jedoch erst nach dem Genusse des Blutes, als redende, verstandbegabte, Schmerz und Freude äußernde Wesen dargestellt werden, so vergesse man nicht, daß auch die Träume bei Homer reden und angeredet, handeln und behandelt werden, als wären sie persönliche Wesen.

Bei den Christen ist das Diesseits die Sehnsucht nach dem Jenseits, bei den Griechen, wenigstens den homerischen, umgekehrt das Jenseits die Sehnsucht nach dem Diesseits. Achilleus wünscht lieber auf Erden ein Taglöhner, als im Jenseits des Schattenreichs ein Fürst zu sein. „Klage oder trauere nicht, daß du gestorben bist", sagt Odysseus zu Achilleus. „Tröste mich," erwidert dieser darauf, „über den Tod doch ja nicht." Das heißt: Wolle mir nicht weismamachen, daß der Tod nicht Tod sei, daß der Tote noch wirklich lebe, noch wirklich herrsche wie einst im Leben und jetzt noch in der Erinnerung. Verwechsele nicht den Schatten mit dem Körper, den Schein nicht mit dem Wesen! Wie kann man also dieses heroische Todesbekenntnis für ein Glaubensbekenntnis der Unsterblichkeit ausgeben, wie aus der dichterischen Personifikation des Toten ein prosaisches, wirkliches Sein der Seele nach dem Tode „herausklauben" wollen? Wie kann man aber auch andererseits diese Äußerung Achilleus', die nur die Poesie dem Tode im Gegensatz gegen das Leben in den Mund legt, zu einem Beweise von der „trostlosen" Vorstellung Homers von dem Zustande der Verstorbenen stempeln? Achilleus klagt ja nicht nur, er freut sich auch noch, wenn auch nicht über sich selbst, doch über den Ruhm seines Sohnes, und erkundigt sich mit lebhafter Teilnahme nach dem Zustande seines Vaters. Warum folgert man also nicht hieraus, daß bei Homer die Toten auch noch glücklich sind, wenngleich nicht als Eigentümer eines besondern Himmelreichs, doch als Teilhaber an dem irdischen Glücke der Ihrigen?

Wo die Seele des Menschen nach dem Tode, wie in der „Odyssee" [11, 72] die Seele Elpenors, keine andere Sorge hat, als daß die Überlebenden seiner noch gedenken, daß sie ihn „nicht unbeweint und unbegraben" liegen lassen, daß sie ihm vielmehr ein Grabmal setzen mit dem Zeichen seiner Wirksamkeit vor dem Tode, ein Denkmal also, welches auch noch den künftigen Geschlechtern seine Taten und Leiden verkünde, da ist man doch offenbar auf falscher Spur, wenn man die Spuren oder gar Beweise von der Unsterblichkeit der Seele bei Homer statt im Diesseits im Jenseits, statt in der lichten Oberwelt in der obskuren Unterwelt sucht.

Das Verlangen des Menschen nach einem unsterblichen Namen wird gänzlich mißverstanden, wenn demselben der Glaube an ein unsterbliches Leben aus dem Grunde untergeschoben wird, weil man ja ohne Existenz und Bewußtsein nach dem Tode nichts von seinem Namen wisse und habe. Die Unsterblichkeit ist überhaupt eine Herzensangelegenheit nur für die Lebenden, nicht für die Verstorbenen. So ist es denn auch nicht der Tote, sondern nur der Lebende, welcher an den Tod denkt und in diesem Gedanken das Bedürfnis empfindet, die Vergänglichkeit seines Lebens durch die Unvergänglichkeit seines Namens, seiner Taten zu ersetzen. Nur aus dem Bewußtsein der Sterblichkeit entspringt der Trieb nach unsterblichen Taten und unsterblichem Ruhme. Und den wahren Grund dieses Triebes hat selbst schon Homer entdeckt und ausgesprochen, vor allem in der schönen Stelle der „Odyssee" (19, 328–334): „Sind doch den Menschen nur wenige Tage beschieden", aber ebendeswegen – dies ist der Sinn der Stelle – müssen sie sich durch einen guten Namen auch nach dem Tode „für die Kürze des Lebens zu entschädigen suchen". Richtig sagt daher auch Augustin in seinem „Gottesstaate" im fünften Buche, von den römischen Helden, einem Scävola, einem Decius und Curtius, daß sie, da ihr Zweck nur der irdische, nicht der himmliche Staat, nur das zeitliche, nicht das ewige Leben gewesen sei, nichts anderes als den Ruhm hätten lieben können, als durch welchen sie auch nach dem Tode gleichsam in dem Munde der Lobpreisenden noch leben wollten.

Die Nekromantie, die Totenbeschwörung, ist von jeher als ein Beweis des Unsterblichkeitsglaubens der alten Völker angesehen worden. Erklärer des Alten Testaments haben sich daher höchlich darüber verwundert, daß, während sich sonst in demselben keine oder nur höchst schwache Spuren vom Unsterblichkeitsglauben der alten Hebräer vorfänden, dieser nur in der Erzählung von der Totenbeschwörerin in Endor unbezweifelbar ausgesprochen sei, denn „wie konnte Saul wünschen, den Geist Samuels hervorzurufen, wenn er nicht glaubte, daß er noch nach seinem leiblichen Tode existiere?" Die Totenbeschwörung ist aber ihrem ursprünglichen oder wahren Sinne nach kein Ausdruck oder Beweis von dem durch die künstliche Unterscheidung zwischen Leib und Seele vermittelten Glauben an die Unsterblichkeit der abgeschiedenen Seelen, sie ist, im Gegenteil, nur ein Ausdruck von dem unmittelbaren Glauben des Menschen an die zauberische Allmacht seiner Wünsche und Bedürfnisse. Der Mensch nimmt ursprünglich zur Totenbeschwörung seine Zuflucht nur im Zustande leidenschaftlicher Aufregung, der Furcht, der Rat- und Trostlosigkeit, nur im Momente, wo sein Glück, ja, seine ganze Existenz auf dem Spiele steht, wo er daher kein Gesetz, keine Notwendigkeit kennt und achtet, wo in der Glut seiner Herzensangst, seines bedrängten Selbsterhaltungstriebes selbst der eiserne Tod seine unmenschliche Härte verliert. „Der Tod", sagt Äschylos in einem Fragment, „ist der einzige Gott, den keine Geschenke, keine Opfer, keine Überredungskünste bewegen". Und doch fleht in den „Persern" desselben Atossa im Entsetzen über die schreckliche Niederlage ihres Sohnes Xerxes unter Opferspenden zu den Todesgöttern, daß sie den Dareios wieder ans Licht lassen, damit er Rat erteile. Und Dareios erscheint wirklich durch die „seelenbannenden Klagen bewogen".

Der Totenbeschwörer glaubt nicht an das Leben der Toten; er glaubt nur, wenn auch nicht mit ausdrücklichen Worten, doch der Tat nach, daß der Mensch in der Not kraft der Allmacht seiner Wünsche selbst die *Toten lebendig* machen kann, gleichwie der Christ, welcher an die Auferstehung der Toten glaubt, nicht glaubt, daß deren Leiber bereits existieren, sondern nur, daß die göttliche Allmacht sie aus dem Staube der Erde wiederherstellen könne und, wenn die Zeit dazu gekommen, wiederherstellen werde. Bei Homer ist es das Blut, durch dessen Genuß die Toten wieder Zeichen von Leben und Verstand von sich geben; bei den römischen Dichtern, welche krasse Schilderungen lieben, so wie bei Lukan, sind es Leichname, die durch eingegossenes heißes Blut und allerlei Zaubermittel gewaltsam den Naturgesetzen zum Trotz wiederbelebt werden. Auch in der Bibel heißt es nicht: Lasse mir den Geist oder die Seele Samuels erscheinen!, sondern wörtlich nach dem hebräischen Text: Laß den Samuel heraufsteigen, nämlich aus dem Grabe, aus dem Tode oder Totenreiche(1); denn bekanntlich finden sich bei den alten Hebräern ähnliche Vorstellungen von den Toten und ihrem Wohnort wie bei den Griechen. Aber gleichwohl sind auch diese Tote[n] wirklich Tote, wenn auch nicht in unserm prosaischen, Vorstellung und Wirklichkeit, Ich und Gegenstand scharf unterscheidenden Sinne. Aus diesem Grunde ist es der Sache nach eins, ob ich die Seelen aus dem Schattenreiche oder die Toten aus dem Grabe hervorrufe, gleichwie es auch der Kraft nach eins ist, ob ich einem Schatten oder einem Leichnam Leben einflöße. (2) Beides vermag nur eine Kraft, die auch das Unmögliche möglich, das Unglaubliche glaublich macht. (3) Aber diese Kraft hat, wie gesagt, der Mensch ursprünglich, im Unterschied von der zur Profession gemachten Totenbeschwörung, nur in Momenten der höchsten Aufregung, der höchsten Not. „Große Angst oder Bedrängnis ist mir", sagt Saul zu Samuel, und „es war keine Kraft in ihm, denn er hatte die ganze Nacht und den ganzen Tag nicht Speise genossen". Welche Verkehrtheit also, den Totenbeschwörer ohne Ansehn seiner Person und seiner Qual zu einem glaubwürdigen Zeugen von dem Dogma der Unsterblichkeit zu machen!

Bekanntlich sagen die alten Hebräer von einem Sterbenden, er werde zu seinem Volke oder seinen Vätern versammelt. „Also", folgert man, „verschwinden die Seelen nach dem Tode nicht in die Lüfte oder in nichts, sondern sie existieren noch, denn niemand wird, wie schon Origenes sagt, zu denen versammelt, die nicht sind." Allerdings wird dieses Versammeltwerden zu seinem Volke oder seinen Vätern unterschieden vom Tode oder Sterben ebensowohl als vom Grabe; z. B. 1. Mose 25, 8: „Abraham starb und ward zu seinem Volke gesammelt, und seine Söhne begruben ihn." Aber es steht doch auch offenbar für Sterben, wenn es heißt 1. Mose 15, 15: „Du wirst gehen zu deinen Vätern in Frieden und begraben werden"; desgleichen 49, 29: „Ich werde versammelt zu meinem Volk, begrabet mich", und hat überhaupt keinen andern Sinn, als wenn es bei Homer z. B. heißt: „Ihn umhüllte das Ziel des Todes, und die Seele stieg in den Hades." Beides, Sterben und Versammeltwerden, bezeichnet dasselbe, den Tod, aber jenes bezeichnet ihn als einzelnen physischen Akt oder Vorfall, dieses als einen Fall, der auch schon andere, schon mehrere – ad plures ire [zu vielen gehen] –, und zwar die mir Nächsten, meine Eltern, meine Vorfahren, betroffen hat, der also nicht zusammenhanglos und folglich sinnlos dasteht. Jenes ist nur ein kalter, prosaischer, dieses ein poetischer, gemütvoller Ausdruck; dort denke ich nur an den Tod, hier aber an die Toten, die einst Lebendigen, denen nun auch ich beigesellt werde. „Sein oder Nichtsein", das ist hier nicht die Frage. Ich verknüpfe hier nur die Gegenwart mit der Vergangenheit, mein Schicksal mit dem Schicksal meiner Vorfahren, meinen Tod mit ihrem Tod. (4) Gleichgültig, ob sie sind oder nicht sind, sie sind vor mir gestorben, und ich sterbe ihnen nach; sie sind mir vorangegangen, und ich folge (5); solange ich lebendig war, sie aber tot, solange war ich getrennt von ihnen; indem ich sterbe, hebe ich diesen Zwiespalt zwischen den Lebenden und Toten auf, vereinige ich mich mit den Verstorbenen.

„Laß meine Gebeine wenigstens", bittet der verbannte Ovid in seinen Trauergedichten, „ins Vaterland zurückbringen, damit ich nicht auch nach meinem Tode noch ein Verbannter sei." So wünscht der Mensch auch noch nach seinem Tode bei seinen Landsleuten zu sein oder da zu ruhen, wo die Seinigen ruhen, ohne deswegen sich oder den Seinigen noch Leben zuzuschreiben. Er verlangt nichts weiter, als an geliebter Stätte begraben zu werden und so auch noch nach seinem Tode ein Zeugnis wider den widerlichen Zwiespalt von Leib und Seele abzulegen. So verlangt ja auch Jakob in der Bibel, nachdem es vorher heißt: „Ich werde versammelt zu meinem Volke", unmittelar darauf ausdrücklich: „Begrabet mich bei meinen Vätern!" Selbst noch bei den Christen, bei denen das Grab doch nicht mehr, wie bei den Griechen und Römern, die „ewige Wohnung" ist, heißt es: „Welche *eine* Ehe verband, verbinde auch das Grab", oder: „Deren Geist eins war immer im Herrn, deren Leiber trenne auch nicht das Grab!" (6) Übrigens findet sich dieses Verlangen nach einem „gemeinsamen Grabe" nicht bei allen Menschen; sehr viele wollen vielmehr auch im Tode nichts mit andern gemein haben und setzen sogar zum Zeichen ihres unsterblichen Eigensinns in die Inschrift ihres Grabes einen Fluch auf die Vermengung fremder Gebeine mit den ihrigen. So hängt die unsterbliche Seele an ihren Knochen! Kein Wunder, daß Gott nicht weniger die *Knochen* als die Seelen beschützt (Psalm 34, 21), daß auch nicht ein einziges Knöchelchen zugrunde geht, ja, am Ende der Welt alle Glieder und Knochen so vollständig wieder von dem lieben Gott hergestellt werden, als wären sie nie verletzt worden. (7) Oh, wie armselig ist doch der moderne naturwissenschaftliche Materialismus im Vergleich zu dem religiösen und spiritualistischen Materialismus, welcher selbst an die Unsterblichkeit der menschlichen Knochen glaubt und im Katholizismus selbst die „heiligen Knochen", ossa sacra, zu Gegenständen religiöser Verehrung macht!

Nach Lukian, „Von der Trauer", waren die gemeinen Griechen so sehr von der Wahrheit der poetischen Schilderung Homers, Hesiods und anderer Märchendichter vom Totenreich überzeugt, daß sie dem Toten einen obolos, eine[1] unsern Pfennigen entsprechende Münze, in den Mund steckten, um damit die Überfahrt über den Acheron bezahlen zu können. Aber bei uns sind es Gelehrte, Ethno-

[1] *Im Original:* einen

logen, Philologen, Theologen, selbst Philosophen, welche noch heute Gedichte für Geschichte, Träume für Wahrheiten, Bilder der Toten für wirkliche unsterbliche Wesen halten, noch heute in den Schmerzens- und Tränenströmen der Unterwelt, diesen Ausflüssen der Styx, d. h. des Schauders vor dem Tode (8), Quellen des ewigen Lebens erblicken, ohne zu bedenken, daß mit der psyche, die in den Hades hinabsteigt, auch der Pfennig, den der Tote mit hinabnimmt, das Recht der Unsterblichkeit für sich in Anspruch nimmt, auch der Wert, die Seele des Pfennigs ebensogut als die Seele des Menschen noch nach dem Tode im Jenseits fortdauert.

„Die Meinung, daß die Vorstellung von einem künftigen Leben durch einen natürlichen Trieb des Menschen nach Unsterblichkeit geweckt werde, ist unrichtig, denn nach einer Unsterblichkeit jenseits des Grabes spürt man bei den wilden und rohen Menschen keinen Trieb, ob sie gleich eine Vorstellung davon haben." Wenn sie wirklich keinen Trieb darnach haben, so fehlt auch dieser Vorstellung die Bedeutung der Unsterblichkeit, die man ihr doch geben will, so ist diese vermeintliche Unsterblichkeit nichts anderes als ein phantastischer Ausdruck ihrer Unwissenheit von dem, was der Tod ist, so leben sie nach dem Tode nur deswegen fort, weil sie nicht wissen, daß sie tot sind, bilden sie sich nur noch ein zu leben, obgleich sie in Wahrheit tot sind, gleichwie manche Völker ausdrücklich glauben und behaupten, daß „man auch im Grabe noch essen und trinken könne, obgleich man tot sei". (9) Jede Vorstellung erfordert einen Grund, einen Gegenstand, einen Stoff. Die Unsterblichkeit ist aber eine Vorstellung, deren Grund und Gegenstand nur der Trieb oder Wunsch ist – der Wunsch zu leben, folglich *nicht zu sterben*, denn so nur lautet urkundlich der in der Natur des Menschen, so lange wenigstens, als er keine Ursache hat, das Leben zu verwünschen, gegründete Wunsch der Unsterblichkeit. Ohne diesen Wunsch hat daher die Unsterblichkeit keinen Grund und Boden, keinen Zweck und Sinn. „Trieb nach Unsterblichkeit setzt wenigstens eine dunkle Idee von einem künftigen Leben voraus. Man kann keinen Trieb nach dem fühlen, wovon man nicht die geringste Idee hat. Die Idee von Unsterblichkeit muß vorausgehen, und dann kann der Trieb dadurch geweckt werden, und nicht umgekehrt." Allein der Mensch hat gar keine, auch nicht dunkle, Idee von einem künftigen Leben; er hat nur eine Idee von diesem, vom gegenwärtigen Leben; dieses Leben ist ihm ursprünglich oder von Hause aus einziges, alles, ewiges, d. h. nicht endendes oder wenigstens nicht enden sollendes Leben. Gleichwohl wird es wider Willen gewaltsam von dem Tode unterbrochen. Was bleibt ihm daher übrig, als es nach dem Tode, aber jetzt auf seine eigene Rechnung, d. h. nur im Gedanken, fortzusetzen? Er stellt sich also nicht das zukünftige, unbekannte Leben unter dem Bilde des gegenwärtigen vor, wie der Miß- und Unverstand behauptet, sondern er stellt sich das Leben vor dem Tode als auch nach dem Tode noch fortdauerndes vor, eben weil ihm ursprünglich, vor dem Widerspruch der Erfahrung, dieses Leben, wie gesagt, alles Leben, ewiges Leben ist. Und erst sagt der Trieb im Menschen: Ich will leben, ich will nicht sterben, ehe die Phantasie diesen Wunsch verwirklicht und der Verstand daraus die Folgerung zieht: Also muß ich leben, also unsterblich sein, denn der Trieb ist untrüglich, und so die Gefühlsnotwendigkeit des Triebes oder Wunsches zu einer logischen oder metaphysischen Notwendigkeit macht.

Der chinesische Kaiser oder König Pan-Keng sagt im Schu-King, einem der heiligen Bücher der Chinesen (10): „Wenn meine Minister sich Schätze sammeln wollen, so werden ihre Vorfahren meinen erhabnen Herrn – er meint seinen Vorfahren Tsching-tang, das Haupt der Dynastie – davon in Kenntnis setzen und zu ihm sagen: Strafe unsre Enkel! Mein erhabener Herr wird ihre Bitten erfüllen und euch mit Übeln aller Art überhäufen." „Es folgt hieraus", bemerkt der Übersetzer hiezu, „daß auch bei den Chinesen nicht, wie viele Europäer glauben, die Seelen mit den Leibern zugrunde gehen, sondern nach dem Tode noch existieren." Was heißt: Sie existieren? Was ist eine Existenz ohne Zu- und Angabe des Orts und der Beschaffenheit? Wie und wo existieren sie also? Da, wo sie auch vor ihrem Tode existiert, gelebt und gewirkt haben – in China, sonst nirgends. Aber wie? So, wie die lebendigen Chinesen? Nein, sie existieren nur als Tote, als Geister. Die hölzerne Totengedächtnistafel heißt daher bei den Chinesen Chin-tschu, d. i. demeure de l'esprit, Geisterwohnung. Sie existieren als Geister, d. h., sie existieren nur im Geiste, nur im Gedächtnis, im Gemüt, in der den Tod überdauernden Verehrung der lebenden Chinesen. Und dieses Verehrtsein ist allein das dem Sinne und Wunsche des Chinesen entsprechende Sein der Seele nach dem Tode. „Die Chinesen haben in ihrem Leben kaum einen andern so lebhaften Wunsch als den, nach dem Tode so verehrt zu werden, als sie ihre Vorfahren verehrt haben. (11) Das Jenseits unterscheidet sich also vom Diesseits bei den Chinesen richtigerweise dadurch, daß man dort aus einem Ich ein Gegenstand, aus einem activum ein passivum, aus einer dienenden und verehrenden Person eine bediente und verehrte wird.

„Aber die Seelen der verstorbenen Chinesen existieren doch wirklich, denn wie könnten sie sonst noch Anteil nehmen an dem Schicksal und Betragen der Lebenden, wie noch Gutes und Übles wirken, wie noch strafen und belohnen?" Wer seine Existenz *nur* dadurch bekundet, daß er sich um Wohl und Wehe, Tugend und Laster der andern, der Existierenden, bekümmert, der beweist ebendadurch, daß er keine Existenz für sich, sondern nur für die andern hat, daß er nicht in seinem eigenen, sondern nur in ihrem Interesse und Egoismus noch fortexistiert. In der Tat ist es nur der menschliche Egoismus, welcher selbst den ewigen Ruhenden keine Ruhe läßt – „Warum hast du mich erschüttert", beunruhigt?, sagt der vom Tode auferweckte Samuel zu Saul –, selbst die Toten noch um Lebensgüter anbettelt, selbst die Leichname aus den Gräbern hervorzaubert oder hervorscharrt, um sie seinen Zwecken und Wünschen dienstbar zu machen, selbst die abgeschiedenen Seelen mit den sorgenvollen Banden der Blutsverwandtschaft an die Erde fesselt, selbst die Leid- und Freudlosen entweder aus unendlicher Liebe ewig sich freuen oder aus unendlichem, unversöhnlichem Hasse ewig leiden läßt.

Der Glaube, daß von dem Wohl- und Übelwollen der Vorfahren das Glück oder Unglück ihrer Nachkommen abhänge, hat übrigens auch den ganz vernünftigen Sinn, daß, wer nach dem Muster und folglich im Sinne seiner weisen und tugendhaften Vorfahren handelt, sich glücklich, wer im entgegengesetzten Sinne, sich unglücklich macht. So sagt z. B. Konfuzius: „Ehre die Toten, folge dem Beispiel deiner Väter, und das Volk wird dir mit treuer Liebe anhangen." (12) „Wenn du dir vornimmst", heißt es im Li Ki, „das zu tun, was nicht gut ist, so erwäge nur, wie es den Namen deines Vaters und deiner Mutter beschimpfen werde, und du wirst von deinem Vorsatze abstehen." (13) Wie aber der Grieche seine Unruhe im Gewissen oder Herzen, wenn er versäumt, dem Toten die ihm gebührende Ehre der Beerdigung zu erweisen, zur Ruhelosigkeit des Toten selbst macht, so macht der Chinese die Vorwürfe, die er sich vor dem Bilde seiner Eltern und Vorfahren macht, zu strafenden Vorwürfen dieser selbst.

Wirklicher, eigentlicher Unsterblichkeitsglaube ist nur da, wo das nach dem Tode vorgestellte Leben das Ideal, das ersehnte und tätig erstrebte Ziel des Menschen ist, wo er also weiß, was er mit seiner Unsterblichkeit will, und will, was er weiß. Wo er dagegen alle bestimmte[n] Vorstellungen und Bilder fahrenläßt, nur bei dem Allgemeinen stehenbleibt, daß er überhaupt – er weiß selbst nicht: wie und wo und wozu? – noch nach dem Tode existiert, da hat der Unsterblichkeitsglaube nur noch die Bedeutung einer Verneinung, nur den Zweck, den Gedanken an den Tod zu beseitigen, um sich durch ihn nicht im Genusse des Lebens stören zu lassen. Und wer über dem Gedanken, daß er nicht ewig lebt, den Sinn und Wert des gegenwärtigen Lebens verliert, der tut wohl und recht, wenn er an seine Unsterblichkeit glaubt. Das ewige Leben hat ja so der Mensch nur für das zeitliche Leben, nur im Gegensatze gegen dessen in der Vorstellung so erschreckliche Kürze. Und es ist eins, ob es wirklich ist oder nicht ist, wenn's nur geglaubt wird. Wer es bis ans Ende seines Lebens glaubt, täuscht sich auch nicht in Beziehung auf sich selbst, denn das Nichtsein desselben, das Gegenteil seines Glaubens, fällt ja nicht in sein Bewußtsein, da sein Glaube nur mit seinem Leben, mit seinem Leben aber zugleich sein Bewußtsein endet. Wer also ein ewiges Leben glauben kann und will oder vielmehr muß, um sich selbst bei Verstand und Gesundheit zu erhalten, der glaube es in Gottes Namen, aber er lasse auch andern den entgegengesetzten Glauben und verdenke es ihnen nicht, wenn sie dem Unsterblichkeitsglauben als Glauben an eine unbestimmte und unbekannte Fortdauer nach dem Tode nur eine medizinische oder diätetische Bedeutung einräumen.

Reinhold bemerkt in seinen „Briefen über die Kantische Philosophie" im ersten Bande, „daß sonderbarerweise gerade seitdem Descartes die Vernunftidee von der Geistigkeit der Seele in ihrem wesentlichsten Merkmal festgesetzt und damit an die Demonstration der Unsterblichkeit gleichsam die letzte Hand gelegt" habe, die Unsterblichkeit in Zweifel gezogen oder doch wenigstens von den besten philosophischen Köpfen mit Stillschweigen übergangen werde. Und er findet richtig den Grund dieser Skepsis oder Gleichgültigkeit darin, daß vormals zwar die Einfachheit von der Zusammengesetztheit, aber nicht von der Ausdehnung unterschieden, daß also mit der Seele das Beharrliche im Raume verbunden, sie gewissermaßen als ausgedehnte Substanz vorgestellt worden sei, nun aber die Idee der einfachen Substanz durch den Verlust der Ausdehnung „auch die *letzte Unterstützung*, die sie bisher von der Sinnlichkeit erhalten hatte, verloren habe, denn jetzt konnte die Seele nicht mehr ohne Widerspruch als etwas Beharrliches im Raume gedacht werden". Aber mit dieser letzten Unterstützung verlor auch die Unsterblichkeit ihren letzten Sinn, und nur der letzte, endgültige Sinn ist der entscheidende, der wahre, der dem Range nach erste. Die Unsterblichkeit des Geistes ist nur eine hohle, gleisnerische Phrase; das wahre Wort, der wahre Sinn ist die Unsterblichkeit des Menschen als eines sinnlichen, körperlich-geistigen Wesens. So ist auch im Christentume der wahre, letzte Sinn der Unsterblichkeit nicht die Unsterblichkeit der Seele oder des Geistes, welche vielmehr nur eine vorläufige, sondern die Auferstehung, wo der gewaltsame, unnatürliche Zustand der Trennung der Seele vom Leibe aufgehoben, der ganze, wirkliche Mensch wiederhergestellt wird. (14) Wie aber der Raum, der Ort für den Menschen eine wesentliche Bedingung seiner Existenz, ja, selbst auch seines Verstandes und Bewußtseins ist – denn ohne einen räumlichen Standpunkt hätte er auch keinen geistigen Stand-, Halt- und Sammelpunkt –, so ist er auch wesentliche Bedingung seiner künftigen Existenz, wesentlicher Anhaltpunkt seines Glaubens an dieselbe. Was liegt mir daran, daß ich sein werde, wenn ich nicht weiß, wo ich sein werde, ob im Himmel oder in der Hölle, ob über der Erde oder unter der Erde? Erst der Ort meiner Existenz ist, wie die Gewißheit, so der Sinn und Verstand meiner Existenz. Von dem „Wo ich bin" hängt das „Was ich bin" ab im Diesseits sowohl als im Jenseits. Das Jenseits des volkstümlichen und altertümlichen Glaubens, *des* Glaubens, welcher ein unverfälschter Ausdruck der menschlichen Natur – versteht sich auf dem volks- und altertümlichen Standpunkte der Menschheit –, ist daher nichts weniger etwas „Übersinnliches" und „Unbekanntes", wie das Jenseits der modernen Blasiertheit, welche das Jenseits nicht lassen kann und doch zugleich nichts von ihm wissen will; es ist vielmehr so sinnlich gewiß, so sinnlich gegenwärtig wie der Himmel über meinem Haupte, der Wohnort der Seligen im Christentum (15), wie Sonne, Mond und Sterne, in denen so viele Völker und selbst Philosophen den Sitz der abgeschiedenen Seelen erblickten, und wenn es auch nicht räumlich gegenwärtig, wenn es auch jenseits meiner an diesen Ort gebundenen Sinne ist, so liegt es doch immer noch dieseits der sinnlichen Welt überhaupt, wie z. B. die elysischen Gefilde Homers, welche sich nicht jenseits, sondern dieseits des Weltstroms Okeanos, befinden, wie Britannien oder die ihm zunächst liegenden Inseln, welche im nördlichen Europa mehrere Jahrhunderte durch für das Land der abgeschiedenen Seelen galten, wie das weit gegen Abend liegende Land, wohin die nordamerikanischen Wilden, oder das Land über den Andengebirgen, wohin die Brasilianer, oder gar die von den Europäern bewohnten Gegenden, wohin Indianer am Orinoko ihr Jenseits verlegen. Negersklaven in Westindien haben sich sogar selbst getötet, „in der Hoffnung, daß sie in ihrem ehemaligen Vaterland gleich wieder aufleben würden". Wahrlich, eine Tat, die alle Worte überflüssig macht, die das hinterlistige Dunkel des Jenseits in das hellste Licht des Diesseits setzt.

Die Toten bekamen bekanntlich bei den Alten, bekommen noch jetzt bei manchen Völkern selbst Kleider, Waffen, Schmucksachen, Tiere, Sklaven, Weiber, kurz, alles, was sie im Leben lieb oder nötig hatten, mit in das Grab oder auf den Scheiterhaufen, um davon auch noch im Tode Gebrauch zu machen. Nach Diodor (5, 28) warfen die Galater sogar Briefe an ihre verstorbenen Verwandten mit den Toten ins Feuer, um von jenen gelesen zu werden. Sind diese Mitgaben, diese Briefe nicht augenscheinliche, unwidersprechliche Beweise, daß in den Vorstellungen, in dem Glauben der Überlebenden die Toten noch wirklich und vollständig leben? Ja, aber sie beweisen doch zugleich auch ebenso unwidersprechlich das Gegenteil, denn was dem Toten mitgegeben wird, das wird ja zugleich der Vernichtung übergeben. Wer Briefe liest, ist freilich noch bei Leben und Verstand; verbrannte Briefe liest aber nur ein verbranntes Hirn. Und nur wer nicht mehr ist, trägt noch Kleider und Waffen, die nicht mehr sind, und nur der Tote ergötzt sich an toten Weibern und Sklaven. Jedem das Seinige, dem Lebenden Lebendiges, aber dem Toten Totes! So ist der Tat nach eine Bestätigung des Todes, was der Vorstellung oder Einbildung nach eine Bestätigung des Lebens ist.

Übrigens ist die Vorstellung, daß die Verstorbenen die mit ihnen begrabenen oder verbrannten Gegenstände noch „im Lande der Seelen brauchen würden", gewiß nicht der Grund, sondern nur eine Erklärung der Sitte, den Toten das Ihrige mitzugeben. Gewiß hat diese Sitte ihren ersten Grund nur in der Verehrung oder Furcht des Toten, in der Scheu, sein einst so geliebtes, auch jetzt noch gleichsam von seinem Geiste, seinem Egoismus besessenes Eigentum anzutasten, oder auch in der Liebe, die aus Schmerz und Ärger über den Tod des Geliebten nicht will, daß das Eigentum den Eigentümer, der Hund oder Papagei den Menschen, der Sklave den Herrn, das Weib den Mann überdauere. Wie manche Frauen und Sklaven haben sich selbst freiwillig, d. h. aus Liebe – wenn auch vielleicht nicht allein aus diesem Grunde –, mit den Leichen ihrer Herren und Männer in die Flammen gestürzt!

Was aber die Sitte betrifft, nicht geliebte oder angehörige, sondern überhaupt nur lebendige Menschen den Toten zu Gefallen zu töten, so hat diese bekanntlich ihren Grund in dem Glauben oder Aberglauben, daß die zürnenden Geister der Toten nur durch Menschenblut versöhnt werden könnten. Warum zürnen sie aber, warum sind sie böse über ihren Tod, wenn sie wirklich noch leben oder gar eines bessern Lebens teilhaftig geworden sind? „Aber um zürnen zu können, müssen sie doch noch lebendig sein." Ja, wohl leben sie, aber nur, soviel und soweit, als zum Zorn über den Verlust des Lebens nötig ist; ja, wohl empfinden sie noch, aber nur, um darüber Schmerz zu empfinden, daß sie nichts mehr, wenigstens nichts Gutes, nichts Erfreuliches, nichts Empfindenswertes, empfinden. „Sunt aliquid Manes, letum non onnia finit [die Geister der Toten *sind* etwas, der Tod endigt nicht alles]", sagt Propertius, und hat recht. Nicht alles nimmt der Tod mit sich fort; er läßt etwas übrig. Aber was er den Manen, den Toten, übrigläßt, das ist einzig der bittere Schmerz oder Grimm über ihr Totsein. So heißt es auch im Hiob (14, 21 u. 22): „Der Tote weiß und bekümmert sich nicht darum, wie es den Seinigen geht, nur über sich (d. h. seinen Tod) trauert er."

Die Toten sind böse, weil der Tod selbst etwas Böses ist, weil er dem Menschen sein Leben nimmt, seine Selbstliebe, seinen Lebenstrieb also aufs tiefste verletzt. Vor allem gilt dies von dem unnatürlichen, gewaltsamen Tode. Hier heißt es daher: „Der Tod sei mit Tode gesühnt! Frevel werde zu Frevel gefügt, zu den Leichen die Leiche!", wie Althäa in Ovids „Metamorphosen" ausruft, als sie sich entschließt, „blutsfreundliche Schatten mit Blut zu besänftigen", den Tod ihrer Brüder durch den Tod ihres Sohnes, der sie erschlagen, zu rächen, zu sühnen. So schlachtet auch Achilleus seinem Freunde Patroklos zwölf troische Jünglinge aus Rache und Zorn über seinen Tod, und zum Beweise, daß im Sinne Achilleus' dieser Zorn kein einseitiger, nur subjektiver, sondern der Tote selbst über seinen Tod ergrimmt ist, ruft er vor und nach der Erwürgung seiner Schlachtopfer dem Patroklos zu: „Freue dich" – nicht: „Nimm meinen Gruß" oder „Sei gegrüßt" –, „mein Patroklos, auch dort in des Aïdes Wohnung. Jetzt vollend' ich dir alles, was jüngst ich gelobt." So martern die nordamerikanischen Wilden Gefangene, „um die zürnenden Seelen ihrer gefallenen Krieger zu versöhnen". So halten die Siamesen „die Seelen von verstorbenen Kindern und Kindbetterinnen, von Ertrunkenen, Erschlagenen und Hingerichteten für böse Geister, die unfehlbar Schaden zufügen, wenn sie nicht mit

Gewalt vertrieben oder auf irgendeine Art versöhnt werden". Aber ursprünglich gibt es für den Menschen nur einen unnatürlichen, gewaltsamen Tod, ist selbst der natürliche Tod ein mit Blut, wenn auch nur mit dem Blute zerkratzter Wangen und Brüste, zu sühnender Totschlag, ja, ein Meuchelmord, weil er sich den Tod nur aus dem Hinterhalt eines absichtlich bösen, menschenfeindlichen Wesens erklären kann. Ursprünglich ist daher der Tod nicht der Gewinn, sondern der *Verlust* der Unsterblichkeit, und zwar ein Verlust, welchen der Mensch ohne, ja, wider seinen Willen, nur durch teuflische Bosheit, erst in der spätern theologischen Erklärung durch die Schuld seines eigenen Willens erleidet. „Gott", heißt es in der Weisheit Salomons an die Tyrannen, „hat den Menschen geschaffen zum ewigen Leben. Aber durch des Teufels Neid ist der Tod in die Welt gekommen." Die Heiden gingen in ihrer schmerzlichen Entrüstung über den Tod geliebter Menschen so weit, daß sie die bittersten Klagen und Vorwürfe gegen die Götter ausstießen, daß sie selbst ihre Altäre umstürzten, ihre Tempel mit Steinen warfen. Die Christen lachen über diese in ihren Augen ebenso gott- als vernunftlosen Zornesausbrüche der Heiden gegen die Götter, aber es gilt auch hier wieder der Spruch von den fremden Splittern und dem eigenen Balken im Auge. Was sind denn diese, sei's nun mit Steinen oder mit Worten geäußerten, Vorwürfe gegen die Götter anders als auf Grund des Todes gemachte Einwürfe des menschlichen Herzens gegen das Dasein der Götter überhaupt? Was ist denn ihr Sinn? Nur dieser: Wenn du ein Gott bist, so rette vom Tode, so vernichte das Nichtsein des Menschen. So nur beweist du, daß du bist, was du zu sein vorgibst: ein Gott, d. h. ein unendlich gütiges und ein unendlich mächtiges Wesen. Aber machen nicht auch die gottergebenen Christen ihrem Gotte denselben Vorwurf? Sagen sie nicht auch zu ihrem Gotte: Du bist kein Gott, wenn wir nicht unsterblich sind? Und wenn sie es auch nicht sagen, denken sie wenigstens nicht so? Folgern sie nicht ihre Unsterblichkeit aus der Macht, Weisheit, Gerechtigkeit und Güte Gottes? Wenn es also keine menschliche Unsterblichkeit gibt, so gibt es auch keine göttliche Weisheit, keine göttliche Gerechtigkeit und Güte. Was ist aber ein Gott ohne diese Göttlichkeiten oder – es ist eins – Menschlichkeiten? (16)

Die angebliche Unsterblichkeit der alten Heiden und Hebräer ist nur, hieß es oben, ein maskierter, verblümter Tod oder, anders ausgedrückt, nur eine, und zwar ursprünglich unwillkürliche, erst später künstlich ausgemalte, Prosopopöie (Verpersönlichung, Verlebendigung oder Versinnlichung) des Todes. Sind wir denn aber mit dem eigentlichen, ausdrücklichen Unsterblichkeitsglauben, wie wir ihn namentlich der „christlichen Offenbarung" verdanken, wirklich über den Tod hinausgekommen? Allerdings dem Scheine, der Einbildung nach, aber nicht in Wahrheit und Wirklichkeit. Der Tod ist das Ende des Lebens und ebendamit auch das Ende, die Grenze unsers Denkens und Vorstellens. Auch die Unsterblichkeit, die uns die göttliche Offenbarung verspricht, ist nur eine Maske, hinter welcher der leidige Tod steckt.

Die Unsterblichkeit bietet uns zwei Seiten dar, eine Licht- und eine Schattenseite – Himmel und Hölle –, aber diese Zweiseitigkeit kommt dem Tode selbst zu. „O Tod", sagt im Alten Testament Jesus Sirach [41, 1–4], „wie bitter bist du, wenn an dich gedenkt ein Mensch, der gute Tage und genug hat und ohne Sorge lebt und dem es wohlgehet in allen Dingen und noch wohl essen mag. O Tod, wie wohl tust du dem Dürftigen, der da schwach und alt ist, der in allen Sorgen steckt und nichts Besseres zu hoffen noch zu gewarten hat." „Warum", fragt Hiob [3, 20–21], „ist das Licht gegeben dem Mühseligen und das Leben den betrübten Herzen? Die des Todes warten und kommt nicht und grüben ihn wohl aus dem Verborgenen." Die Griechen sagen desgleichen: „Besser ist, nicht leben als schlecht (elend, mühselig) leben"; Menander: „Süß ist der Tod dem, der nicht leben kann, wie er wünscht"; Aeschylos: „Kein Leid berührt die Toten"; „mit Unrecht haßt der Mensch den Tod, der aller Übel Ende ist." Der Tod, von dieser Seite betrachtet – und so betrachtet und erträgt ihn der gute, weise und religiöse, in den „Willen der Götter", d. h. das Notwendige und Unvermeidliche, ergebene Mensch –, der Tod also, in diesem freundlichen Lichte betrachtet und ausgemalt, ist der Himmel – der Himmel also ursprünglich nichts weiter als eine Prosopopöie des Todes, inwiefern er das Ende aller Übel, Leiden und Kämpfe ist. Selbst noch in theologischen Dogmatiken findet sich als erste Bestimmung des Himmels die nur verneinende angegeben, daß er sei „die Abwesenheit alles Übels".

Aber das Nichtsein alles Übels wird nur um den Preis des vollständigen Nichtseins erstanden. Mit den Übeln des Lebens nimmt daher auch die Güter des Lebens, auch das Gut des Lebens selbst der Tod hinweg. Der Tod, nur von dieser finstern Seite ins Auge gefaßt und festgehalten, ist „der König der Schrecken" für den Menschen überhaupt, insbesondere aber der Schrecken, das Zorngericht, die Strafe der Gottlosen, der Ungerechten, wie der mitleidlosen Mammonsdiener, der hoffärtigen Fürsten, „der gewaltigen Himmelstürmer und Leutfresser", „der tapfern Weinhelden und Bratens-Schlucker, der à la modischen Venus-Berger und Amadisbrüder" – die Hölle daher ursprünglich oder an sich nichts anderes als eine Prosopopöie des Todes, wiefern er das Nichtsein alles Guten, aller Lebensgenüsse und Freuden ist.

Die zeigt sich deutlich darin, daß selbst noch im Neuen Testament die Hölle, der Ort oder der Zustand der Verdammten, geradezu heißt der „Untergang", der Verlust der Seele oder des Lebens, das „Verderben", die „Zerstörung", ja, selbst „Tod". Auch andere Ausdrücke sind nur Bilder des Todes. So heißt die Hölle Kerker, Gefängnis. Aber ebensogut kann der Tod mit einem Gefängnis verglichen werden, wenn es von ihm z. B. im Hiob und Sirach heißt: „Es ist keine Wiederkehr aus dem Tode." So sagt auch David bei dem Tode eines Sohnes: „Nun er tot ist, kann ich ihn wiederkehren machen? Ich gehe zu ihm, aber er kommt nicht mehr zu mir zurück", d. h., der Aus- und Rückgang ist ihm verschlossen. Bei den Griechen heißt der Todesgott Pylartes, der die Tore Verschließende, also keinen mehr Herauslassende, und das Wort Orkus, Totenreich, bei den Lateinern stammt von einem Worte, welches Einschluß, Einschränkung oder auch Bindung bedeutet. So heißt ferner die Hölle „die äußerste Finsternis", aber auch der Tod heißt im Alten Testament „das Land der Finsternis", so im Hiob (10, 22), oder geradezu die Finsternis, so im Tobias (4, 11[?]). Da die Hölle nur eine dichterische und phantastische Versinnlichung und Vermenschlichung, nur ein Anthropomorphismus von der angegebenen Schattenseite des Todes ist, so ist auch die Ewigkeit der Höllenstrafen eine notwendige Folge; denn die Zeit gehört dem Leben, die Ewigkeit aber dem Tode an. „Stirbt der Mann", sagt Hiob (14, 10–12), „so ist er hin ... und steht nicht wieder auf", d. h. ist auf ewig tot. So sagt auch der Psalmist (Ps. 49, 20): „Er geht zu seinen Vätern, die nie mehr (auf ewig nicht) sehen das Licht." Im Tobias (3, 6[?]) heißt das Grab oder Totenreich – denn an etwas anderes kann man hier nicht denken – der „ewige Ort". So heißt auch bei römischen Dichtern, wie Seneca und Silius Italicus, das Totenreich die „ewige Wohnung", aeterna aedes, domus aeterna, oder die ewige Finsternis, deren Bewohner „ewige Schatten". Ewig heißen aber die Schatten, weil, wer einmal Schatte, nicht wieder Fleisch und Blut wird, für immer, auf ewig Schatte ist. Ist der Schatte, der Tote, ein Verdammter (d. h. ein wegen seiner Verruchtheit Verfluchter) oder Seliger (d. h. wegen seines Gutseins im Leben auch noch nach demselben Gesegneter, Seliggesprochener), so versteht es sich daher von selbst, daß er auf ewig verdammt oder selig ist; aber hinter dieser christlichen Ewigkeit steckt nur die heidnische Ewigkeit des Todes. „Nach dem Tode", sagen die Christen, „kann sich keiner mehr bessern", „in der Hölle ist keine Hoffnung mehr auf Vergebung der Sünde und Erlösung vom Übel." Aber nur die Lebenden hoffen, wie ein griechischer Dichter sagt, die Toten sind der Hoffnung beraubt. „Dum spiro, spero", indem und solange ich atme, hoffe ich. „Wie wir in Ewigkeit sein werden, ob selig oder verdammt, das entscheidet sich nur in diesem Leben", oder gar, wie sich andere fromme Christen ausdrücken, in der Todesstunde; „nur in diesem einen Moment wird die ewige Seligkeit entweder ergriffen oder verloren"; „der letzte Tag der Welt wird uns in dem Stand finden, in welchem uns unser Sterbetag oder unser letzter Lebenstag wird gefunden haben; in was für einem Stand wir gewesen sind, da wir starben (es sei nun der Stand der Gnade oder des Zorns), nach solchem werden wir auch öffentlich gerichtet werden an jenem schrecklichen Tag." Hier und jetzt also entscheidet sich für alle Ewigkeit unabänderlich unser Schicksal; mit dem Tode ist unser Sein und Wesen für immer vollendet und abgemacht; wer schon vor dem Tode ein Engel oder Teufel war, ist auch nach dem Tode ein solcher. Das heißt, unverblümt gesprochen: Mit dem Tode ist alles aus, nur daß, wie gesagt, dieses Aussein von der Offenbarung der menschlichen Wunsch- und Einbildungskraft geteilt, das Aussein alles Übels als himmliche Seligkeit verlebendigt und den Guten, d. h. Gläubigen, zum Lohne bestimmt oder gewünscht, das Aussein aller Lebensgüter selbst wieder als Leben vorgestellt und den Bösen, den Ungläubigen, zur Strafe bestimmt oder gewünscht wird.

Wie kommt denn aber der Mensch dazu, das Nichtsein alles Guten zum Dasein alles Übels – „in der Hölle sind alle Übel gegenwärtig" –, folglich zu einem qualvollen Zustand zu machen? Ebenso, wie er dazu kommt, den Scharfrichter zugleich zum Schinder zu machen, dem armen Sünder nicht nur das Leben zu nehmen, sondern dieser Beraubung des höchsten Gutes zugleich die größten Übel – unendliche, wenn auch nicht der Dauer, doch der Stärke des Schmerzes nach unendliche Qualen – beizufügen, also z. B. den armen Sünder den wilden Tieren vorzuwerfen oder lebendig zu verbrennen oder lebendig zu begraben oder in Öl zu sieden oder ihm den Leib aufzuschneiden und die Gedärme herauszuziehen oder ihn von unten auf zu rädern oder sonstwie Glied für Glied zu verstümmeln, bis der letzte Todesstreich erfolgt. So nur befriedigt sich die beleidigte Gerechtigkeit oder Selbstliebe, die Bosheit wider den, sei's nun vermeintlichen oder wirklichen, Bösewicht. Nur der „qualifizierte", d. h. martervolle, Tod ist pikanter, dem Gaumen der peinlichen Ästhetik genügender Tod. Was die Speise ohne die Würzen des Koches, das ist die Todesstrafe ohne die Zutaten des Schinders. Der Tod nimmt zwar dem Malefikanten sein teuerstes und höchstes Gut, aber befreit ihn ja auch zugleich von allen Übeln, folglich auch den Übeln des peinlichen Richters und Henkers. Daher hielt der Kaiser Tiberius den Tod für eine so geringe Strafe, daß er die, welche sterben wollten, zu leben zwang und, als einst ein zum Tode Verurteilter namens Carnulius sich selbst entleibt hatte, ausrief: „Carnulius ist mir entwischt", und der Kaiser Caligula ließ die von ihm zum Tode Bestimmten nur durch häufige kleine Stiche töten, damit sie, wie er sagte, auch fühlten, daß sie stürben.

Schrecklich ist nicht der Tod an und für sich; nein, der naturgemäße, der gesunde Tod – der Tod, der im hohen

Alter erfolgt, dann erfolgt, wann der Mensch das Leben satt hat, wie es im Alten Testament von den Erzvätern und andern gottgesegneten Männern heißt – ist selbst der letzte Wille und Wunsch des Menschen, solange er wenigstens in seinen Wünschen und Vorstellungen der menschlichen Natur getreu bleibt. Schrecklich ist nur der unnatürliche, gewaltsame, grausame Tod. Nur dieser erscheint daher dem Menschen als göttliches Strafgericht. So heißen bei dem Propheten Ezechiel der Tod durch das Schwert (Gewalt überhaupt), der Tod durch die Pest („böse Krankheiten" überhaupt), der Tod durch Hunger, der Tod durch wilde Bestien die vier bösen Gerichte oder Strafgerichte Gottes. Und die Hölle ist eben nichts anderes als die von der göttlichen, d. h. gläubigen oder geistlichen, Rachsucht und Einbildungskraft verewigte und verselbständigte qualifizierte Todesstrafe des peinlichen Rechts.

Die Hölle heißt im Neuen Testament „das Dunkel der Finsternis", der „Kerker, wo Peiniger oder Kerkermeister sind", der „Feuerofen, wo Heulen und Zähneklappe[r]n", „der Ort der Qual" (eigentlich Tortur, Marter), wo die Verdammten „leiden des ewigen Feuers Pein", also lebendig verbrannt werden, ohne je vernichtet zu werden, sosehr sie es wünschen, weil die Allmacht der göttlichen Strafgewalt sie nicht sterben läßt, sie wider Willen zu leben zwingt, aber nur um im Sinne Caligulas „den Tod zu fühlen", im Sinne des Heiligen Augustins und anderer christlichen Heiligen „ohne Ende zu sterben". Daher nennen sie auch die Hölle „den ewigen Tod", „den unsterblichen Tod", den „Tod ohne Tod, das Ende ohne Ende". Was ist gegen diese Höllenpein die Pein des menschlichen Henkers, welcher den Tod zur Grenze seines grausamen Handwerks hat und überdies nur auf eine bestimmte qualvolle Todesart eingeschränkt ist, während die Höllenstrafe alle Schmerzen, alle von „erfinderischer Grausamkeit nur immer erdenkbaren Martern in sich begreift". (17)

Daß die Höllenstrafen denselben Sinn, denselben psychologischen Grund und Ursprung haben als die peinlichen Strafen und Martern, das beweisen die indische und parsische Religion, welche selbst die geschichtliche Quelle der spätern jüdischen und christlichen Lehre von der Hölle und den letzten Dingen überhaupt ist, unwidersprechlich dadurch, daß sie Höllenstrafen und bürgerliche oder peinliche Strafen unmittelbar miteinander verbinden, wie wenn es z. B. bei den Parsen heißt: „300, 600 usw. Riemenstreiche in dieser, 300, 600 usw. Jahre Höllenstrafe in jener Welt", oder beider Strafen selbst der Art und Beschaffenheit nach zu einer und derselben Strafe machen, wie wenn z. B. bei den Indern der Ehebrecher hier auf einem glühenden eisernen Bette verbrannt und dort in der Hölle noch von einer glühend heißen eisernen Jungfrau umarmt werden soll. So plump und kraß haben nun allerdings die Christen nicht die Einerleiheit der göttlichen oder höllischen und der menschlichen oder kriminalistischen Strafen ausgesprochen, aber gleichwohl haben sie Gott, weil er nicht nur ein Gott der Liebe und Vergebung, sondern auch ein Gott des Zorns und der Rache sei, welcher über die Sünder in diesem und künftigem Leben die schwersten Strafen verhänge, zum Rechtfertigungsgrund der Todesstrafe gemacht (18) und selbst, wenigstens in einer der furchtbarsten qualifizierten Todesstrafen, in der Strafe des Verbrennens, uns ad oculos demonstriert, daß die Qualen des peinlichen Rechts sich der Beschaffenheit nach nicht von den Qualen der Hölle und umgekehrt diese sich nicht von jenen unterscheiden. So heißt es z. B. in Döplers „Schauplatz derer Leibes- und Lebensstrafen" von der Strafe des „Verbrennens": „Diese Lebensstrafe ist sonderlich eine von denjenigen, so die göttliche Majestät zu gebrauchen selbst beliebet hat. Denn da finden wir ja in Heil. Schrift, wie Gott, der Allerhöchste, als ein gerechter Richter aus rechtmäßigem Eifer die grausamen Sünden und Laster der Menschen mit Feuer und Schwefel vom Himmel herab gestrafet, wie die Exempel der sieben Sodomitischen Städte ausweisen." Aber das Feuer, welches Sodom und Gomorra vernichtete, ist nur ein Exempel von dem höllischen Straffeuer, wie in der zweiten Epistel St. Petri und Epistel Judä geschrieben steht.

Der Scharfrichter oder Henker hat bei den Deutschen unter andern auch den Namen Meister Hämmerling – ein Name, den er, wie es in dem eben angeführten Schauplatz heißt, mit dem Teufel gemein hat, weil er bisweilen mit teuflischer Grausamkeit gegen den Menschen wütet (quia nonnunquam cum diabolica crudelitate in homines saevit). Aber teuflisch und höllisch ist eins; der Teufel ist ja der Engel des Todes, wie er bei den Juden, Menschenmörder von Anfang, wie er bei Johannes heißt, „ein Stifter und Ursacher", wie Luther sich ausdrückt, „der Sünde, des Todes und alles Jammers und Unglücks", folglich auch des höllischen. Aber ebenso ist es eins, ob ich einen zum Henker oder Teufel wünsche; „der Teufel ist", wie Luther in den „Tischreden" sagt, „unsres Herrgotts Henker, und der Henker ist der Menschen Teufel."

Als eine Pein der Hölle oder des Teufels wird besonders die Pein des Dursts hervorgehoben. „Sende Lazarum", fleht der Reiche in der Hölle zu Vater Abraham, „daß er das Äußerste seines Fingers ins Wasser tauche und kühle meine Zunge, denn ich leide Pein in dieser Flamme." Aber auch in der Hölle des christlich-germanischen Kriminalrechts fehlt nicht die „Durst-Folter", welche „noch heutzutage (1693) an etlichen Orten bei Folterung der Hexen und Zauberer pfleget praktiziert zu werden, daß die Scharfrichter vor der Tortur ihnen eine salzerichte Suppen (die sie gar ungern einnehmen und hinterschlingen) zu essen geben, hernach in der Folterstube warm einheizen lassen, da denn die Hexen, wenn sie auf der Leiter hängen, so sehr nach einem Trunk tun, drum bitten und flehen. als wenn ihnen die Seele ausgehen wollte", wie es in Döplers angeführtem „Schauplatz" heißt. Doch genug der Beweise von der Identität der zeitlichen und ewigen, der menschlichen und göttlichen Hölle!

Anmerkungen und Belegstellen zur „Unsterblichkeitsfrage"

(1) Im Hiob steht mehrmals der Tod geradezu für Orkus, Toten- oder Schattenreich. – In Beziehung auf die Vorstellungen der alten Hebräer sei hier auch zugleich bemerkt, daß es schon in Flügges „Geschichte des Glaubens an Unsterblichkeit", Lpzg. 1794, I. T., S. 166, richtig heißt: „Der Scheol der Hebräer ist nichts als *Versinnlichung des Zustandes des Nichtseins* nach dem Tode." Der Schein einer „Art von Leben" entsteht nur dadurch, daß den Toten gewöhnlich nur besondere Lebensäußerungen oder

Lebenstätigkeiten abgesprochen werden. Allein es findet hier eine synecdoche specieti oder partis statt, d. h., es steht hier die Art für die Gattung, das Besondere für das Allgemeine, der Teil für das Ganze. Wenn also z. B. der lokalisierte Tod, das Totenreich, das Land der Stille oder des Schweigens heißt, so steht dieses Schweigen, dieses Nicht-mehr-Reden für Überhaupt-nicht-mehr-tätig-Sein, Nicht-mehr-Denken und -Empfinden, kurz, Nicht-mehr-Leben. So heißen auch bei Ovid die Toten die Schweigenden, silentes, das Totenreich z. B. der Sitz der Schweigenden. Übrigens wird an einigen Stellen das Nicht-mehr-Leben oder Nicht-mehr-Sein der Toten auch unumwunden und unverblümt ausgesprochen, so Psalm 39, 14: „bevor ich weggehe (nämlich in die Unterwelt) und nicht mehr bin", und Sirach 17, 26 heißen die Toten „die nicht mehr sind". Wenn man aus Jesaias 14, 9–10 folgert, daß hier bereits den Schatten Gefühl zugeschrieben werde, so muß man aus dem vorhergehenden Verse auch schließen, daß hier den Bäumen Empfindungen zugeschrieben werden, denn so gut die Toten eine Schadenfreude darüber empfinden, daß jetzt der stolze König von Babel ihresgleichen geworden ist, „freuen sich auch die Tannen und Zedern auf dem Libanon (und sagen): Weil du liegst, kommt niemand herauf, der uns abhaue." – Ebenso ist es mit Hiob 26, 5, welcher Stelle zufolge man den „Schatten ein Erbeben vor der Allmacht Gottes zuschreibt". Wie kann man auch hier übersehen, daß mit den Toten, wenn man das hebräische „unter" hier nicht als Präposition, sondern als Adverb nimmt, wie es auch an der eben angeführten Stelle des Jesaias, 9, steht, auch die *Gewässer* und ihre Bewohner erbeben? So erbeben oder erzittern ja auch Psalm 77, 17 die Wasser beim Anblick des Herrn.

(2) Die Dichter identifizieren daher mit Recht Seelen und Knochen oder Asche. „Manesque sepulcris elicit et tepido devorat[1] ossa rogo [und er zaubert die Geister der Toten aus den Gräbern hervor und läßt ihre Gebeine vom schwach glimmenden Scheiterhaufen verzehren]" (Tibull. 1, 2, 45). Propertius sagt (2, 13, 32): „Eine kleine Urne nehme auf

[1] *Im Original:* devocat

meine Manen", meine Seele, d. h. meine Knochen und Asche. „An den Totenfesten", sagt Ovid („Fast." 2, 563), „schweifen umher die leichten Seelen und die begrabenen Leichen." Ebenso sagt er auch ebendaselbst (5, 451): „Er begrub den Schatten des Bruders." Selbst in der „Naturgeschichte" des Plinius (11, 37; 5, 51) steht „Manen" für Kadaver zum Skandal der rechtgläubigen Seelen. So bemerkt Gesner in seiner „Chrestom. Plin." zu dieser Stelle: „Es ist etwas Besonderes, daß manes hier vor den toten Körper gesetzt wird; denn ordentlich verstehen die Skribenten dadurch den vom Leib getrennten Geist, welcher solange um solchen seinen Körper herumflattere, bis solcher zur Erden bestattet werde. Vielleicht hat Plinius mit Fleiß so geredet, anzuzeigen, was er als ein Mann, der ad Epicurismum ziemlich inklinierte, von den dis manibus hielte." Wenn aber der Geist oder die Seele nicht eher in die Unterwelt gelangt, als bis der Körper unter die Erde gebracht wird, nicht eher zur Ruhe kommt, als bis dieser im Grabe ruht – „prius, quam sedibus ossa quierunt" (Virg., „Aen." 6, 327) –, nicht eher am Orte ihrer Bestimmung ist, als bis dieser am Orte seiner Bestimmung ist, so ist damit doch offenbar die Einheit der manes, der Seele, mit ihrem Kadaver ausgesprochen.

(3) „Quarum, quidquid non creditur ars est [deren Kunst in all dem besteht, woran man nicht glaubt]", heißt es bei Lukan, „Phars." 6, 437, von den thessalischen Totenbeschwörerinnen.

(4) „Es gehet mir nicht schlimmer als meinem Vater, welcher auch sterben mußte", idem mihi accidit, quod patri meo, nempe quod moriar. Schütze, „Lehrbegriff der alten Deutschen vom Zustand der Seelen nach dem Tode", 1750, S. 89.

(5) So steht auf römischen Grabschriften ausdrücklich: Nos eo ordine, quo natura permiserit, *te sequemur* [wir werden dir in der Ordnung, in der es die Natur zuläßt, folgen] (Kirchmanns „De Funeribus Rom." 3, 9).

(6) Im „Corp. Jur.", can. de jure funer. etc. Decr. Sec.

P. Causa 13. Qu. 2, c. 2 u. 3. Der Heilige Augustin dagegen hielt den Wunsch seiner Mutter, neben ihrem Gatten begraben zu werden, für einen ungöttlichen und war daher sehr erfreut im Herrn, als sie unmittelbar vor ihrem Tode diesen irdischen Wunsch aufgab („Confess." l. 9., c. 11).

(7) Siehe Joh. Gerhardi „Loci Theol. de Resurr.", § 11, 3, de Morte, § 174.

(8) Außer dem Pyriphlegethon, dem Feuerstrom, der bei Homer wenigstens noch nicht die mystische Bedeutung hat, daß er die Seelen von den irdischen Schlacken reinige, sondern, wie schon Apollodor in seinen Fragmenten andeutet, seinen Namen und Ursprung nur von dem Feuer hat, welches die Toten auf dem Scheiterhaufen verzehrt, außer dem Feuerstrom also sind und heißen die Flüsse der Unterwelt: Acheron von achea, d. i. Schmerzen, Trauer, und Kokytos von kokyo, d. i. Weinen, Heulen. Und dieser Kokytos ist bei Homer ein Aporrox, d. i. Abriß, Ausfluß des Styxstroms. Styx aber heißt die Schauderhafte von stygno, d. i. Hassen, Verabscheuen, Fürchten. Bei ihr schwören die Götter ihren heiligsten und furchtbarsten Eid, weil das den Göttern, den Unsterblichen Entgegengesetzteste, Verhaßteste, Abscheulichste der Tod ist.

(9) Nach Georgi: „Rußland", in Simon, „Geschichte des Glaubens an eine Fortdauer der Seele nach dem Tode", Heilbr. 1803, S. 158.

(10) „Le Chou King", par Gaubil, revu et corrigé p. M. de Guignes, Paris 1770, Part. 3, Ch. 7, Sect. 2.

(11) Meiners, „Allgem. Kritische Geschichte der Religionen", Hann. 1806, 1. B., S. 319.

(12) „Werke des tschinesischen Weisen Kung-fu-dsu", v. M. Schott, I. T., Halle 1826, 1. B. 1. C. J.

(13) „Das Reich der Mitte", v. S. W. Williams v. Collmann, Kassel 1853, 1. B., S. 499.

(14) Es gibt nämlich nach dem Christentum, wenigstens

dem alten, zwei Unsterblichkeits- oder vielmehr Seligkeitszustände nach dem Tode. Der eine ist der Zustand der Seele ohne Leib bis zum allgemeinen Gericht, der andere der Zustand der mit dem Leibe verbundenen Seele, und dieser ist erst der Zustand der vollendeten Seligkeit. Die abgeschiedenen Seelen sehnen sich daher nach der Vereinigung mit ihren Leibern. Siehe J. Gerhard, „L. Th. de Morte", § 307. In einer christlichen Metaphysik heißt der Zustand der außer dem Körper befindlichen Seelen geradezu ein unvollkommner und gewaltsamer. Siehe denselben, „De Resurrect. Mort.", § 50.

(15) Wenn einmal die Erfahrung den Menschen überzeugt hat, daß der Ort, wohin er das Jenseits verlegt, sich nicht vom Diesseits unterscheidet, wenn überhaupt einmal der Zweifel erwacht ist, ob das Jenseits an dem geglaubten Orte existiere, ja ob es nur überhaupt existiere, so wird es natürlich so weit als möglich den profanen Augen entrückt, die Existenz desselben an diesem oder jenem Orte aufgegeben, aber deswegen doch nicht seine Existenz an irgendeinem Orte geleugnet. So ging es bekanntlich dem griechischen Elysium. So sollte auch das otaheitische Paradies auf der Insel Baiatea gelegen sein, in der Nähe des Berges Temehani-Unauna, „aber in den höhern Regionen, so daß es den Augen der Sterblichen nicht zugänglich war" („Ausland", 1843, N. 241). So ist es auch im Christentum. Erst war der optische, augenscheinliche Himmel der Wohnort der Gottheit und der Seligen. Es wurden aber mehrere Himmel unterschieden, und nur der höchste, insofern den irdischen Augen verschlossene, aber deswegen doch an sich oder in Momenten der Entzückung sichtbare Himmel – „Ich sehe den Himmel offen und des Menschen Sohn zur Rechten Gottes" – als dieser Ort bestimmt. Die Kirchenväter und katholischen Theologen nennen diesen höchsten Himmel Empyreum und beschreiben ihn unter anderm als unermeßlich hoch und unermeßlich groß – unermeßlich groß und geräumig, damit er einerseits, wie Wilhelm von Paris sagt, die unendliche Macht und Herrlichkeit Gottes beweise, andererseits „das heftige Verlangen des Menschen, große Länderstrecken zu besitzen und [zu] beherrschen, befriedige", ad humani desiderii vehementiam satiandam,

quae amplas possessiones lataque terrarum dominia requirit (Hieron. Vitalis, „Lexic. Mathem. Astronom. Geom.", Paris 1668). Wer kann es nun dem Oberhaupt der katholischen Kirche verargen, daß er so sehr an der weltlichen Herrschaft festhält! Stammt bei ihm dieses irdische Verlangen nicht aus dem himmlischen Jenseits? Die protestantische, wenigstens lutherische Theologie bestimmte nicht den Ort des Himmels, sprach ihm aber doch nicht die örtliche Existenz überhaupt ab, sondern räumte ihm ein certum *πoῦ*, ein gewisses Wo, ein. Wie mit dem Himmel, war es mit der Hölle. Der Katholizismus versetzte die Hölle in die Erde, ja, machte sie selbst zum Mittelpunkt des Universums, d. h. der Erde. Im Katholizismus ist daher die Hölle ein Artikel, der nicht nur in eine Glaubenslehre, sondern selbst in ein mathematisches und astronomisches Lexikon, wie das eben angeführte, gehört, denn als der Mittelpunkt der Erde – universi istius centrum – wäre die Hölle der geeignetste Ort zu astronomischen Beobachtungen, wenn nicht die Dichte der Erde im Wege stände. Ja, sie gehört hier eigentlich in jedes Handbuch der Geologie, denn die Schlünde der feuerspeienden Berge sind die Eingänge der Hölle, ihre Ausbrüche entweder wirkliche Expektorationen des ewigen Höllenfeuers oder doch lehrreiche Vor- und Beispiele von seiner furchtbaren Gewalt und Stärke. Die protestantischen Glaubenslehrer dagegen wissen nicht mehr, wo die Hölle ist, nur daran zweifeln sie nicht, daß sie irgendwo ist. So heißt es z. B. in J. G. Baieri „Comp. Theol. Posit.", Lps. 1717, p. 368: „Locum inferni quaerere aut definire velle in hac vita, inutiliter curiosum est. Quod autem certus locus damnatis destinatus sit, non est dubium. [Den Platz in der Hölle suchen oder genau umgrenzen zu wollen in diesem Leben ist unnütze Neugier. Daß aber den Verdammten ein sicherer Platz bestimmt ist, steht außer Zweifel.]"; ebenso in J. F. Buddei „Comp. Instit. Theol. Dogm.", l. 2, c. 3, § 17. Ebensowenig zweifeln sie daran, daß das Feuer der ewigen Höllenstrafen „wirkliches, eigentliches, materielles, körperliches Feuer" sei, ob sie gleich die Natur desselben nicht näher zu bestimmen wagen, daß überhaupt die Hölle der Inbegriff nicht nur der entsetzlichsten Seelenqualen, sondern auch der entsetzlichsten Körperschmerzen und Sinnebeleidigungen ist, daß also, kurz und derb gesagt, die Hölle nicht nur teuflisch brennt, sondern auch teuflisch schmeckt und teuflisch stinkt. Die Hölle heißt daher bei den Protestanten der schmutzigste Wohnort, domicilium squalidissimum, in dem angeführten katholischen Lexikon der verworfenste Ort, gleichsam die Kloake oder der Abtritt des Universums. Oh, wie armselig, wie dürftig, muß ich abermals bei dieser Gelegenheit ausrufen, ist doch der wissenschaftliche Sensualismus und Materialismus gegen den religiösen oder spiritualistischen Materialismus, welcher selbst *an die Ewigkeit der menschlichen Exkremente* glaubt!

(16) So sagt z. B. Theodoret (in „Epist. ad Corinth.", 15, 34): „Weislich behauptet hier der Apostel, daß, wer nicht an die Auferstehung glaube – die Auferstehung ist aber eben die echt christliche Unsterblichkeit –, nichts von Gott wisse, denn wer Gott zu kennen behauptet, der glaubt, daß er gerecht sei. Zur Gerechtigkeit gehört aber die Wiedervergeltung, die wir jedoch in diesem gegenwärtigen Leben nicht finden. Wer sich daher zum Gottesglauben bekennt, der muß eine Auferstehung erwarten", ebenso Chrysostomus („Homil. in Johann."): „Wenn keine Auferstehung ist, wie kann die Gerechtigkeit Gottes gerettet werden, da hier so viele Böse glückliche Tage haben, so viele Gute in der Bedrückung leben und sterben; wie kann jeder von dieser empfangen, was ihm gebührt, wenn keine Auferstehung ist?" Kürzer lautet daher der Schluß also: Wenn keine Unsterblichkeit ist, so ist keine Vorsehung, wenn keine Vorsehung, keine Gottheit. „Wenn keine Auferstehung ist, so ist weder Gott noch Vorsehung, sondern alles eine Beute des Zufalls" (Joh. Damascenus, „De orthod. fide", l. 4, c. 28). Kurz und gut sagt daher Ph. Mornäus („De veritate Rel. Christ.", c. 15), „wer an Gott glaubt, glaubt an seine Unsterblichkeit, denn wie sollte in ein sterbliches Wesen dieser Gedanke kommen? Und wer an seine Unsterblichkeit glaubt, glaubt auch an Gott." Dagegen sagt der fromme und philosophische Kaiser Marc Antonin (12, 5): „Wenn es gerecht wäre – nämlich, daß die Menschen unsterblich wären –, so wäre es auch möglich, und wenn es der Natur gemäß wäre, so hätte es auch die Natur wirklich gemacht oder mit sich gebracht." Es ist also

nicht gerecht, weil es nicht der Natur gemäß, und nicht möglich, weil der Gott des heidnischen Weisen, so mächtig und gütig er auch ist, doch nur tut und vermag, was der Natur nach, nicht, was dem menschlichen Wunsch nach möglich ist. Die Christen, wenigstens die alles von sich auf Gott schiebenden, die nicht auf die Verdienstlichkeit ihrer Werke pochenden, glauben freilich nicht, die Unsterblichkeit zu glauben, weil sie sie wünschen oder gar als einen schuldigen Lohn fordern, wie die Papisten (siehe Gatakers Kommentar zu Antonin), sondern nur, weil sie Gott ihnen versprochen habe, was aber Gott verheißen, gewiß sei. Aber die Verheißung der Unsterblichkeit setzt ja selbst den Wunsch derselben voraus, ist nur die göttliche Zusage und ebendeswegen göttliche, d.i. unzweifelhafte, Gewißheit seiner Erfüllung. Außer dem theologischen Grunde der Unsterblichkeit haben denn auch selbst die lutherischen Theologen den psychologischen oder egoistischen Grund offen ausgesprochen. So sagt z. B. Rechenberg in einer Note zu Athenagoras, „Von der Auferstehung der Toten" (1685 Lips.): „Gott, der Urheber des Lebens, liebt das Leben der Menschen. Und deswegen ist allen die Liebe zum Leben eingeboren . . . Da aber diese Lebensliebe auch durch das längste Leben nicht befriedigt wird, so beweist sie das Vorhandensein eines andern Lebens, das dieses Verlangen des Menschen stillen muß."

(17) Worte eines Benediktiners und Dr. der Theologie. „Non est *tormentum ab ingeniosa crudelitate excogitabile*, non est ullus dolor tam intolerabilis quem non infernalis poena complectatur. Omnis dolor irruet super cum. [Es gibt keine Folter, die eine erfindungsreiche Grausamkeit sich ausdenken könnte, keinen noch so unerträglichen Schmerz, den die Höllenstrafe nicht einschlösse. Jeder Schmerz wird über ihn hereinbrechen.]" Job. 20, 22 (P. Mezger, „Sacra Hist.", Aug. Vind. 1700, p. 633). Übrigens sagt auch schon der heidnische Totenrichter Minos bei dem römischen Dichter Claudianus zu dem schändlichen Rufinus: „Aller Arten von Leiden oder Schmerzen will ich über dich verhängen", genus omne dolorum in te ferre lubet („In Rufin.", 2, 506).

(18) Siehe hierüber z. B. Hugo Gr., „De jure belli et

pacis", l. 1, c. 1, § 5 und 8; B. Carpzovii „Pr. N. Rer. crimin.", P. III, Qu. 101. Insbesondere aber über den heiligen Beruf und göttlichen Ursprung des Henkers und Schinders (tortoris, Folterers) bei den christlichen Kriminalisten im Gegensatz zu der verächtlichen Bedeutung desselben bei den Heiden, besonders den Römern, siehe Doepleri „Theatrum Poenarum, Suppliciorum et Execut. crimin. Oder Schauplatz derer Leibes- und Lebensstrafen", Sondersh. 1693, cap. 6, Nr. 57, und Jod. Damhouderii „Praxis Rerum crimin.", Antverp. 1601, cap. 155.

Zur Theogonie oder Beweise, daß der Götter Ursprung, Wesen und Schicksal der Menschen Wünsche und Bedürfnisse sind. Nach den lateinischen Schriftstellern.[1]

1

Der himmlische oder natürliche Jupiter

Der erste und mächtigste Wunsch des Menschen ist der Wunsch zu leben, denn „edler als das Leben ist nichts auf der Welt", wie selbst die für ihren Gemahl freiwillig sterbende Alkestis bei Euripides mit Recht behauptet. Das Wesen oder Gott, welcher diesen Wunsch erfüllt, ist daher der Optimus Maximus, der beste und höchste, der dem Range nach erste und mächtigste Gott. Dieser ist und heißt bekanntlich bei den Römern Jupiter, bei den Griechen Zeus.

„Jupiter", ruft im „Pœnulus" des Plautus der Karthager Hanno aus, als er endlich seine geraubten und verkauften Töchter wiedergefunden, „Jupiter, der du das Menschengeschlecht pflegst und erhältst, durch den wir leben und bestehen, auf den alle Menschen die Hoffnungen ihres Lebens setzen, gib mir heute deinen Segen." „Gib mir, Jupiter, recht langes Leben, gib mit recht viele Jahre!", heißt es in der „Die Wünsche" überschriebenen Satire Juvenals. „Oh, wenn mir Jupiter die vergangenen Jahre wiederbrächte!", ruft in Virgils „Aeneis" der alte Evander beim Abschied von seinem Sohne aus, und betet dann: „Oh, ihr Himmlischen, und du, Jupiter, der Götter mächtigster Lenker, wenn ich meinen Sohn wiedersehen werde, so bitte ich um Leben, wenn aber ein unsäglicher Fall ihm verhängt ist, oh, so laßt mich sogleich das grausame Leben abbrechen." „Ich bitte", sagt Horaz in seinen „Episteln", „um nichts weiter den Jupiter, als daß er mir schenke, was er gibt und nimmt: Leben und Gut." Derselbe in seinen Oden: „Forsche nicht nach deinem Lebensende! Erdulde – es ist das beste –, was auch immer geschehe, mag dir Jupiter nur noch diesen oder

[1] *Im Original steht diese Überschrift auf einem besonderen Titelblatt vor dem Text.*

mehrere Winter gewähren!" „Jupiter hat dir" – so schmeichelt der Dichter Statius in seinen „Silven" dem Domitian – „lange Jugend zugesagt, ja, sogar seine Jahre (seine Lebenszeit, d. i. unsterbliches Leben) verheißen." „Möge Jupiter", wünschte nach Tertullians „Apologeticus" das römische Volk dem Kaiser, „deine Jahre (Lebenszeit) auf Kosten unserer Jahre mehren."(1)

Aeschylos nennt in den „Schutzflehenden" den Zeus *φυσίζοος*, den Lebenzeugenden, den Belebenden, und bei den griechischen und römischen Philosophen von Plato an bis herab auf Apulejus heißt ausdrücklich Jupiter oder Zeus die Ursache oder der Urheber des Lebens. Ja, die griechischen Philosophen suchen diese seine Wesensbestimmung selbst sprachlich zu begründen, indem sie behaupten, daß Zeus von zen, das Leben, der Genitiv dios aber von der Präposition dia, durch, abstamme, also das Wesen bedeute, durch welches wir leben. Der verrückte griechische Arzt Menokrates nannte sich darum Zeus, weil er durch seine Heilkunst die Ursache sei, daß die Menschen lebten. „Ich, Zeus", schreibt er bei Athenäos an Philippos, „gebe ihnen Leben."

Jupiter ist also Vitumnus, d. h. Lebensgott, aber er heißt nicht so. Der religiöse Obskurantismus und Pedantismus der Römer, welcher mit scholastischer Spitzfindigkeit Wesen und Eigenschaften der Hauptgötter in eine Menge kleinlicher Untergötter zerspaltet, hat auch diesen nur dem Jupiter gebührenden Namen einem ganz obskuren Gott zugeeignet. (2) Was aber Jupiter nicht dem Namen, das ist er der Tat nach. Jupiter ist der Gott des Himmels, der Gott der himmlischen (Äther) und irdischen Luft, der Gott und Vater des Lichtes und Tages, Diespiter, Lucetius. Wer aber Licht und Luft gibt, der nur allein gibt auch Leben, nicht ein besonderer Lebensgott ohne Licht und Luft. „Wir sehen", sagt Cicero in seiner zweiten Rede für S. Roscius, „daß das Licht, das wir genießen, und der Lufthauch, Atem, den wir ziehen, uns vom Jupiter mitgeteilt werden." „Das Licht genießen", das „Licht erblicken oder sehen" ist aber im Sinne des Römers, des Griechen, des Menschen überhaupt soviel als leben. Ja, das individuelle Lebensprinzip, der Geist, die Seele, selbst ist nach den Alten himmlisches Wesen, d. i. Äther, Luft, Licht, Feuer.

Macht man nicht das freundliche Licht, sondern den furchtbaren Blitz zum ersten Wesen Jupiters, so läuft der Unterschied zwischen dem Lucetius, dem Erleuchter, und dem Fulminator, dem Blitzer, doch nur darauf hinaus, daß jener zum Menschen sagt: Ich bin der Herr des Lebens, dieser aber: Ich bin der Herr des Todes. Wer aber den Tod, der hat ebendamit auch das Leben in seiner Gewalt, der ist wenigstens insofern, als er mich nicht tötet, während er mich doch jeden Augenblick töten kann, der gnädige Grund, daß ich lebe. Und wer einmal Donner und Blitz, der hat auch die Wolken und Wolkenbrüche und andere atmosphärische Übel, „Nebel und schädliche Luft", in seiner Hand. Wer aber seinen Zorn und Grimm in verheerenden Wolkenbrüchen, Hagel- und Donnerschlägen ausläßt, derselbe offenbart auch augenscheinlich sein Wohlwollen in wohltätigem Sonnenschein und Regen. Und so ist denn Jupiter, der furchtbare Donnerer und Blitzer, zugleich der freundliche Erheiterer des Himmels und des menschlichen Gemüts, Serenator, und der fruchtbare Regengott, Pluvius oder Imbricitor. Wie können aber ohne das „Wasser aus Gott", wie die Griechen den Regen nennen, Pflanzen, Tiere und Menschen leben? Es ist ja nur, wie Virgil im „Landbau" sagt, „der allmächtige Vater, der Äther, der sich im Frühling mit fruchtbaren Regengüssen in den Schoß seiner freudigen Gattin, der Erde, senkt und ihre Leibesfrüchte jeglicher Art nährt." Die baumlosen, verbrannten Sandwüsten Libyens dagegen haben nicht, wie sich Lukan im neunten Buche seiner „Pharsalia" ausdrückt, „die zum Leben erforderliche Beschaffenheit, und Jupiter kümmert sich nicht um dieses Land", d. h., er regnet nicht. Ägypten allerdings bedarf nicht, wie derselbe im achten Buch sagt, Jupiters, aber nur nicht unmittelbar, denn der Nil, der es durch sein Wasser befruchtet und belebt, ist ja selbst, wie es schon bei Homer von ihm, auch andern Flüssen heißt, ein „himmelentströmender, himmelentsprossender", so daß also auch Ägypten zuletzt nur dem durch seine Regengüsse die Flüsse schwängernden und ebendeswegen fruchtbaren Jupiter – Frugifer – sein tierisches und pflanzliches Leben verdankt. Jupiter ist das allbelebende, überirdische, lichte, luftige, ätherische Wesen, mit einem Worte: der Himmel. „Sieh an den Himmel (wörtlich:

die glänzende Höhe), den all' als Jupiter anrufen", sagt bekanntlich der Dichter Ennius. Aber er ist *der* Himmel, welcher Blitz und Donner – Jupiter Elicius –, Tod und Leben – „Allmächtiger Jupiter, entreiße dem Tode" (Virg. „Aeneis") –, Regen und Sonnenschein – „Erfleht euch, ihr Bauern, feuchte Sommer und heitere Winter!", „Rufe durch Gelübde den Regen herbei!" (Virg., „Landb.") – auf menschliche Bitten hervorbringt. Er ist der gemütlich-natürliche, der religiös-physikalische Himmel, kurz, *der* Himmel, dessen Janus, dessen Öffner und Schließer, der Wunsch ist – der zwar bis heute noch den Gottesgläubigen und Gottesgelehrten unbekannte, weil unbenannte, aber gleichwohl „älteste Gott", der „Gott der Götter", der Gott *vor* allen Göttern. Daher heißt auch Jupiter „eher", ante, der Beste, d. i. der Wohltätigste, als der Mächtigste oder Größte, weil, wie Cicero sagt, es größer oder wenigstens angenehmer, erwünschter, „liebenswürdiger ist, allen zu nützen, als große Macht zu besitzen". Das heißt, der erste Jupiter des Menschen ist der Wunsch des eigenen Besten, aber der zweite Jupiter ist der größte, weil er als Jupiter secundus, als günstiger Wind, überhaupt Welt-Gott, durch seine Macht diesen Wunsch des Menschen begünstigt (3), dieses Beste siegreich und glorreich ans Licht fördert.

2

Der irdische oder bürgerliche Jupiter

Jupiter ist als der Herr über Leben und Tod auch der oberste Gott und Herr des bürgerlichen, staatlichen Lebens – der Gott der Bedürfnisse, insbesondere der ehelichen und freundschaftlichen, der gastrechtlichen und völkerschaftlichen Bündnisse, der Gott des Eidschwurs, der Treue, fides, welche Horaz die Schwester, Cicero die Grundlage der Gerechtigkeit, Valerius Maximus die sicherste Bürgschaft der menschlichen Wohlfahrt nennt. So wie aber der physikalische Jupiter, der Himmel über Rom, nicht der griechische oder deutsche, sondern italische – coelum italum –, römische Himmel ist (4), so ist auch der politische Jupiter wesentlich römischer Gott – „*unser* Jupiter", heißt es z. B. in Horazens Oden –, zwar „des Menschengeschlechts Vater und Hüter", aber nur als „treuester Hüter der römischen Herrschaft", nur mittelst römischer Gesetze und Waffen. Der Beste und Größte, der Optimus Maximus ist daher nur ein Beiname des *kapitolinischen* Jupiters, das „Capitolium", wie Cicero sagt, „die irdische Wohnung Jupiters". Das heißt: Das Beste und Größte, was der Mensch als Römer sich denken und wünschen kann, sein höchstes Wesen, begreift das Capitolium in sich.

Jupiter ist Victor, Invictus, der Sieger, der Unbesiegbare. Aber war es nicht der Wunsch des Römers, selbst der Unbesiegte und Unbesiegbare zu sein und zu heißen? Hieß nicht einst schon bei Livius der Diktator Quinctius Pennus den jungen T. Manlius beweisen, daß der Römer unbesiegbar sei? Mußten nicht die römischen Soldaten, nach Livius, schwören, daß sie nur als Sieger aus dem Kampfe zurückkehren wollten? Jupiter ist Stator, der die Römer im Kampfe nicht fliehen läßt, sondern fest stehen macht und durch diese Standhaftigkeit das Römische Reich selbst fest stellt. Aber war es nicht auf den erfüllten Wunsch des Romulus: „Jupiter, nimm den Römern ihre Furcht, hemme ihre schmähliche Flucht!", daß Jupiter diesen Beinamen erhielt? Jupiter ist Feretrius, Feindeschläger – oder deswegen so genannt, weil man ihm die dem feindlichen Feldherrn abgenommenen Waffen darbrachte –; aber erhielt er nicht auf eine ähnliche Veranlassung, wenn auch nur der Sage nach – aber was ist nicht Sage in der Religion? –, vom Romulus diesen Namen? Jupiter ist der Feldherr, Imperator (Oberbefehlshaber, Herrscher), der Triumphierende, Triumphator; aber wie hätte der Römer dem höchsten Gott oder Wesen diesen Beinamen als Ehrentitel geben können, wenn nicht für ihn selbst der Feldherr, der Triumphator der höchste Wunsch und Gedanke gewesen wäre? Jupiter ist der Weltbeherrscher, „der Imperator und König der Götter und Menschen", wie ihn Plautus im „Rudens", Virgil in der „Aeneide", „der Herrscher der Herrscher, der Könige", wie ihn Horaz in seinen Oden nennt. Aber herrscht dieser Jupiter nur im Himmel, wie Ovid sagt, nicht auch im Herzen des Römers? Ist nicht Roms Schicksalsbestimmung die Herrschaft der Welt? Kann man aber nicht ebenso wie Nisus in Virgils „Aeneide" fragen, ob die glühende Begierde, hier die Begierde zu herrschen, von den

Göttern eingegeben oder nicht vielmehr selbst das Schicksal, der Gott des Menschen sei? Ist nicht das römische Volk selbst gleich seinem Gotte, wie Cicero z. B. in seinen Reden sagt, „der Herr der Könige, der Sieger und Herrscher aller Völker?", nicht Romulus, der Vater und Gründer Roms, „Gottgezeugter, selbst Gott", wie es bei Livius heißt? Was ist also der römische Gott anders als der sich als göttliches Wesen gegenständliche, der der Erfüllung seiner herrschsüchtigen Wünsche gewärtige und gewisse Römer?

Als die göttliche Roma oder die göttliche Herrschsucht der Römer in dem römischen Kaiser sich in *einer* Person verkörpert und vereinigt hatte (5), traten da die Kaiser nicht förmlich an die Stelle der Götter? Sagt nicht z. B. Plinius in seinem „Panegyricus": „Kapitolinischer Jupiter . . ., du hast ihm, nämlich dem Kaiser Trajan, deinen Namen, deine Würde abgetreten"? Wurden nicht jetzt die Eide bei dem Genius oder Glücke der Kaiser geschworen? Wurde nicht jetzt der Kaiser als „der wirkliche, gegenwärtige, sichtbare Jupiter" von den Dichtern gefeiert? (6) Und waren diese Dichter nur elende Schmeichler? Hatte denn noch der alte Jupiter politische Bedeutung und Macht? Hatte nicht der Kaiser ihm nur noch die Herrschaft über Licht und Luft, Blitz und Donner, Regen und Sonnenschein übriggelassen? (7) Was half aber die Gunst des Himmels, wenn der Kaiser ungnädig war? Hing nicht von den kaiserlichen Launen allein das Schicksal des Menschen ab? War es der Jupiter Tonans, der Gott der Gewitterstürme, der Herr der Wind- und Wasserhosen, der den Ovid ins Exil verschlagen? Ist es also nicht wahr und richtig, wenn es heißt: „Jupiter ist allmächtig im Himmel, doch Cäsar auf Erden"?

Als Augustus dem Donner-Jupiter einen besondern Tempel auf dem Capitol errichtet hatte und diesen häufig besuchte, so träumte ihm[1], wie Suetonius und Dio Cassius erzählen, daß sich der Jupiter Capitolinus über diese Zurücksetzung beschwere. Ja, Traum war jetzt der kapitolinische Jupiter, Wirklichkeit nur noch kraft der Gewitterfurcht des Kaisers der donnernde Jupiter. Vortrefflich ist daher, was der echt römische, männliche Dichter Lukan

[1] *Im Original:* ihn

im siebenten Buch über den Untergang der römischen Republik auf den pharsalischen Feldern sagt: „Lüge ist, daß Jupiter regiert. Kein Gott kümmert sich um menschliche Dinge. Doch wird sich dafür die Erde an den Göttern rächen. Die Bürgerkriege werden die Cäsaren den Göttern gleichsetzen." Ja, Lüge war die Herrschaft Jupiters, als der Kaiser Herrscher wurde. Nur wo kein König und Kaiser, kein Herr auf Erden, hat ein Herr, ein König im Himmel noch Sinn und Macht – unmittelbare, persönliche, die einzig wahre und ebendeswegen unersetzliche, unvertretbare Macht.

Wie aber der himmlische Jupiter als Lebensluft und Lebenslicht kein ausschließliches, monotheistisches, sondern allgemeines, pantheistisches Wesen ist, so ist auch der irdische Jupiter als die Seele oder Lebensluft, spiritus vitalis, des Staats, wie ihn Seneca in seiner Schrift „Von der Milde" nennt, kein Wesen oder Gott nur für sich, sondern auch für andere. „Alle wissen", sagt derselbe Seneca ebendaselbst, „daß der Kaiser ebenso über ihnen als für sie ist." „Zürne mir nicht, Jupiter", sagt Martialis im siebenten Buch seiner „Epigramme", „wenn ich mir nichts für mich von dir erbitte, dich muß ich für den Kaiser anflehen, den Kaiser für mich." Der Kaiser ist ein allgemeines Gut, jeder Römer hat daher Anteil an diesem Gemeingut, jeder ist ein Glied oder Teil selbst der göttlichen Kaisersubstanz. (8) So hat selbst der knechtische Römer Kaisergefühle, findet im kaiserlichen Despotismus seinen eigenen befriedigt und vergegenständlicht.

3
Juno

Jupiter, der Weltbeherrscher, ist das höchste göttliche Wesen des Römers, der herrische, für sich freie, für andere aber despotische Wille der psychologische Imperator und Jupiter des Römers. Selbst als Familienvater war der Römer Herr im strengsten Sinne des Worts, Herr über Leben und Tod – ein häuslicher Jupiter, supercilio cuncta movens [mit der Augenbraue alles bewegend]. „Meine Juno", sagt in Plautus' „Casina" Stalino zu seinem Weibe,

„du darfst gegen deinen Jupiter nicht so grimmig sein." Dominus, d. i. Herr, Gebieter, Tyrann, wurde der Vater von den Kindern genannt. Glücklicher- und notwendigerweise gehört aber zum gestrengen Hausherrn auch die gütige Hausfrau, wenngleich auch sie domina, Herrin, ist und heißt, zum Römer auch die Römerin, zum König auch die Königin, zum Jupiter also auch die Juno. Jupiter ist als Ehegemahl selbst „Vorstand der Ehe"; aber doch tritt bei ihm diese Eigenschaft in den Hintergrund. Das Wesen des Mannes erschöpft nicht die Ehe für sich allein. Der Schoß des Weibes birgt keine Lorbeerkränze; dem Sieger von Weibern, dem Herrn über Kinder und Sklaven gebühren keine Triumphe. Anders ist es beim Weibe, wenigstens dem antiken, welches den erschöpfenden Sinn seines Wesens und Daseins, seine menschliche und politische Bedeutung und Wirksamkeit nur in der Ehe, in der Familie findet, wenngleich in außerordentlichen Fällen – freilich auch in Angelegenheiten der weiblichen Eitelkeit und Putzliebe (siehe Livius 34, 5) – die römischen Frauen in öffentlicher und gemeinschaftlicher Wirksamkeit auftreten.

Die Sache der Ehe, die Sache des Weibes überhaupt, findet daher erst in Jupiters Gattin ihre Vertretung, ihre Vergegenständlichung. Juno ist der „Genius" der Weiber; bei „ihrer Juno", ihrer Schutzgottheit, d. h. ihrem eigenen Wesen (9) – denn was anders schützt das Weib als die Macht, die es durch sein eigenes Wesen auf den Mann ausübt? –, schwuren die Römerinnen. Juno ist zwar nicht bloß Gattin, sondern zugleich selbst Herrscherin, regina, weibliches Staatsoberhaupt, insbesondere die Schutzgottheit der Kurien oder Stadtgemeinden, aber gleichwohl sind doch ihre wesentlichen Eigenschaften und Verrichtungen echt weiblicher Natur. Sie ist und heißt daher schlechtweg die Frau, Matrona – übrigens auch „Jungfrau", „Jungfräuliche" als Schutzgöttin der Jungfrauen –, die Hausfrau oder Hausmutter, Mater familias, die Pronuba, Juga oder Jugalis, d. h. die Mann und Weib Verbindende, die Stifterin und Vorsteherin der Ehe, die Versöhnende, die Friedensstifterin zwischen Mann und Weib, Viriplaca, die die Braut auf dem Wege in das Haus des Bräutigams sicher Geleitende, Iterduca, Domiduca, die Löserin des Gürtels, womit die Neuvermählte umgürtet war, Cinxia, die Salberin, Unxia, welche die Schwell edes neuen Hauses zu glücklicher Vorbedeutung mit Öl und Fett einsalbte. (10) Kurz, Juno ist das Herz des Weibes als Gottheit (11) – die Göttin, in welcher die wichtigsten Wünsche des Weibes – auch des Mannes als Gatten und Vater[s] – ihre Erfüllung finden. Vor allem ist sie daher Lucina oder Lucetia, die Kinder gebende und ans Licht fördernde Göttin – die Göttin, welche die Gebärenden um ihren Beistand anrufen, daher auch Opigena genannt. „Du, Lucina", heißt es z. B. in Ovids „Fasten" im zweiten und dritten Buche, „hast uns das Licht (das Leben) gegeben. Du gewährst der Kreißenden Wünsche." „Schütze huldvoll, Lucine, die schwangern Weiber und entnimm ihrem Leibe schmerzlos die zeitige Bürde!"

Obgleich aber Juno aus zärtlicher Vorsorge für ihr Geschlecht selbst Hebammendienste tut – natürlich nur religiöse, nicht materielle, chirurgische –, ja, selbst als Fluonia, wie Festus sagt, den Fluß des Blutes nach der Empfängnis zurückhält, so überläßt sie doch großmütig die besondern, zur Erfüllung der ehelichen Wünsche erforderlichen Verrichtungen andern, untergeordneten Göttern und Göttinnen – eine unübersetzbare Stelle: „Ut feminae sexu infirmae, novitate pavidae, illis cooperantibus sine ulla difficultate virginitas auferatur, adest enim Dea Virginensis et Deus Pater Subigus et Dea Mater Prema et Dea Pertunda [damit der Frau, die zum schwachen Geschlecht gehört, die über alles Neue erschrocken ist, durch die Beihilfe jener ⟨Gottheiten⟩ ohne alle Schwierigkeit die Jungfräulichkeit geraubt werde, sind ja die Göttin der Jungfräulichkeit zugegen und der väterliche Gott der Nötigung und die mütterliche Göttin des Pressens und die Göttin des Durchstoßens]." Der heilige Kirchenvater Augustin, dessen Schrift „Vom Staate Gottes" diese Stelle entnommen ist, weist mit Entrüstung diese Göttinen, namentlich die Dea Pertunda, zur Türe des Brautgemachs hinaus und ruft unwillig aus: „Aga taliquid et maritus"; tue doch etwas auch der Mann selbst, überlasse er nicht alles den Göttern! Welche atheistische Vergötterung der menschlichen Selbsttätigkeit! Kann denn der Mensch, Heiliger Augustin, etwas, namentlich Gutes, aus sich selbst, ohne göttlichen Beistand tun? Ist aber Kinderzeugen nicht ein gutes Werk? Und wenn die Menschen, wie wenigstens moderne Afterchristen behaupten, um reden zu lernen, Gott zum „Vorredner", folglich auch konsequenterweise, um tanzen und reiten zu lernen, Gott zum Vortänzer und Vorreiter nötig haben, müssen sie dann nicht auch die Anfangsgründe der „Kunst zu lieben", ursprünglich wenigstens, von Gott empfangen haben? Der Mensch weiß ja alles nur hinterdrein aus der Erfahrung, und das Können hängt vom Wissen ab. Wie konnte also der Mensch aus sich selbst wissen, wie man es anfangen muß, um Kinder zu zeugen? Notwendig gilt auch hier: ab Jove principium [von Jupiter der Anfang]. Amerikanische Wilde kennen nicht einmal den Genuß des Kusses – ein deutlicher Beweis, daß der Mensch nicht von selbst auf das Küssen gekommen, daß der Kuß keine menschliche Erfindung, sondern eine Offenbarung der göttlichen Liebe ist, daß also nicht Adam, sondern Gott zuerst die Eva geküßt hat. Oh, welch ein entzückender Gedanke, daß der menschliche Kuß nur ein Nachdruck des göttlichen Urkusses ist, daß auch hier der Mensch nur leidend tätig ist, nur küßt als von Gott geküßt, gleichwie er sich nur denkt und weiß als von Gott gedacht und gewußt!

4
Minerva

Kein Leben, keine Macht, kein Heil weder des Einzel- noch des Gemeinwesens ohne Jupiter und Juno! Heilbringerin, Retterin, Sospes heißt daher Juno, wie Jupiter Heil- und Hülfebringer, Salutaris, Opitulator. Aber was ist Macht, Gewalt, „selbst titanische, ohne Klugheit"? Was hilft mir der Jupiter selbst als Jupiter Pecunia, als Geldgott, welcher noch heute der allmächtige Gott der Welt ist, wenn nicht die Göttin „Numeria, welche" – nach Augustin, „Vom Staate Gottes" – „das Zählen lehrt", also die Rechenkunst, diesem Helfer zu Hülfe kommt? Was der Jupiter Prodigialis, welcher durch Wunderzeichen bevorstehendes Übel vorhersagt, selbst durch redende Stiere dem Menschen zuruft: Hüte dich!, wenn mir nicht die Göttin der guten Lehren und Ermahnungen (12) mit ihrem Rate beisteht? Was hilft aller Kindersegen der Juno Lucina oder Caprotina, wenn nicht die Kunst des Webens und Spinnens die Kinder vor dem „nassen und kalten Jupiter“ schützt? Was sind, was nützen also Jupiter und Juno ohne Minerva, d. h. ohne Kopf, Geist, Verstand, Talent, Geschick?

Jupiter gibt nur das nackte Leben, aber die Lebensbestimmung gibt erst Minerva; Jupiter ist die allgemeine, aber Minerva die individuelle Natur. Jupiter schafft den Menschen, aber Minerva erst schafft den Krieger, den Künstler, den Handwerker, den Redner, den Gelehrten. Sie ist das Universalgenie, „die Göttin von tausend Gewerken“, wie Ovid in seinen „Fasten“ sagt, „die Erfinderin aller Künste“. Sie ist es daher, welche alle Künstler und Handwerker verehren und anflehen, sie, von der sich schon der ehrgeizige Schulknabe, wie sich der Satiriker Juvenal ausdrückt, an ihren Festtagen die Beredsamkeit eines Cicero oder Demosthenes erwünscht. Minerva ist der Wunsch des Menschen, etwas zu sein, aber *der* Wunsch, der nichts anderes ist als das selbstbewußte Talent zu diesem Etwas, *der* Wunsch also, welcher schon vollständig gewappnet, ausgerüstet mit den Werkzeugen zu seiner Verwirklichung, dem Haupte des Menschen entspringt; denn der unbefähigte und ebendeswegen unberechtigte Wunsch steht im geraden Widerspruch mit dem Wesen und Willen der Minerva. Der Wille der Weisheitsgöttin ist ja eben, daß wir nichts unternehmen und tun invita Minerva, wider den Willen der Minerva, d. h. im Widerspruch mit unserm individuellen, charakteristischen Wesen oder Talent und ebendeswegen ohne Talent, ohne innern Beruf. (13) Und dieser Wille gilt ebenso auf dem Gebiete der eigentlichen Talente und Geschicklichkeiten als auf dem der Pflichten. „Wir dürfen zwar“, wie Cicero, „Von den Pflichten“, sagt, „nichts tun, was mit uns als Menschen überhaupt oder der allgemeinen Natur des Menschen im Widerspruch steht, aber außerdem müssen und sollen wir unserm ‚individuellen Charakter‘, unserer eigenen Natur folgen – propriam naturam sequamur –, denn nichts ziemt sich für uns, nichts gelingt uns auch, außer was im Einklang mit unserm individuellen Wesen steht.“

„Nicht der eignen Natur“ – der nicht menschlichen Natur oder Gott gegenüber ist auch das allgemeine, d. h. von den Unterschieden der Individuen absehende, Wesen des Menschen eigentümliches Wesen –, „nein, nicht uns, sondern Gott sollen wir folgen." O sancta simplicitas [oh, heilige Einfalt]! Gott folgst du in deiner Einbildung, aber in Wahrheit folgst du, du magst nun wollen oder nicht, nur deinem eignen Wesen. Ein Beispiel nur. Odysseus tut nichts ohne den Rat und Beistand der Minerva oder Athene. „Höre mich", betet er z. B. in der „Ilias", „Tochter des Donnerers Zeus, du, die du beständig mich in allen Gefahren verteidigst und, wo ich hingeh', meiner gedenkst, laß ruhmvoll uns wieder zurück zu den Schiffen gelangen!" Und in der „Odyssee": „Wohlan du, ersinne mir Rat. Selbst auch stehe mir bei und hauche mir Mut und Entschluß ein!" So folgt also Odysseus nur der Athene, nicht der eignen Weisheit, der eignen Natur; Odysseus oder Homer, der uns ja in ihm ein Bild der Lebensweisheit entworfen hat, ist ein guter Theolog, nur, schade – es ist sein einziger Fehler –, kein christlicher, aber doch unendlich entfernt von der „Selbstvergötterung" der modernen Menschenweisheit.

Aber, frage ich, warum ist denn Odysseus ein gehorsamer Diener und Verehrer der Minerva? Warum wendet er sich in allen schwierigen und gefährlichen Unternehmungen nur an sie? Weil sie „ihn liebt", wie es im zehnten Gesange der „Ilias" heißt. Aber warum liebt sie ihn? Nicht deswegen, weil er, sagt Plutarch, ein reicher oder schöner oder kräftiger, sondern weil er ein gescheiter, verständiger Mann ist, das Gleiche aber am Gleichen sich erfreut. Und Athene selbst sagt zu ihm in der „Odyssee" im dreizehnten Gesang: „Du bist vor den Sterblichen allen der erste an Verstand und Reden, und ich vor den sämtlichen Göttern bin an Rat gepriesen und Vorsicht." Minerva liebt also nur sich, nur, was sie selbst ist, in Odysseus; aber was liebt und verehrt denn auch seinerseits wieder Odysseus in der Minerva? Nur sich, sein eignes Wesen, sein eignes Talent. Und er hat vollkommen recht. Nur das bekannte „Tier sonder Vernunft" kann anders denken und handeln wollen. „Gedenke jetzt meiner, Athene!" heißt daher in Wahrheit nichts anderes als: Odysseus, gedenke deiner, gedenke deines Namens und charakteristischen Wesens! „Oh, Schande doch", ruft er in der „Ilias" aus, „wenn ich entflöhe, fort durch Menge gescheucht." Sei, Odysseus, sei so klug und tapfer, als du nur immer sein kannst und je gewesen bist! (14)

Der Mensch ist nicht immer er selbst; es stehen ihm nicht immer seine Kräfte und Talente beliebig zu Gebote; auch den Mutigsten verläßt oft der Mut, auch den Gescheitesten der Verstand. Und je größer ein Unternehmen ist, desto ängstlicher, desto zweifelhafter ist er, ob er demselben gewachsen sei, bis er endlich, durch die Notwendigkeit zur Entscheidung gedrängt, in der Tat selbst die Kraft, das Talent zur Tat findet. Nicht mitten in der Handlung, sondern vor derselben, da, wo der Mensch seiner selbst ungewiß, sein Ziel als ein möglicherweise Unerreichbares sich vorstellt, wo das, was er tun soll und tun kann, für ihn nur noch ein Gegenstand des Wunsches ist, wo ihm seine jetzt nur ruhende Kraft für immer vielleicht entschwunden zu sein scheint – nur in solchen Momenten des Kleinmuts, der Verzweiflung, der Abwesenheit des eignen Wesens ruft er ursprünglich, zum Unterschiede von den nur nachgemachten, not- und grundlosen, aus Gewohnheit aber zur Gewissenssache gemachten Anrufungen, ein göttliches, himmlisches Wesen um seinen Beistand an. (15) Aber zum Beweise, daß dieses himmlische Wesen nur das latente eigne Wesen ist, daß der Mensch außer sich keine Hülfe sucht und findet, daß er nur seinem eignen Kopfe folgt – der Schlaukopf Odysseus ruft nur die Göttin der Schlauheit und Klugheit, nicht aber den brutalen Kriegsgott Ares oder sonst einen andern, seinem individuellen Wesen widersprechenden Gott – invita Minerva – um Beistand an.

5
Die besondern Götter

Die kapitolinische Dreieinigkeit: Jupiter, Juno und Minerva vereinigen in sich die notwendigsten und allgemeinsten Wünsche des Menschen, *die* Wünsche, worin alle Menschen miteinander übereinstimmen, denn keiner kann Jupiter, keiner Juno, keiner Minerva entbehren, wenn er wenigstens ein vollständiger Mensch sein will. Gott ist ja, wie Festus köstlich das Wort „deus", Gott, erklärt, das

Wesen, dem nichts fehlt – „deus dictus est, quod ei nihil desit [er wird Gott genannt, weil ihm nichts abgeht]" –;. wer daher Gott nicht hat, dem fehlt, was Gott nicht fehlt. Wem Jupiter fehlt, dem fehlt Leben, Seele, Kraft, Vermögen, Herrschaft selbst über seine eignen Glieder; wem Juno, der hat keine Liebesglut und Zeugungskraft, der ist ein Kastrat – „Uns flieht Lucina", sagt der häßliche Kastrat Eutropius bei Claudian –, wem Minerva, der hat kein Glück, weil kein Geschick, er treibe auch, was er wolle. Wer sollte daher diesen Gottheiten nicht huldigen, wer sie entbehren können? (16)

Aber obgleich der Bauer ebensogut als der Konsul oder Senator dem Jupiter opfert, so bedarf er doch zu seiner Existenz und Wohlfahrt noch andere, besondere Götter. Wie kann denn der Gott, der das Szepter der Weltherrschaft in seiner Hand hält, zugleich die Sichel des Saatsgotts Saturnus führen? Wie der Jupiter Imperator und Triumphator zugleich Stercutius, Düngergott, sein? Wie der Himmelskönig oder seine Gattin, die „königliche Juno", die Stelle der Göttin Pales übernehmen, welche – anfänglich nur eine Hirtengottheit, doch später auch eine Gottheit der Landbauer, wie Dionysius von Halikarnaß im ersten Buche bemerkt – ihre zärtliche Sorgfalt für das Gedeihen der Viehzucht, nach Ovids „Fasten", selbst bis auf die Hunde ausdehnt? Und doch ist nur solche spezielle, solche bis auf den Schäfer- und Haushund, bis auf den Dünger sich erstreckende Vorsehung Vorsehung im Sinne und Interesse des Bauern. Aber der Allerhöchste im Himmel kümmert sich besonders auch nur um die Allerhöchsten auf Erden. (17) Das Wesen und Wohl des schlichten Landmanns vertreten daher auch nur die Götter, die sich seines Standes und Namens nicht schämen – die Land-, Feld- und Bauerngötter, die Di ruris, Di agricolae, Di agrestes.

So groß aber der Unterschied ist zwischen Jupiter, dem Schirmherrn oder Wächter, Kustos, der „ewigen Stadt" Rom, und zwischen Priap, dem Wächter der Gärten, oder Faunus, dem Schützer der Fluren und Herden, so groß ist auch der Unterschied oder vielmehr Gegensatz zwischen der Minerva, welche die unentbehrliche Freundin und Lebensgefährtin jedes Menschen, und der Minerva, welche die besondere Beschützerin und Hausfreundin der Handwerker, vor allen aber der Künstler ist. Minerva denkt und regiert auch im Kopfe des Kaufmanns, denn wie könnte er ohne sie auch nur rechnen und zählen? „Die Zahl ist ja", wie Livius im siebenten Buch sagt, „eine Erfindung der Minerva". Aber trotzdem, welche Verschiedenheit zwischen der kaufmännischen und künstlerischen Minerva! Wie wenig versteht sich der Künstler auf seinen Profit! „Was treibst du für eine brotlose Kunst!", warf dem jungen Ovid sein Vater vor, wie uns dieser in seinen „Traurigen Schicksalen" erzählt. Wie ist der Künstler allein nur auf die Schönheit und Vollkommenheit seines Werkes bedacht, während der Kunsthändler diese nur wegen des Nutzens, des Gewinns im Auge hat. Wie notwendig ist es daher, daß die Minerva im Kopfe des Kaufmanns dem Merkur Platz macht, denn Merkur, der Gott der Kaufleute, auch heute noch die Seele alles Handels und Wandels, ist ja nichts weiter als – der vergötterte Profit. „Jeder, der seine Waren zum Verkauf anbietet, fleht dich, Merkur, Weihrauch spendend, an, daß du ihm Gewinn verleihst", heißt es in Ovids „Fasten".

Was aber vom Merkur gilt, das gilt auch vom Aeskulap, dem Gotte der Ärzte, obgleich auch Minerva Medizinerin ist, vom Mars, früherem Natur-, späterem Kriegsgott der Römer, oder vielmehr von der Bellone, der ausschließlichen Kriegsgöttin, obgleich auch Minerva Göttin des Kriegs oder der Kriegskunst [ist], vom Neptun, dem Gott der Schiffer und Herrn des Meeres, obgleich auch Jupiter, nach Horazens Oden, „das stürmische Meer beherrscht", das gilt überhaupt von den besondern Göttern. So verschieden die Lebensbedürfnisse, die Lebenszwecke und Lebensweisen der Menschen sind, so verschieden sind auch ihre Wünsche, ihre Götter – wenigstens die tätigen, die im Unterschiede von den nichtsnutzigen, aber großsprecherischen Maulgöttern das Leben, die Handlungen der Menschen bestimmenden Götter. Und dieser Polytheismus wird nicht aufgehoben, wenn man die besondern Götter nur zu Eigenschaften oder Beinamen der Hauptgötter oder selbst auch nur des einen höchsten Gottes, Jupiters, macht. So ist und heißt bei den Römern Jupiter selbst Bäcker, Pistor. Aber ist *der* Jupiter, der Brot backt, den Römer mit Brot versorgt, derselbe Jupiter, der ihm in wichtigen Staatsangelegenheiten Rat erteilt? Wer kann bei dem Bäcker an den Staatsrat und bei dem Staatsrat an den Bäcker denken? Ist doch auch der Gott der Christen trotz seiner namentlichen Einfachheit und Einheit ein je nach seinen verschiedenen Eigenschaften verschiedenes Wesen und folglich „Gegenstand verschiedener besonderer Andachten. Die Schwester Benigna Gojos fühlte sich besonders angezogen, die göttliche Gerechtigkeit zu ehren, P. Condrea die göttliche Heiligkeit, und Lancicius erwähnt eine spanische Dame, die eine besondere Andacht zu der göttlichen Geduld hatte". Aber wie verschieden ist nicht selbst wieder die Geduld! Oh, welche Verblendung, zu glauben, daß die Götter des Polytheismus, weil nicht mehr dem Namen nach, deswegen auch nicht mehr dem Wesen nach die Welt regieren!

6

Die letzten Götter

So viele Götter aber auch der Mensch annehmen mag – und nimmt er gleich deren so viele an, als er Sterne am Himmel und Sandkörner am Meere zählt, besetzt er auch jeden Platz, jeden Winkel selbst, von dem ihn in seiner Einbildung ein Übel bedroht, mit besondern Schutzgeistern und Schutzgöttern –, alle diese auswendigen, vom Menschen unterschiedenen Götter sind machtlos, unfähig, seine Wünsche zu erfüllen, wenn sich zu ihnen nicht inwendige Götter gesellen. Was vermag z. B. die Anna Perenna, welcher der Römer, nach Macrobius' „Saturnalien", opfert, damit er „sich jähre und währe" – das lateinische Wortspiel im Deutschen nachgeahmt –, wie kann sie mir dauerhafte Gesundheit geben, wenn meine Eingeweide nichts taugen? Was ist sie also ohne die Carna, welche, nach demselben, den innern Lebensteilen des Menschen vorsteht, welche man anfleht, daß sie die Leber, das Herz und die übrigen Eingeweide gesund erhalte? Was vermögen überhaupt die Götter über den Menschen, wenn die Wünsche nichts mehr über ihn vermögen? Entnehmen doch die Götter ihre Macht, ihr Wesen selbst allein der Macht und dem Wesen der menschlichen Wünsche. Wer keine Wünsche, hat auch keine

Götter mehr. Was wünscht aber der Mensch? Er wünscht sich Wohlfahrt, salus, Ehre, honor, Sieg im Kriege, victoria, Friede[n] und Ruhe, pax, quies, Freiheit, libertas, Glück, fortuna, und zwar Glück unter allen möglichen Namen und Formen, mit einem Worte Glückseligkeit, felicitas. Wie natürlich, ja, notwendig ist es also, daß der Mensch *die* Wünsche, die allen Göttern zugrunde liegen, um deren willen sie allein Götter sind, für sich selbst ausspricht, für sich selbst zum Gegenstande göttlicher Verehrung macht!

Keine Götter ohne Wünsche, aber keine Wünsche ohne Hoffnung; Verzweiflung ist die Stickluft der Wünsche. Warum bete ich zu den Göttern, warum sind sie überhaupt anbetungswürdige Wesen? Weil sie in der Hoffnung meine Wünsche erfüllen. Die Hoffnung ist eine Göttin, dea, ja, sie ist mehr: Sie ist die Gottheit selbst der Götter. Wie kann mir ein Gott noch Gott sein, wie mir Gutes tun, wenn ich nichts Gutes mehr wünsche und hoffe? Was ist Jupiter, der Lichtvater, für mich, wenn ich das Tageslicht nicht mehr sehen mag oder nicht mehr zu sehen hoffe? „Hoffnung", sagt vortrefflich der Dichter Theognis, „ist die einzige gute Göttin, die noch unter den Menschen weilt, die andern sind von uns fort zum Olymp geflohen; fort ist die Treue, die mächtige Göttin, fort die Besonnenheit der Männer; auch die Huldgöttinnen, Freund, haben die Erde verlassen. Aber solange einer lebet und siehet das Licht der Sonne, bleibe er, ehrfurchtsvoll gegen die Götter, der Hoffnung treu, er flehe zu den Göttern und opfere, glänzende Schenkel verbrennend, der Hoffnung zuerst und zuletzt." Und Tibull: „Längst wollt' ich meinen Leiden durch den Tod ein Ende machen, aber die leichtgläubige Hoffnung hält mich am Leben fest, indem sie mir stets verspricht: Morgen wird es besser. So erhält die Hoffnung den Landmann; sie vertraut den Samen dem gepflügten Acker an, damit er mit reichlichen Zinsen ihn wieder erstatte. So tröstet die Hoffnung auch den schwergefesselten Gefangenen; das Eisen klirrt an seinen Füßen, und doch singt er bei seiner Arbeit."

Aber auch die alle Götter beseelende Hoffnung auf Glückseligkeit, auf geistige und leibliche, persönliche und öffentliche Wohlfahrt – was ist sie, was vermag sie ohne die Gottheit des Geistes, des guten, rechten Geistes oder Verstandes – mens, bona mens – ohne die Gottheit der „Eintracht", der „Keuschheit", der „Treue", der „Pietät", d. h. der Vaterlands-, Geschwister-, Gatten- und Elternliebe? War es nicht die Treue, deren bloßes Wort ohne Einmischung und Anrufung eines Gottes einst dem Römer dem heiligen Eidschwur gleich galt? War es nicht die Elternliebe, welche einst, und zwar nicht auf Anstiften eines Gottes, sondern nur infolge des „ersten Naturgesetzes", welches eben die Elternliebe ist, einer zum Tode verurteilten Mutter durch die Milch ihrer Tochter Leben und Freiheit gegeben, ja, einmal sogar, gleichfalls ohne allen göttlichen oder priesterlichen Einfluß, nur durch sich selbst in der Person der Mutter Coriolans Rom gerettet hat? (18) Was sind, was vermögen also die Götter samt und sonders ohne die Gottheit der virtus, der Tugend, eigentlich Mannheit? Wie recht hat Plautus in seinem „Amphitryon", wenn er sagt: „Die Tugend, virtus, geht allen Dingen vor, sie begreift alles Gute in sich, sie allein rettet und schützt die Freiheit, das Wohl, das Leben, das Vermögen, das Vaterland, die Eltern und Kinder." Die Tugend, die Weisheit – die Tugend ist ja selbst nichts anderes als die praktische Weisheit –, aber die auf sich selbst, nicht auf die Götter gestützte Tugend ist das wahre (positive) Ende und Endergebnis der römischen Religion, der Religion überhaupt. (19) Die Götter der römischen Klassiker sind nur noch patriotische Erinnerungen oder poetische Figuren. „Keine Gottheit hast du", sagt Juvenal, „wenn du weise bist; wir, ja, wir selbst machen dich, Fortuna (Glück), zur Gottheit, versetzen dich in den Himmel." Aber Fortuna ist nicht eine besondere Gottheit; fortuna ist das Wesen der Götter selbst; fortuna, der glückliche Zufall, ist der äußerliche (objektive) Grund des Götterglaubens und Götterdienstes. Nicht die Regel- und Gesetzmäßigkeit der Natur, wie die abstrakten Philosophen behaupten, welche ihre späten, abgezogenen Gedanken dem ursprünglichen Sinn und Wesen des Menschen unterschieben, sondern das überraschende zufällige Zusammentreffen ihrer Erscheinungen und Wirkungen mit den Bedürfnissen und Wünschen des Menschen hat sie zu einem Gotte erhoben. Die Sonne ist nur so lange eine Gottheit, ein Gegenstand des Gebets, der Verehrung, des Lobes und Dankes, kurz der Religion, als ihr tägliches Erscheinen für ein zufälliges, nur von ihrer Gnade, ihrer guten Laune, ihrer Willkür abhängiges gilt. Ein regel- und gesetzmäßiges Wesen ist ein Gegenstand der Anschauung, der Betrachtung und Beobachtung, höchstens der Bewunderung, aber nicht der Anbetung. Alle Votivtafeln, alle religiösen und selbst bürgerlichen Lotterieanstalten, alle Orakel, alle Opfer und Gebete – auch die christlichen Kirchengebete –, selbst die doktrinären „Spuren der Gottheit im anscheinenden Zufall" beweisen, auf augenfällige Weise, aber ebendeswegen auch nur für die, welche Augen nicht nur *am*, sondern auch *im* Kopfe haben, daß nicht das regel- und gesetzmäßige, notwendige, immer sich gleichbleibende, unabänderliche Wesen, sondern die fortuna, der – für die einen glückliche, die andern unglückliche – Zufall der äußerliche Ursprung und Gegenstand des religiösen Glaubens, daß Gott und Glück identisch, daß Gott nur ein mystischer Ausdruck für Glück oder Gott nur im allgemeinen, für alle möglichen Fälle ist, was in diesem einzelnen, wirklichen Fall Glück ist und heißt. Kein Wunder ist es daher, daß, wie Plutarch, wenigstens in seiner Schrift „Vom Glück der Römer", bemerkt, erst sehr spät in Rom der Tugend ein Tempel errichtet wurde, während Fortuna sehr viele alte und glänzende Tempel hatte. Kein Wunder, sage ich; Glück ist die Sache der Religion, himmlische Glückseligkeit sogar der Lohn des Götterglaubens, aber unselige Anstrengung, besonders auch des Kopfes, Bildung, Fleiß, Arbeit, noch dazu unbelohnte, die Sache der Tugend, der atheistischen, der nur auf sich selbst gestellten Tugend. Wie sollte also der Götterglaube nicht Glück in der Welt machen, nicht Tempel und Anbeter in Überzahl finden! Wie glücklich, wie reich, wie mächtig, wie geehrt sind nicht noch heute die Gottgläubigen, wenn sie es gleich nur noch mit dem Munde sind! Wie wahr ist der Ausspruch des Apostels, daß die Frömmigkeit die Verheißung dieser und der künftigen Welt hat! Oh, wie erbärmlich steht neben diesem eminenten Segen der Frömmigkeit die Tugend des Atheismus da! Oh, welch ein Tor ist doch der Atheist! Wie wenig versteht er sich auf sein Heil, d. h. auf seinen irdischen und himmlischen Profit!

(1) Der Wunsch des Lebens kann allerdings statt „Jupiter" auch nur „Götter", dii, wie z. B. Ovid: „Di tibi dent annos [mögen die Götter dir hohe Jahre geben]" („Ex. Pont." 2, 1, 53), und Plinius: „Dent tibi Caesar aetatem [mögen sie dir, mein Kaiser ein hohes Alter geben]" („Paneg." 28), sagt, ja, selbst bloß „Gott" oder „der Gott" zu seinem Ausdruck nehmen. Aber dann stände eben nur das nomen appellativum [die Rangbezeichnung] statt des nomen proprium [des Eigennamens], dann fehlte wohl das Wort, aber deswegen nicht der Begriff Jupiters; denn Zeus oder Jupiter, als der höchste Gott, als der *Vater* und König der Götter, ist eben der Deus, der Gott schlechtweg, identisch mit dem nomen appellativum, stehe dieses nun im Singular oder Plural, ist der – wenn auch nicht als der ausschließlich einzige, doch als der höchste – personifizierte Gattungsbegriff der Gottheit. Selenus („De Diis syris" 2, 1), der freilich das Wort „Jupiter", „Jovis" vom hebräischen „Jehova" ableitet, sagt daher, daß man das Wort „Jupiter" auch für den einzigen und wahren Gott gebrauchen könne, und übersetzt darum auch die Stelle der Apostelgeschichte: „Wir sind seines, d. i. Gottes, Geschlecht", mit „Jovis genus sumus". Wenn, was Statius in der angeführten Stelle durch Jupiter, der Schmeichler Martialis durch Janus dem Domitian wünscht und verheißt: „Promisit (Janus) Pyliam quater senectam, addas, Jane pater, tuam rogamus [(Janus) hat das Vierfache des Alters eines Nestor versprochen; mögest du, Vater Janus, darum bitten wir dich, dein eigenes (hohes) Alter noch hinzugeben]" (8, 2), so hat dies wohl darin seinen Grund, daß bei dem Türgott Janus, dem Repräsentanten oder Gott der Zeit und des Raumes ohne Grenzen, bei Janus, dem personifizierten Neujahrswunsch der Römer, bei Janus, dem „ältesten der Götter", wie er bei Juvenal heißt, auch der Wunsch eines hohen Alters, einer unbeschränkten Lebensdauer offnen Eingang findet, oder darin, daß Janus, „gleich Jupiter als Gottvater gefeiert, väterlich geübte Allmacht, wie Jupiter, zu seinem Grundbegriff" hat (Gerhard, „Griech. Mythol.", § 961), daß also Janus, der von den Saliern selbst als der Gott der Götter, der deorum deus, be-

sungen ward, nicht nur, wie in den Köpfen der spätern Römer der erste Gott der Zeit nach, sondern früher auch der erste dem Range, dem Wesen nach war. Freilich, wenn Janus nur über den Anfang gebietet, wie Varro bei Augustin („De Civ. D." 7, 9) sagt, so ist er notwendig nicht der Höchste; denn ein glücklicher Anfang ist wohl der erste, aber die glückliche Vollendung der höchste Wunsch des Menschen. Nicht als der Anfänger, initiator, sondern als Vollender fühlt er sich als König – rex sum [ich bin König] –, als Sieger, als himmlisches, weil aller Mühe, Sorge und Bangigkeit entnommenes, Wesen; erst am Ende, wie dies Augustin schon recht gut in seiner Weise, a. a. O., cap. 7, bemerkt, ruft er aus: „Ich bin ein Gott, ich bin im Himmel." Es hat übrigens mit dieser Unterscheidung zwischen Janus und Jupiter, zwischen dem Ersten und [dem] Höchsten, wohl eine ähnliche historische Bewandtschaft wie mit dem christlichen Gottvater und -sohn. Der Gottvater war vor Christus der einzige, ausschließliche Gott. An die Stelle dieses alten jüdischen Gottes trat mit Christus – dem dogmatischen, Gott gewordenen – ein neuer, anderer Gott, der als Mensch geoffenbarte Gott. Gleichwohl konnte man den alten Gott – an ihn hatte ja Christus selbst sich und seine Lehre angeschlossen – nicht aufgeben; er hatte das historische Recht, das Vorurteil des Altertums für sich; man ließ ihn daher bestehen, machte ihn aber, wie den alten Janus, zum ersten Gott nur der Zeit nach, während man Christus, wenn auch nicht den Worten nach, doch in der Tat, in der Praxis, zum summus [Höchsten], zum ersten Wesen dem Range nach, machte, nur daß man beide Götter nicht bloß nebeneinanderstellte, sondern in ein innigeres Verhältnis zueinander brachte. So wurde der Gott schlechtweg jetzt zum Gottvater, der aber nur dadurch sich vom Gottsohn unterscheidet, daß er ihn gezeugt hat, d. h., daß er früher, älter ist als dieser, obgleich die Willkür und Sophistik der christlichen Dogmatik leugnet, d. h. mit dem Munde, daß Zeitunterschiede in der Dreieinigkeit gültig seien, aber damit auch das Verhältnis von Vater und Sohn zu einem sinnlosen macht.

(2) „Confert Vitumnus obscurus et ignobilis vitam [Vitumnus, ein Mann ohne Namen und von niedriger Herkunft, steuert sein Leben bei]" (Aug., „De Civ. D." 7, 3).

(3) „Votum secundet *qui potest* nostrum Deus [unserem Wunsch beistehen möge ein Gott, der es vermag]" (Sen., „Herc. fur.", 645). Namque potes [denn du kannst es ja], z. B. „cripe, namque potes [nimm's mit Gewalt, denn du kannst es ja]", ist eine bei den Dichtern häufig vorkommende Gebetsformel (s. Brouerii de Niedek, „De Adorationibus", Amst. 1713, p. 17). Aber wer helfen kann, muß vor allem helfen wollen. Das „Du kannst ja" setzt das „Du willst ja" voraus. Du willst ja nicht, was und weil du kannst – dies gilt nur von dem beschränkten Sterblichen –, sondern du kannst, was und weil du willst, denn du bist ja ein Gott, bei dem das Können nur vom Wollen abhängt.

(4) „Hoc coelum, sub quo natus educatusque essem [dieser Himmel, unter dem ich geboren und aufgezogen bin]" (Liv. 5, 54). „Quid melius Roma [gibt es etwas Besseres als Rom]?", ruft der verbannte Ovid aus („Ex. Pont." 1, 3, 37), verurteilt, „peregrinum ducere coelum [den Einfluß eines fremden Klimas zu erleiden]" („Trist." 4, 8, 25). Jupiter ist freilich nicht der prosaische physikalische Himmel, nicht der als kein Gott, kein Jupiter vorgestellte Himmel, aber gleichwohl ist Jupiter nichts ohne den Himmel, ohne Regen und Sonnenschein, ohne Blitz und Donner. Nicht die hohle Metonymie, sondern die volle Kraft der Wahrheit selbst ist es, die den Himmelsgott mit dem Himmel, den Blitzgott mit dem Blitze identifiziert. Es ist nicht der Dichter, es ist Jupiter selbst, der sagt: Ich bin der Blitz, ich der Himmel, den du atmest.

(5) „Hunc (Caesarem) ego cum spectem, videor mihi cernere Romam, nam patriae faciem sustinet ille suae [wenn ich auf ihn (den Kaiser) schaue, glaube ich, Rom zu erblicken; denn er wahrt das Gesicht seines Vaterlandes]" (Ov., „Ex. Pont." 2, 8, 19).

(6) „Praesens Divus Augustus [der göttliche Augustus in Person]" (Hor., „O." 3, 5, 2). „Hic (Augustus) aspicitur, creditur ille Deus [er (Augustus) wird mit Augen als Gott angeschaut, an jenen Gott (im Himmel) glaubt man (nur)]" (Ov., „Trist." 4, 4, 20).

(7) So sagt Plinius in seinem Sinne freilich nur eine der Person der Kaisers Trajan geltende Schmeichelei, daß jetzt Jupiter, durch den Kaiser der Regierung der Menschenwelt überhoben, sich nur mit dem Himmel beschäftigen könne.

(8) „Res est publica Caesar et de communi pars quoque nostra bona[1] est [der Kaiser ist der Staat, und vom Gemeinsamen her ist auch unser Teil gut]" (Ov., „Trist." 4, 4, 15).

9) „Cum singuli quoque *ex semetipsis*[2] totidem deos faciant, Junones geniosque adoptando sibi [da auch die einzelnen aus ihren eigenen Personen ebensoviele Götter machen, indem sie sich Junonen und Genien zulegen]" (Plin., „Hist. N." 2, 7, 5).

(10) „Iterducam et Domiducam, Unxiam, Cintiam mortales puellae debent in nuptias convocare, ut earum et itinera *protegas*, et in *optatas* domos ducas, et quum postes ungent, faustum omen affigas et cingulum ponentes non relinquas [dich als die Geleiterin auf dem Wege, als die Geleiterin ins Haus, als die Salberin, als die Gürterin müssen die sterblichen Mädchen zur Hochzeit berufen, damit du ihre Wege schützest, sie in die erwünschten Häuser führst und, wenn sie die Tür ölen, ein günstiges Vorzeichen damit verbindest und, wenn sie den Gürtel ablegen, sie nicht im Stich läßt]" (Mart., „Ca. Nupt." 2, 8, 1).

(11) Beweis ist z. B. Halkyone, als ihr zärtlich geliebter Gemahl verreist und bereits seinen Tod gefunden hatte: „Alle die Obern zwar verehrte sie immer mit Weihrauch, dennoch pflegte sie mehr der Juno Tempel zu feiern; für den Gemahl, ach, naht sie, der nicht mehr war, den Altären, daß er gesund ihr bleibe und daß heimkehre der Gatte und daß er keine der Frau vorziehe" (Ov., „Metam." 11, 577; nach Voß).

[1] *Im Original:* bono
[2] *Im Original:* femetipsis

(12) „Minerva dicta, quod bene moneat [sie heißt Minerva, weil sie gut mahnt]“ (Festus).

(13) „Nihil decet invita ut aiunt Minerva i. e. adversante et repugnante natura [nichts ist in Ordnung, wenn, wie man sagt, Minerva nicht will, d. h., wenn die Natur es ablehnt und sich dagegen sträubt]“ (Cic., „De off.“, 1, 31).

(14) „Comparant (vero) Graeci hominem in virtute quavisque facultate sibimetipsi ... *Ἥμισυς ἑαυτοῦ* igitur dicitur, qui dimidium ejus facultatis assequitur, quam per se totam assequi posset. [Die Griechen (jedoch) identifizieren den Menschen in seiner Tugend, und überhaupt in jeder Fähigkeit, mit seinem Ich. ... ‚Halb er selbst‘ heißt also, wer nur die Hälfte dessen, wozu er fähig wäre, erreicht, obwohl er an und für sich das Ganze erreichen könnte.]“ (Ast, „Animadv. in Plat. Leg.“, 1, 14). „Sequere coepta felicia et *te in omnibus aemulare* [folge dem, was du glücklich begonnen hast, und wetteifere in allem mit dir selber]!“ (Symmachus, „Epist.“ 1, 83).

(15) Es gilt dies auch von den moralischen Kämpfen des Menschen. So heißt es z. B. schön und richtig in Ovids „Metamorphosen“, 10, 320, von der Myrrha: „Et secum, quo mente feror? quid molior? inquit. Di, precor, et pietas, sacrataque jura parentum: Hoc prohibete nefas, scelerique resistite tanto. [Und zu sich selber spricht er: Wozu lasse ich mich von meinem Geist hinreißen? Womit gehe ich um? Ihr Götter, ich flehe euch an, und dich, fromme Scheu, und euch, geheilige Rechte der Eltern, verhindert diesen Frevel und widersteht einem so großen Verbrechen!]“

(16) „Nec defuerunt qui scriberent, Jovem, Junonem ac Minervam deos penates existere, sine quibus vivere ac sapere nequeamus, sed qui penitus nos regant ratione, calore ac spiritu [es hat auch nicht an solchen gefehlt, die da schrieben, Jupiter, Juno und Minerva seien als Götter des Inneren wirklich die, ohne die wir nicht leben und denken können, die vielmehr von innen her uns durch Vernunft, Wärme und belebenden Hauch regieren]“ (Arnob., „Adv. Gent.“, 3, p. 73; ed. Elmenh., Haml. 1710). „Qui diligentius eruunt varitatem, penates esse dixerunt, per quos penitus spiramus, per quos habemus corpus, per quos rationem

animi possidemus [diejenigen, welche sorgfältiger die Wahrheit erforschen, haben gesagt, die Götter des Hausinnern seien es, durch die wir einen Leib haben, durch die wir die Vernunft der Seele besitzen]" (Macrob., „Sat." 3, 3).

(17) „Deos coelumque simul sublime tuenti non vacat exiguis rebus adesse Jovi [er, Jupiter, der die Götter und zugleich den erhabenen Himmel schützt, hat keine Zeit, sich um Kleinigkeiten zu kümmern]" (Ov., „Trist." 2, 251). „Jurat (Caesar) in legem attendentibus diis, nam cui magis quam Caesari attendant [(der Kaiser) legt das Gesetz unter der Obhut der Götter ab, denn wen könnten die Götter wohl mehr in ihre Obhut nehmen als den Kaiser]?" (Plin., „Paneg.", 65).

(18) Siehe hierüber Valerius Max. 5, 4, 7: „Diligere parentes prima naturae lex [die Eltern zu lieben ist das erste Gesetz der Natur]"; 1, 8, 4: „Coriolanum ab excidio urbis maternae preces reppulerunt[1], [den Coriolan haben die flehentlichen Bitten seiner Mutter von der Zerstörung Roms abgebracht]"; 5, 4, 1: „Missi (deinde) sacerdotes cum infulis atque[2] sine effectu redierunt [die (danach) entsandten Priester kamen zwar mit ihren Wollbinden (dem priesterlichen Kopfschmuck), doch ohne Erfolg zurück]."

(19) „Mens bona, si qua dea est, tua me in sacraria condo; exciderint surdo tot mea vota Jovi [oh, (Göttin der) guten Gesinnung – wenn es überhaupt eine Göttin gibt –, in deinem Heiligtum berge ich mich; vergessen seien so viele Gebete, die ich an den tauben Jupiter gerichtet habe]" (Propert. 3, 24, 19). „Facis rem optimam et tibi[3] salutarem, si ut scribis, perseveras ire ad bonam mentem, quam stultum est optare, cum possis a te impetrare. Non sunt ad coelum elevandae manus. [Du tust etwas Vorzügliches und dir Heilsames, wenn du, wie du schreibst, dabei beharrst, den Weg zur guten Gesinnung zu gehen, die sich zu wünschen töricht ist, da du sie von dir selbst erlangen kannst. Man braucht die Hände nicht zum Himmel zu erheben.]" (Seneca, „Ep.", 41).

[1] *Im Original:* repullerunt
[2] *Im Original:* aeque
[3] *Im Original:* tipi

Epilog[1]

[zu L. Feuerbach: Sämtliche Werke, Bd. X]

„Daß die Götter, die Götter der blinden Heiden, aus menschlichen Begierden und Wünschen entsprungen sind, wer wird das leugnen wollen? Aber was hat mit dem Polytheismus der Monotheismus, mit den vielen falschen Göttern der eine wahre Gott gemein? Welch ein frevelhafter Unsinn, Gott, das höchste Wesen der Metaphysik, das absolut selbständige und notwendige, das nur von und durch sich selbst seiende Wesen, aus menschlichen Wünschen erklären zu wollen!" Allerdings in den Augen des Theologen, aber nicht des Theogonen, denn jener hängt nur an dem *Worte* Gottes, dieser fragt nach dem Sinne desselben, verfährt darum nicht dogmatisch, sondern genetisch, denn der wahre Sinn eines Wortes, einer Idee, einer Sache überhaupt wird nur gefunden, wenn man auf ihren Ursprung zurückgeht. Schelling hat recht, wenn er gegen Jacobi sagt: „Der gesunde, natürliche, *darum auch allein fruchtbare* Gang des Denkens und Forschens sei, von dunkeln Begriffen zu klaren, von Finsternis zu Licht usw. zu gelangen. Non fumum ex fulgore, sed ex fumo dare luccem (nicht Rauch aus Licht, sondern Licht aus Rauch schaffen) ist des echten Künstlers Art." Aber er hat diesen natürlichen und fruchtbaren Gang dadurch zu einem unnatürlichen und unfruchtbaren gemacht, statt Licht nur mystischen Dunst und Rauch uns gegeben, daß er die Theologie, die Entstehung Gottes, in Gott selbst verlegte statt in den Menschen, die Gottheit aus sich selbst statt aus dem Menschen entspringen ließ. Doch gehen wir sogleich zur Sache, d. h. zum Beweise, daß nur im menschlichen Wesen und Wunsche

[1] *Im Original steht diese Überschrift auf einem besonderen Titelblatt vor dem Text.*

der ursprüngliche Sinn des göttlichen Wesens zu finden ist!

Das göttliche Wesen ist vor allem ewiges Wesen. „Es gibt vielleicht Völker", sagt Plutarch, „welche keinen Gott denken, aber es gibt keinen Menschen, der einen Gott denkt und ihn nicht zugleich als unverwüstlich und ewig denkt." Denn „was anders", sagt Tertullian wider Hermogenes, „als die Ewigkeit, das höchste Gut, macht Gott zu Gott?" Wie bestimmt nun aber die Theologie die Ewigkeit? Als Anfangslosigkeit und Endlosigkeit. Damit ist aber gar nichts gesagt, wenn man diese mit jener auf gleichen Fuß setzt. Die Anfangslosigkeit geht wohl dem Begriffe, aber nicht dem Ursprung und dem Rang nach der Endlosigkeit voraus. Daß das Leben kein Ende habe, ist in dem Unsterblichkeitsglauben ein jedermann verständlich ausgesprochener Wunsch; daß er aber angefangen habe zu existieren, dagegen hat der Mensch nichts einzuwenden, das ist eine sinnliche, unwidersprechliche Tatsache, aber zugleich eine abgetane[1], der Vergangenheit angehörige, dadurch dem Bereich des Wunsches und des Interesses, daß es anders sei, entrückte. Nur die Zukunft ist das Reich und Ziel des Wunsches; nur gegen den Gedanken, daß er enden werde, sträubt sich der Mensch aus Herzensgrund und folglich mit den scharfsinnigsten Vernunftgründen. Der Sinn der „immer seienden Götter", wie die Götter der Griechen heißen, liegt daher nur darin, daß sie nicht sterben, nicht aufhören zu existieren, nicht darin, daß sie nicht angefangen haben zu existieren. So wenig als an seinem eigenen Anfang stößt sich der Mensch, solange er wenigstens noch nicht philosophiert, an dem Anfang seiner Götter. Unsterblich heißen daher ausdrücklich die Götter der Griechen, obgleich sie entstanden sind, ja, das Beiwort steht auch allein für sich statt des Hauptwortes; statt: die unsterblichen Götter, sagen sie schlechtweg: die Unsterblichen – ein deutliches Beispiel zugleich von der Identität des Gottes und Wunsches.

Auch im Neuen Testament heißt es nicht von Gott: Er ist der allein keinen Anfang habende, sondern „der allein Unsterblichkeit hat" (1. Tim. 6, 16), „der Unvergängliche" (Röm. 1, 23. 1; Tim. 1, 17). Es steht hier im Text dasselbe

[1] *Im Original:* abgetanene

Wort, welches auch die griechischen Philosophen, selbst die Skeptiker, wie Sextus Empirikus, zur Bezeichnung des ersten und wesentlichsten Merkmals einer Gottheit gebrauchen. Und im Alten Testamente heißt es z. B.: „Ehe denn die Berge worden und die Erde und die Welt (eigentlich Erdkreis) geschaffen worden ,bist du, Gott, von Ewigkeit zu Ewigkeit" (Psalm 90, 1[-2]). Aber der wahre Sinn dieser Ewigkeit liegt, wie die darauffolgenden Verse beweisen, nur in ihrem Gegensatze, in der beklagenswerten Kürze des menschlichen Lebens, und dem damit verbundenen Wunsche, daß dieses an und für sich so kurze Leben nicht auch gewaltsam noch verkürzt werde. Daher heißt es ausdrücklich im 102. Psalm, V.25 : „Mein Gott, nimm mich nicht weg in der Hälfte meiner Tage, deine Jahre währen für und für", d. h., laß mich nicht frühzeitig sterben, du, der du nicht stirbst, also keinen Grund hast, mir ein längeres Leben zu mißgönnen. „Gedenke, wie kurz mein Leben ist" (Ps. 89, 48). Nicht über seinen Anfang, nur über sein Ende, namentlich wenn es ein frühzeitiges, klagt der Mensch und preist daher nicht die Anfangslosigkeit, sondern die Endlosigkeit als eine göttliche Vollkommenheit. „Die Himmel . . . werden vergehen, du aber bleibest, wie du bist, und deine Jahre nehmen *kein* Ende" (Ps. 102, 23). Im Nicht-Enden, im Nicht-Sterben liegt der Kern, der Endsinn und Endzweck der Ewigkeit, selbst wenn auch vermittelst des Schlusses: Was nicht aufhört, kann auch nicht angefangen haben zu existieren, da die Anfangslosigkeit mit der Endlosigkeit verbunden, ja, dieser vorausgesetzt wird. Logisch, d. h. dem vom Menschen abgesonderten, abstrakten, toten Gedanken nach, ist wohl die Endlosigkeit eine Folge der Anfangslosigkeit, aber psychologisch, d. h. dem von der Menschenseele belebten und erfüllten Gedanken nach – Gott aber ist kein logisches, sondern psychologisches Wesen –, ist die Endlosigkeit der Grund der Anfangslosigkeit, wird ein Anfang, d. h. ein ehemaliges Nichtsein, nur um des künftigen Seins willen verneint. Kurz, die Ewigkeit ist ein Gegensatz, eine Reaktion nicht gegen das ehemalige Nichtsein des Menschen, welches als vergangenes selbst ein nichtiges ist, keinen Eindruck auf ihn macht, sondern gegen sein künftiges Nichtsein. Unmittelbar an die göttliche Zukunft, die kein Ende nimmt, knüpft sich daher in den angeführten und andern Psalmen der Gedanke an die menschliche Zukunft und Fortdauer, wenn auch nicht in eigner Person, doch in der Person der Nachkommen. „Deine Jahre nehmen kein Ende. Die Kinder deiner Knechte werden bleiben."

Die Ewigkeit wird ferner bestimmt als die Abwesenheit alles Nacheinanderseins, aller Sukzession, aller Zeitunterschiede in dem göttlichen Wesen, als das Zugleich- oder „Auf einmal"-Sein alles dessen, was dasselbe ist und sein kann. Daß aber die Ewigkeit auch in diesem Sinne ihren Grund in einem menschlichen Wunsche hat, das hat uns schon Vater Homer geoffenbart in den Worten des greisen Nestor:

„Atreus' Sohn, wahrhaftig, ich wünscht' auch selber so gern noch
Also zu sein, wie da ich den Held Ereuthalion hinwarf,
Doch es verliehn uns Menschen *zumal nicht alles* die Götter:
War damals ich ein Jüngling, anjetzt umfängt mich das Alter.
Aber ich werd' auch so mit den Reisigen sein, und ermuntern
Werd' ich mit Rat und Gebot, denn das ist Ehre des Alters."
(„Ilias" 4, 318).

Der Mensch erfreut sich nicht zugleich der Stärke der Jugend und der Weisheit des Alters, aber er wünscht sich in der Jugend den Verstand, die Erfahrung, die Wissenschaft des Alters, im Alter dagegen die feurige Tatkraft der Jugend, er wünscht überhaupt, zugleich zu sein und zu können, was er nur in mühseliger, langweiliger Aufeinanderfolge sein und leisten kann, kurz, er wünscht, die an verschiedene Zeiten verteilten Güter und Kräfte des Lebens zugleich zu besitzen. „Dem Glücklichen schlägt keine Stunde"; aber dieser Glückliche ist nur der Wunsch. Für den Wunsch existiert keine Zeit. Dem erfüllten Wunsch sind tausend Jahre wie ein Tag, aber dem seiner Erfüllung entgegenharrenden Wunsche ein Tag wie tausend Jahre, ja, die Minute eine Ewigkeit.

Unzertrennlich verbunden mit der göttlichen Ewigkeit ist die göttliche Unveränderlichkeit. Bei Gott, „dem Vater des Lichts ... ist keine Veränderung noch Wechsel des Lichts und [der] Finsternis" (Jacobus 1, 17). Daß aber die

Unveränderlichkeit gleichfalls nur Ausdruck eines menschlichen Wunsches ist, das beweist der Mensch, wenigstens der christliche, dadurch, daß er sich ausdrücklich ein Leben wünscht und glaubt, wo nicht mehr, wie im gegenwärtigen, der Wechsel zwischen Licht und Finsternis, Tag und Nacht, Freud und Leid usw. stattfindet. Selbst aber auch schon in den elysischen, den Götterlieblingen bestimmten Gefilden Homers findet keine Veränderung, kein Wechsel statt, wenngleich hier nur in meteorologischer Beziehung.

„. . . Ganz mühlos in Seligkeit leben die Menschen,
Nimmer ist Schnee, noch Winterorkan, noch Regengewitter;
[Ewig wehn die Gesäusel des leis' anatmenden Westes,]
Die Okeanos sendet, die Menschen sanft zu kühlen.

(„Odyssee", 4, 565–568.)

„Immer" und „nimmer" sind überhaupt die Lieblingsausdrücke begeisterter Vorsätze und Wünsche. Allerdings liebt der Mensch die Veränderung, aber nur, wenn sie nicht Verschlimmerung, sondern Verbesserung seines Zustandes ist; dem Guten wünscht er ewige Dauer und Unwandelbarkeit und beklagt daher den Widerspruch der Wirklichkeit mit diesem Wunsche. „Ach, wie nichtig, ach, wie flüchtig ist der Menschen Leben." Der Heilige Isidor beginnt seine Schrift „Vom höchsten Gute" mit dem Satz: „Gott ist das höchste Gut, *weil* er unveränderlich ist." Wie könnte der Mensch aber die Unveränderlichkeit als das höchste Gut denken und preisen, wenn er nicht an sich selbst die Veränderlichkeit als das größte Übel empfände und beklagte?

Das unveränderliche, ewige, anfang- und endlose Sein oder Wesen ist das unabhängige, schlechthin notwendige, das durch und von sich selbst seiende Wesen. Aseität, Von-sich-Selbstheit, nannten die sogenannten scholastischen Theologen und Philosophen diese göttliche Eigenschaft oder Wesenheit. Merkwürdigerweise hat aber schon ein frommer christlicher Theolog und Philosoph, der Franzose Malebranche, dieses göttliche Attribut als einen menschlichen Wunsch erkannt und ausgesprochen. Er sagt nämlich in seinem Werke „Von der Erforschung der Wahrheit", im 5. Kapitel des 4. Buches: „Die Selbstliebe läßt sich in zwei Arten teilen: in die Liebe zur Größe und die Liebe zum Vergnügen oder in die Liebe zu seinem Sein und zur Vollkommenheit seines Seins und in die Liebe zu seinem Wohlsein oder zur Glückseligkeit. Durch die Liebe zur Größe streben wir nach der Macht, nach dem Hochgestelltsein, nach der Unabhängigkeit und darnach, daß unser Sein durch sich selbst bestehe. Wir wünschen, gewissermaßen, das notwendige Sein zu haben; wir wollen, in gewissem Sinne, sein wie Götter. Denn nur Gott hat eigentlich das Sein und existiert notwendig, weil alles Abhängige nur durch den Willen dessen existiert, wovon es abhängt. Indem also die Menschen die Notwendigkeit ihres Seins wünschen, wünschen sie auch die Macht und die Unabhängigkeit, die sie vor der Macht der andern schützen."

Malebranche hat recht: Notwendige, d. h. mit seinem Begriff und Wesen einige, identische, vom Zufall und allem andern außer ihm – was er wenigstens nicht zu sich selbst rechnet – unabhängige, unbedingte Existenz ist ein Grundwunsch des Menschen. Der Mensch will überhaupt ursprünglich und unbewußt sein wie Gott, selbst Gott sein, aber freilich nicht Gott, wie er als ein persönliches, selbstisches, eigenwilliges, eifersüchtiges, sich selbst oder gar wie so viele ad majorem Dei gloriam [zum größeren Ruhme Gottes] behauptet haben, *nur* sich selbst liebendes Wesen vorgestellt wird, sondern er will nur das sein, was Gott ist oder Gott zu Gott macht, gleichwie wenn einer Raphael oder Aristoteles sein will, er nicht Raphael, nicht Aristoteles in Person – kein Mensch kann seine Person mit einer andern vertauschen oder nur vertauschen wollen, außer der Narr –, sondern nur das sein will, was Raphael zu Raphael, Aristoteles zu Aristoteles macht – der oder das Höchste in der Kunst, das Höchste in der Philosophie. Der Mensch will Gott sein, heißt ursprünglich nichts anderes als: er will z. B. nicht Beschwerden leiden, nicht krank und überhaupt elend sein, nicht altern, nicht sterben; denn nicht nur die Unsterblichkeit, sondern auch die Alterlosigkeit (*ἀγήραοι*), die Krankheitslosigkeit (*ἄνοσοι*), die Mühe- und Elendlosigkeit (*πόνων ἄπειροι ῥεῖα ζώοντες*) oder, bejahend ausgedrückt, die Seligkeit (*μάκαρες*) sind wesentliche Eigenschaften der Götter. Er will also, um bei dem letzten Worte stehenzubleiben, selig oder ein Seliger sein – wie die Unsterblichen, so stehen auch die Seligen statt der Götter –; aber er ist es nicht, wie ihm die Erfahrung beweist, wenigstens nicht so, als er es zu sein wünscht. Was jedoch der Mensch nicht ist, aber sein will oder zu sein wünscht, das eben und nur das, sonst nichts, *ist Gott*. So will der Mensch kein sterbliches, endliches Wesen sein, aber gleichwohl ist er wider Willen ein solches; was er aber nicht ist, jedoch zu sein wünscht, das ist Gott, also ein oder das unendliche Wesen, denn die Unendlichkeit des göttlichen Wesens ist ursprünglich nur der Gegensatz gegen die empfindlichste Endlichkeit, die Zeitlichkeit, Vergänglichkeit des menschlichen Lebens, bedeutet also ursprünglich nur die Unsterblichkeit, die Ewigkeit, ist erst später in einem nicht nur auf die Zeit sich beziehenden, sondern allgemeinen, alle Beziehungen und Eigenschaften Gottes umfassenden Sinne genommen worden, so daß nun der Unterschied oder Gegensatz zwischen Gottheit und Menschheit nur auf den Unterschied oder Gegensatz zwischen Unendlichkeit und Endlichkeit hinausläuft.

Wie aber die Ewigkeit, so ist auch die Unendlichkeit in diesem unbestimmten, allgemeinen Sinne nur eine unendliche Hohlheit und Leerheit, wenn sie für sich selbst ohne Beziehung auf den menschlichen Willen oder Wunsch gedacht, nicht erkannt wird, daß nicht das Endliche das Unendliche, sondern umgekehrt das Unendliche das Endliche voraussetzt, und zwar ein solches, welches wider Willen oder Wunsch endlich ist. Endlich oder beschränkt fühlt sich nur das Wesen, dessen Sein und Können hinter seinem Denken und Wollen oder Wünschen – ein impotenter Wille ist nur Wunsch – unendlich zurückbleibt. „Welcher ist unter euch", heißt es in der Bibel (Luk. 12, 25 und Matth. 6, 27), „ob er schon darum sorget (es wünscht), der da könnte eine Elle lang seiner Größe (oder richtiger: Lebenszeit) zusetzen?" „Wenn ich von mir selbst wäre", sagt Cartesius in der dritten Meditation, „so würde ich weder zweifeln noch wünschen, noch irgendetwas vermissen, denn alle Vollkommenheiten, deren Idee in mir ist, würde ich mir selbst gegeben haben und selbst Gott sein", und er schließt dann daraus, daß „er sich keiner Kraft bewußt sei, wodurch er beweisen könne, daß er, der jetzt existiere, auch in dem künftigen Moment existiere, auf seine Abhängigkeit von einem andern, von ihm unterschiedenen Wesen", d. h. also auf seine Endlichkeit oder Beschränktheit durch ein anderes. Ganz richtig sagt daher auch J. Clericus in seiner

„Pneumatologie“: „Wer so vortrefflicher Natur ist, daß er unendlicher Dauer sich erfreut und nichts von irgendeinem Wesen erhalten hat, der kann auch keine Grenzen seiner Eigenschaften haben. Endliche Eigenschaften haben nur die Wesen, welche sie von einem andern, ihnen Grenzen setzenden Wesen erhalten haben, nicht aber das Wesen, welches sich selbst, sozusagen nach Belieben, alles, was es wollte, gegeben hat“; ebenso in seinen Anmerkungen zu Cudworths „Intellektuellem System“: „Wenn wir aus uns selbst wären, nichts irgendeinem andern verdankten, so hätten unsere Vollkommenheiten oder Eigenschaften keine Grenzen, nichts würde unserer Erkenntnis entgehen, nichts unsere Kräfte übersteigen.“ „Welch ein großer Unterschied zwischen Gott und mir seie“, heißt es höchst naiv in Wachters „Spinozismus im Judentumb“ (Amst. 1699), „erhellet daraus, daß ich nicht tun kann, was ich will. Es sind viele unfruchtbare Wünsche in mir, die ich nicht ins Werk setzen kann. Die Dinge, die über mein Vermögen gestellt sind, sind beinahe unzählige. Ich kann mich selbst nicht in einem ewigen Leben erhalten. Ich fühle, daß ich wenig habe, und kann mir doch mehr nicht geben, als ich habe. Ich bin auf allen Seiten in tausenderlei Naturnetze verstrickt, aus denen ich mich nicht auswickeln kann. Auch ein Nagel an der Wand pariert mir nicht.“ Gott dagegen, weil er „von sich selbst ist (nicht von einem andern, sondern von sich selbst gezeugt und gemacht), ist“, wie Lactantius sich ausdrückt, „so, wie er sein wollte, keinem Leiden, keiner Veränderung, keinem Verderbnis unterworfen, selig, ewig“, d. h. so, wie auch der Mensch sein möchte und wirklich wäre, wenn er sich selbst hätte fabrizieren können.

Das Bewußtsein meiner Endlichkeit ist das schmerzliche Bewußtsein meiner Ohnmacht, meines Unvermögens, zu sein, was ich sein, zu können, was ich können will. Wollen und doch nicht Können – welch ein unerträglicher Widerspruch, welch eine unausstehliche Halbheit! Notwendig – wenn auch nur notwendig auf diesem Standpunkte des Ursprungs des Theismus – denke oder glaube ich daher ein Wesen, in dem dieser Widerspruch aufgehoben, diese Halbheit ergänzt ist. Dieses Wesen, das ganz ist, was ich nur zur Hälfte bin, ist eben das unendliche, das allmächtige Wesen, d. h. das Wesen, welches ist, was ich nicht bin, aber sein will, kann, was ich nicht kann, aber können will. Wenn mein Können und Wünschen zusammenfiele, so wüßte ich nichts von einem Gotte im Unterschied von mir, weil ich selbst Gott wäre; denn wer alles kann, hat auch alles. „Wo Allmacht ist", sagt Richardus Victorinus, „da kann nichts Begehrenswertes fehlen, kein Mangel, keine Unvollkommenheit stattfinden." Das Tier weiß nichts von Gott, weil sein Verlangen nicht über sein Können geht. Das Tier will nur, was es kann; der Mensch will auch, was er nicht kann, er wünscht; Gott kann, was er will, sein Können ist so weit, so unbeschränkt als sein Wollen. „Alles", heißt es in den Psalmen, „was er will, das tut er im Himmel, auf Erden, im Meer und in allen Tiefen."

Gott tut oder kann, was er will, das heißt in Wahrheit, im Ursprung: was der Mensch will, aber nicht kann; denn eben nur aus dem peinlichen Zwiespalt zwischen meinem Können und Wollen entspringt mir die Vorstellung eines Wesens, welches kann, was ich will, aber nicht kann, und ebendeswegen ein unendlich höheres und vollkommneres Wesen als der Mensch ist, die Vorstellung also eines Gottes. Ein Wesen, welches kann, was ich selbst nicht zu können begehre oder versuche, kann ich unmöglich als ein über mir stehendes fassen und schätzen; nur gleiches Wollen bei ungleichem Vermögen gibt einen Maßstab zur Wertschätzung, zur Über- und Unterordnung. Nur wenn ich selbst ein Maler sein will, kann ich einen Raphael über mich stellen, weil er kann, was ich nicht kann, aber können möchte. Der Ausspruch der Bibel: „Bei Gott ist kein Ding unmöglich", findet daher seinen Sinn erst in *dem* Ausspruch derselben: „Was bei den *Menschen* unmöglich ist , das ist bei Gott möglich." Können, was man will, heißt Herr sein; Gott sein und Herr sein ist daher eins. Bei allen Völkern, wenigstens allen, die und deren Götter sich einen geschichtlichen Namen erworben haben, ist das Wort „Herr" gleichbedeutend mit dem Worte „Gott". Gott ist Herr des Lebens und Todes, Herr der Natur, kurz, Herr von allem, wovon der Mensch nicht Herr ist, aber Herr sein möchte. Der Mensch will, daß es regne, wenn vor Hitze seine Felder und Wiesen verdorren, umgekehrt, daß die Sonne scheine, wenn sie von anhaltender Nässe zugrunde gehen. Aber der Mensch hat nur den Willen, das Können hat Gott. Der

Wille im Bewußtsein seiner Unmacht verwandelt sich daher in den frommen Wunsch, daß es regne oder nicht regne – und die göttliche Allmacht erfüllt den Wunsch, oder vielmehr: sie ist selbst nichts anderes als der erfüllte Wunsch des Menschen, daß die Natur seinem Wohle und Willen untertan sei.

Wie mit der Allmacht, ist es mit der Allwissenheit. Gott weiß, was der Mensch nicht weiß, aber wissen möchte. Die Allwissenheit ist eine ganz leere, nichtssagende Vorstellung, wenn ich unter ihrem Gegenstand alles, alles ohne Unterschied verstehe, nicht bei ihr an die menschliche Wißbegierde denke, nicht ihr Licht aus dem peinlichen Dunkel der menschlichen Unwissenheit entspringen lasse. Nur das Wissen dessen, was ich nicht weiß, aber wissen möchte, ist wünschenswertes, preiswürdiges, göttliches Wissen – das Wissen, an welches sich der Mensch in der Not seiner Unwissenheit mit seinen Opfern und Gebeten, d. h. seinen Wünschen, wendet. Es versteht sich übrigens von selbst, daß ein Wesen, welches alles weiß und kann, was der Mensch können und wissen möchte, auch noch anderes kann, was nicht ins Bereich der menschlichen Wünsche und Vorstellungen fällt – „Gott kann mehr, als wir uns nur denken und wünschen können". Aber dieses Mehr ist entweder nur eine Hyperbel oder eine bloße Folgerung des über die göttlichen Prädikate oder Eigenschaften ohne Erkenntnis ihres wahren Wesens und Ursprungs spekulierenden, sie zu sinnlosen Aseitäten [Selbstwesenheiten], zu Produkten einer generatio spontanea [Urzeugung] machenden Verstandes oder vielmehr Unverstandes; denn was jenseits unserer Wünsche und Vorstellungen, das ist für uns soviel als wie nichts, geschweige ein Gegenstand der Wertschätzung, der Lobpreisung, der Verehrung und Vergötterung.

„Sage du mir, denn alles ja wissen die Götter." So spricht Menelaus in der „Odyssee" zum göttlichen Proteus, so der Mensch überhaupt zu seinem Gott. Der Nichtwissende fragt, und der Allwissende beantwortet die Fragen desselben, aber Fragen heißt Wissenwollen, und die göttliche Allwissenheit ist daher nur der Triumph der befriedigten menschlichen Wißbegierde, ist, ohne diese gedacht, so sinnlos als eine Antwort ohne Frage, eine Speise ohne Hunger. Vor allem erstreckt sich die menschliche Wißbegierde, besonders in der alten Welt, der Geburtsstätte und Heimat der Götter, auf das Zukünftige. Ein Gott ist daher ein die Zukunft des Menschen vorauswissendes und, wenn befragt, voraussagendes Wesen. „Verkündiget uns", sagt der Prophet Jesaia (41, 23), „was hernach kommen wird, so wollen wir merken, daß ihr Götter seid." Wissen also, was der Mensch nicht weiß, aber wissen möchte, ist das Kennzeichen oder Merkmal göttlichen Wissens und Wesens; oder was bei den Menschen ungewiß und unbekannt ist, das ist bei Gott gewiß und bekannt. Was aber von der Allwissenheit, gilt überhaupt von allen Prädikaten, Eigenschaften oder Kennzeichen einer Gottheit. Es gibt kein göttliches Prädikat, wenn es wenigstens ein wesenhaftes, nicht nur gefolgertes und abgeleitetes ist, dessen ursprünglicher Gegenstand, Grund und Sinn nicht ein menschlicher Wunsch wäre. Und der Wunsch, nicht der Gedanke oder die Vorstellung, ist das erste, was bei der Entstehung und Bildung eines göttlichen Prädikats oder Wesens – denn das Prädikat kann ja statt des Subjekts, die Eigenschaft statt des Wesens gesetzt werden – in Betracht kommt. Sowenig aus der Vorstellung der Speise das Verlangen zu essen, sondern umgekehrt aus dem Hunger die Vorstellung der Speise, des den Hunger Stillenden, entspringt, sowenig entspringt aus der Vorstellung z. B. von der Unsterblichkeit und ewigen Jugend der Götter der Wunsch des Menschen, nicht zu altern, nicht zu sterben, sondern jene aus diesem. Als Schranke – als Merkmal also eines endlichen, nicht göttlichen Wesens – kann ich nur fassen und denken, was ich als Schranke meines Willens empfinde, was ich abändern, was ich beseitigen möchte, aber leider nicht beseitigen kann. Sogut die Vorstellung von der Gesundheit als einem Gute oder selbst göttlichem Gute und Wesen – die Gesundheit ist ja auch eine Gottheit – nur aus der Empfindung von dem Übel der Krankheit und dem damit verbundenen Wunsche ihrer Beseitigung, sogut entspringt die Vorstellung oder Idee eines unbeschränkten oder unendlichen, eines vollkommenen Wesens überhaupt nur aus der Empfindung widerwilliger – gleichgültig, ob wirklicher oder eingebildeter – Schranken und Mängel.

„Wir wissen von Gott nur aus Gott selbst, das Unendliche wird nur durch sich selbst vorgestellt und erkannt", ja Malebranche, und ihm nach Fenelon, behauptet sogar zum Entsetzen der Gottgläubigen: „Die Idee des Unendlichen ist das Unendliche, die Idee Gottes Gott selbst." Aber das Unendliche als Grund und das Unendliche als Gegenstand des Wissens oder der Idee ist nicht unterschiedlos dasselbe. Nein, das eine Unendliche ist der Wunsch, unendlich zu sein, das andere das Erfülltsein, das Wirklichsein dieses Wunsches als Gegenstand der Vorstellung. Nur aus dem Nicht-endlich-, Nicht-beschränkt-sein-Wollen weißt du vom Unendlichen. Das Wollen ist das Wesen des Menschen. Ein nur gedachtes, aber nicht selbst gewolltes Unendliches ist daher ein wesenloser Schatte [n]. Der Mensch denkt oder glaubt nur einen Gott, weil er selbst Gott sein will, aber wider seinen Willen es nicht ist. Gewolltes Sein im Widerspruch zum wirklichen Sein ist nur gedachtes, vorgestelltes oder, genauer gesprochen, nur geglaubtes Sein, nur Sein-Sollen. Der Glaube ist die Vorstellung des Nichtseienden, aber Sein-Sollenden als Seienden.

Der Mensch will Gott sein das ist der geheime Ursprung, der Mensch soll Gott sein, das ist der offen und klar ausgesprochene Endzweck Gottes. „Ihr sollt vollkommen sein, gleichwie euer Vater im Himmel vollkommen ist." Es ist gleichgültig, ob hier unter dieser Vollkommenheit die Vollkommenheit überhaupt oder in Beziehung auf die vorhergehenden Verse, wo von der Liebe die Rede, nur die Vollkommenheit in dieser gemeint ist, denn man kann nicht in einem Stücke vollkommen sein, ohne es auch in andern wesentlich damit zusammenhängenden Stücken zu sein. In Gott läßt sich nicht Wesen und Willen voneinander scheiden, aber auch nicht im Menschen. Nicht nur die eigentlich moralischen, sondern auch die sein Wesen ausdrückenden, die metaphysischen Eigenschaften Gottes sind daher zum Ziel und Muster des menschlichen Strebens gesetzt worden, so z. B. die Unveränderlichkeit und Einheit. „Höre, Israel, der Herr, unser Gott, ist einiger Herr. Aber auch du", sagt der Heilige Ambrosius, „sei nach dem Bilde Gottes einer und derselbe, nicht heute nüchtern, morgen trunken usw., denn mit andern Sitten bist du selbst ein anderer." „Befleißigt euch der Beharrlichkeit", sagt der Heilige Bernhard, „damit ihr seid Kinder eures Vaters im Himmel, bei welchem keine Veränderung noch Wechsel des

Lichts und der Finsternis ist." Desgleichen Tauler: „Das andere, was an Gott ist, darin wir ihm gleich sein sollen, ist, daß er stete und unwandelbar ist." Was aber der Mensch sein soll, das will er sein, wenngleich zuerst das Wollen und Sollen an verschiedene Personen verteilt ist, das Wollen an den Gesetzgeber, den Vater, den Lehrer, das Sollen an das Volk, an das Kind, an den Schüler. Aber das Sollen ist hier nur mein antizipiertes eignes Wollen, gebietet oder verbietet mir nur im voraus, was ich später selbst will oder nicht will. Wo das Sollen kein Ausdruck des Wollens, da ist es unfruchtbar oder bringt höchstens nur Mißgeburten, nur Karikaturen hervor, denn was ich nur sein soll, ohne es sein zu wollen, das kann ich ebendamit nicht sein. Was ich will, kann ich, aber nur wenn und weil mein Wille Ausdruck meines Wesens, nur meine bewußte Tatkraft ist, ich also nur will, was ich kann. Was aber vom göttlichen Wesen nicht Gegenstand des menschlichen Willens, nicht durch Selbsttätigkeit realisierbar ist, das ist ein Gegenstand des Wunsches, der bereits in der Idee, im Glauben oder in der Hoffnung, aber einst in Wirklichkeit sich erfüllt. Was ist aber zuletzt der Gegenstand alles menschlichen Wollens und Wünschens? Die Seligkeit oder Glückseligkeit, mag sie nun als Grund oder Folge der Tugend, der moralischen Vollkommenheit gedacht werden. Die Seligkeit ist daher auch *die* Eigenschaft Gottes, welche gewöhnlich erst zuletzt angeführt wird, aber nur, weil man das Beste bis zuletzt aufspart. Daß aber in der Vorstellung der Gottheit als Seligkeit oder, umgekehrt, der Seligkeit als Gottheit sich nur der menschliche Glückseligkeitswunsch verwirklicht und vergegenständlicht, das leuchtet selbst dem Blödsinn ein, bedarf folglich keines Beweises.

Aber ist denn nicht Gott ein auch, ja, ursprünglich nur aus der Natur entsprungenes Wesen, wenn auch nur in dem Sinne, in welchem die Scholastiker sagten: „Das Geschöpf ist früher der Erkenntnis nach als der Schöpfer"? Wie läßt sich aber Natur und Wunsch vereinigen? Kommt wirklich Gott aus der Natur in den Menschen, so bleibt er auch, seinem Ursprunge getreu, innerhalb der Natur stehen, so ist er nichts als die vergötterte Natur, so unterscheidet er sich von ihr nur dem Namen, aber nicht dem Wesen nach. Die griechischen Philosophen, in denen dieser Gott seinen klassischen philosophischen Ausdruck gefunden, gebrauchen daher gleichbedeutend die Worte „Gott" und „Natur", ja, nennen ausdrücklich die Natur oder die Welt, das Universum, Gott. Gott ist ihnen der Geist, die Vernunft, die Seele der Welt, aber in dem Sinne, daß die Welt selbst lebendiges, beseeltes, vernünftiges Wesen ist. Aber auch wo die Natur oder irgendein Gegenstand der Natur die Gottheit ist, es ist nur der Wunsch, d. h. der Wunsch des Glückseligkeitstriebes – denn jeder Wunsch, sein Gegenstand sei auch, welcher er wolle, ist nur eine Äußerung dieses Grundtriebes –, es ist, sage ich, nur der Wunsch, sei es auch nur der Wunsch, nicht totgeschlagen zu werden – „Schlag mich nicht tot!" –, welcher die Natur zu Gott macht. Der Unterschied zwischen den Göttern ist nur der Unterschied zwischen den Wünschen. Der pantheistische, der mit der Welt oder Natur identische Gott ist der mit der Natur identische Wunsch. Der pantheistische Gott ist, was er sein kann, aber nicht, was er sein will, tut, was er kann, aber nicht, was er will, wenn er gleich vielleicht, denn es ist nicht notwendig, will, was er kann. Das heißt: Der Mensch bleibt hier mit seinem Wollen und Wünschen innerhalb dessen stehen, was der Natur nach sein kann. Wo sich dagegen der Wunsch mit der Welt entzweit, wo der Mensch mehr wünscht, als der Natur nach möglich ist, die Wünsche also die Kräfte und Grenzen der Natur übersteigen, da ist auch Gott, und dieser Gott ist der theistische, insbesondere christliche Gott – ein von der Welt oder Natur unterschiedenes, übernatürliches, überweltliches Wesen, dessen charakteristische Wirkung und Offenbarung daher auch nicht die Natur, sondern das Wunder ist. Aber das Wunder ist nichts als ein verwirklichter übernatürlicher Wunsch des Menschen, wie schon im „Wesen des Christentums"[1] und im „Wesen der Religion"[2] sattsam gezeigt worden ist.

[1] *Vgl. GW 5.* [2] *Vgl. GW 10, S. 3–79.*

Inhalt

Vorbemerkung V

Kleinere Schriften IV (1851–1866) 1

[Paul Joh. Anselm Ritter von Feuerbach] (Lexikon-Artikel) 3

[Ludwig Feuerbach] (Lexikon-Artikel) 9

Spiritualismus und Sensualismus. [Über:] System der Rechtsphilosophie. Von Knapp (Rezension) . . . 11

Dr. F. W. Heidenreich (Nekrolog) 17

Das Geheimnis des Opfers oder Der Mensch ist, was er ißt 26

Vorwort 26

[Das Geheimnis des Opfers] 27

Anmerkungen und Belegstellen 49

Über Spiritualismus und Materialismus, besonders in Beziehung auf die Willensfreiheit 53

Vorwort 53

1. Der Wille innerhalb der Naturnotwendigkeit . . 54
2. Der Wille innerhalb der Zeit 62
3. Die Einheit des Willens und Glückseligkeitstriebes 68
4. Das Prinzip der Sittenlehre 74
5. Der Unterschied der Notwendigkeit 82
6. Notwendigkeit und Verantwortlichkeit 85
7. Der Individualismus oder Organismus 103
8. Der religiöse Ursprung des deutschen Materialismus 115
9. Der Streit der medizinischen und philosophischen Fakultät 118

10. Das Wesen des Spiritualismus 126
11. Die Einheit der Seelen- und Gotteslehre . . . 130
12. Die Einheit der Cartesischen und Leibnizischen Seelen- und Gotteslehre 137
13. Der Spiritualismus oder Kritik der Hegelschen Psychologie 144
14. „Die Macht der Seele über den Leib" 163
15. Kritik des Idealismus 170
Anmerkungen und Belegstellen 183

Zur Unsterblichkeitsfrage vom Standpunkte der Anthropologie 187
Vorwort 187
Zur Unsterblichkeitsfrage vom Standpunkte der Anthropologie 187
Anmerkungen und Belegstellen 210

Zur Theogonie 219
1. Der himmlische oder natürliche Jupiter 219
2. Der irdische oder bürgerliche Jupiter 222
3. Juno 225
4. Minerva 228
5. Die besondern Götter 231
6. Die letzten Götter 234
Anmerkungen und Belegstellen 238

Epilog [zu L. F.: Sämtliche Werke, Bd. X] 244

FSC
www.fsc.org
MIX
Papier | Fördert gute Waldnutzung
FSC® C083411

Kolibri 360 GmbH
Ferdinand-Jühlke-Straße 7
99095 Erfurt, Deutschland
produktsicherheit@kolibri360.de